Alpha & Omega

Das 3-D Bild wurde mit freundlicher Genehmigung
des Verlages ars edition abgedruckt

Die Zeichnungen entstanden durch Frau Hauer, Graz

Dr. Werner Christoph

Transformation

Die Entdeckung des Wunderbaren - Communio

http://www.Dr-Nawrocki.de
email: star@Dr-Nawrocki.de

3. deutsche Auflage 2003
1. russische Auflage 2000
1. spanische Auflage 2003

Umschlaggestaltung: Udo Schmidt
Druck:
Druckerei und Verlag Steinmeier, Nördlingen
Printed in Germany
ISBN 3 - 931671 - 60 - 7

INHALTSVERZEICHNIS

VORWORT

Im Laufe der Jahrhunderte wurde in dieser Welt schon vieles geschrieben. Gerade in den letzten Jahren erschienen viele Bücher über Themen der Metaphysik. Warum dann noch ein Buch? Gibt es denn noch Neues unter dem Himmel?

Nein. Aber geht es uns Menschen nicht immer so? Wir lesen und hören oftmals über ein und dasselbe Thema immer wieder etwas, aber von anderen Autoren, mit anderen Worten, durch andere Beispiele erläutert. Und dann eines Tages haben wir plötzlich und endlich das verstanden, was wir eigentlich schon vor zehn Jahren zum ersten Mal gelesen hatten.

Wenn es nun nicht das neue Buch, den neuen Kurs oder das andere Beispiel gegeben hätte, wäre uns dann nicht etwas Wesentliches verloren gegangen?

Nun, nichts geht verloren in diesem Universum. Und sicherlich erhalten wir alles, was wir brauchen, zur richtigen Zeit und eben dann auch durch das richtige Buch.

Und so sollen auch diese Zeilen dazu dienen, dem einen oder anderen Menschen zur rechten Zeit in die Hände zu fallen.

Mögen immer mehr Menschen erwachen, bewußter werden, und somit dazu beitragen, daß das große Werk der Transformation geschehe.

Wenn ich zurückdenke, wieviele Bücher ich lesen durfte und wohl auch mußte, bis mir vieles klarer wurde, bis ich genug Motivation fand, um endlich auch etwas selbst zu tun, so kann ich nur allen Menschen danken, die jemals Bücher geschrieben haben.

Denn die Faulheit und Bequemlichkeit ist sicherlich einer unserer größten Fehler, eines unserer größten Hemmnisse „auf dem Weg".

Dabei hat unsere Erziehung und sicherlich auch das kollektive Unbewußte von Jahrzehnten oder gar Jahrhunderten mit all der Logik, mit dem wissenschaftlichen, logischen, rationalen Denken auch daran gehindert, eher, früher und intensiver an uns selbst zu arbeiten. Niemand zeigte uns den Weg zur Metaphysik. Niemand spornte uns an, Ethik und Moral in unserem Alltag zur Wirkung zu bringen und konnte somit als Vorbild dienen.

Fast alle Mitmenschen haben uns doch immer nur an die Welt der Materie gefesselt. Sie haben uns glauben gemacht, daß es sehr wichtig sei, viel Geld zu verdienen, ein Haus zu bauen, eine Familie zu gründen, die Welt durch Reisen zu erobern, und etwas zu schaffen, was noch der Nachwelt erhalten bleibt. Wer hat uns denn an die Hand genommen und uns nicht nur die Pracht der äußeren Farbenwelt gezeigt, sondern uns den Weg in die innere Welt der Gedankenbilder gewiesen? Wer hat uns denn darauf aufmerksam gemacht, daß Glück und Zufriedenheit niemals durch materielle Dinge gefunden werden kann?

Müssen wir nicht dankbar und voller Ehrfurcht das Glück preisen, in uns einen Drang zu spüren, der uns zu solchen Büchern greifen läßt, die uns einen neuen, anderen Weg zeigen, der jenseits der Materie beginnt?

Ist es nicht geradezu ein Wunder, wenn man immer mehr

Menschen trifft, die sich mit höheren Dingen beschäftigen als nur mit dem Essen, Trinken usw.?

Oh ja, man kann sich nur über sich selbst wundern, daß man nicht schon viel früher die Abzweigung zu dem Land fand, in dem Milch und Honig fließt!

So entstand dieses Buch einfach dadurch, daß die einzelnen Artikel von mir teilweise in anderen Büchern schon früher einmal erschienen waren, daß aber doch gerade eine solche Synopsis, Zusammenfassung, auch sinnvoll ist, in der die verschiedenen Themen angesprochen werden.

Und so kam z.B. auch noch ein Vortrag hinzu, der bei einem Zahnärztekongress andere Aspekte des Lebens aufzeigen sollte, als nur die Summe aus Chemie und Physik.

Da nicht der Name des Autors oder auch der Autor selbst bei solch einem Buch wichtig ist, nehme ich mir die Freiheit, unter einem Pseudonym zu schreiben. Wichtig sind die Gedanken, die Ideen. Wer diese äußert, ist nicht wichtig. Wichtig ist nur, daß der Leser in seiner eigenen Erfahrung weiterkommt, weiter geht.

Nur indem ich durch meine eigene Erfahrung gehe, und nur durch die Tat kann ich jemals überprüfen, was ein anderer Mitmensch erlebt und beschrieben hat.

Ich muß immer alles selbst und vor allem alleine tun.

Dazu wünsche ich Ihnen, lieber Leser, viel Kraft, vor allem aber Geduld und Ausdauer!

Noch eins, lieber Leser: da das Wassermannzeitalter sich auf allen Ebenen des täglichen Lebens widerspiegelt, hat es auch vor diesem Buch nicht halt gemacht.

Das Fallen alter Dogmen, das Auflösen alter Strukturen und eine Nicht-Lineare Entwicklung kennzeichnen die neue Sphäre des Wassermannzeitalters.

Daher finden Sie hier auch nicht ein Buch vor, welches Ihnen mundgerecht die Gedanken serviert mit, wie üblich, klar gegliederten Kapiteln und Punkten. Vielmehr werden hier höhere Anforderungen an den Leser gestellt, an seine Kreativität, Flexibilität und die Fähigkeit, sich nicht von Gedankensprüngen verwirren zu lassen.

Auch die Wiederholungen sollen helfen die Themen wirklich zu verinnerlichen. Ist sie, die Wiederholung, nicht die Mutter aller Studierenden? Müssen wir nicht alle in unserem Leben immer wieder und wieder die Dinge hören, lesen und erfahren, bis es eines Tages „klick" macht?

Also lieber Leser, seien Sie geduldig - es hilft!

Dank sei all denen gesagt, durch die ich ein kleines oder großes Stück vorankam, voran in meiner fachlichen, aber vor allem in meiner persönlichen Entwicklung, nämlich, mein göttliches Selbst zu finden.

Und dazu verhalfen mir wirklich alle Menschen, die ich bisher in meinem Leben traf, ohne Ausnahme. Meist erkennt man erst später, wie wertvoll jede einzelne Begegnung war.

Vor allem danke ich ganz besonders meiner lieben Lebensgefährtin Angela. Sie ist ein Geschenk des Himmels.

Dank sei auch besonders meinem Lehrer der Alchemie. Auch wenn ich bis heute noch nicht ganz ermessen kann, was ich alles lernen durfte, bin ich froh und glücklich, ihn damals getroffen zu haben.

Dank sei auch gerichtet an alle meine Mitarbeiter, durch deren Unterstützung ich in der Lage war, meinen Weg zu gehen.

Besonderer Dank gilt Herrn Eckhard Wolff und Herrn Udo Schmidt, die mit ungeheurem Fleiß an der Gestaltung dieses Buches mitgearbeitet haben.

Auch Frau Thera Hauer, die die Illustrationen in diesem Buch so meisterhaft gestaltet hat (sie zeichnet übrigens beidhändig), sei herzlich gedankt.

Dank freilich vor allem unserem Schöpfer, dessen Größe, Güte, Liebe, Weisheit und Macht ich ja nicht einmal erahnen kann.
Aber ich durfte schon Bewußtseinszustände erfahren, die mich nahe an den ungeheuren Glanz dieser Herrlichkeit heranführten. Danke!

1. VISION - MEDIZIN 2000

Hoffnungen, Ängste, Chancen

Ängste gibt es genug. Von jung bis alt, alle antworten heute mit der Angst um die Umwelt, der Angst um die Zerstörung des Lebensraumes, der Angst vor Vergiftung. Und geschürt wird die Angst Tag um Tag in der Presse und den Medien - Rundfunk wie Fernsehen.
Und es grassiert noch eine weitere Angst. Es ist die Angst vor „Big-Brother", vor der totalen Erfassung und totalen Kontrolle.

Und rein faktisch ist dies heute auch möglich. In den USA werden bereits Gefängnisinsassen mit computergesteuerten Arm- und Beinbändern versehen, wodurch eine totale Überwachung des Aufenthaltes möglich ist. Mit Hilfe von Satelliten arbeiten Sender und Empfängergeräte, die jeden Menschen an jedem Ort der Erde nicht nur im Längen- und Breitengrad orten können, sondern sogar auch die Höhe des Aufenthaltsortes läßt sich so bestimmen. Ob man auf dem Boden oder auf einem Stuhl sitzt, selbst dies läßt sich damit kontrollieren.

Also perfekte Überwachung ist heute schon durchaus möglich. In Holland etwa wurde im Parlament eine lückenlose Verkehrsüberwachung diskutiert. Per Infrarotsender und Empfänger wird jedes Auto, das mit einer Identifikationsnummer versehen ist, permanent überwacht, wo es fährt und wie schnell es fährt. Wird eine Geschwindigkeitsbegrenzung übertreten, kann man sogleich den Eigner feststellen, und die Strafgebühr wird vollautomatisch vom Bankkonto abgebucht.

Nr 4711

Welche Angst noch? Nun, sicherlich Angst vor der totalen genetischen Kontrolle und Manipulation. Erste genetische Einstellungsuntersuchungen am Arbeitsplatz wurden bereits vorgeschlagen und wohl auch schon vorgenommen. Freilich gilt dies alles nur zum besten der Arbeitnehmer! Könnte es sonst noch einen Grund dafür geben, wie etwa Gewinnmaximierung? Aber auch die Angst, auf der Straße plötzlich einem „geklonten" Double zu begegnen, erfaßt die Menschen, wenn sie die Horrorvisionen in der Zeitung lesen, die bald machbar sind. Besteht dann noch die Chance, daß mich meine eigene Frau oder mein Mann auf der Straße erkennt und mich vom Double unterscheiden kann?
Vor einem Double, das freilich nur so konstruiert wird, daß es cerebral minderstrukturiert ist, damit es ein Arbeitsmensch wird, brauche ich doch keine Angst zu haben, oder? Dieses Arbeitstier - oder dieser Arbeitsmensch kann in Zukunft wohl auch dadurch hergestellt werden, daß man einen Menschen mit einem Affen genetisch kreuzt.

Aber auch diejenigen, die Angst vor ihrem Double haben, können beruhigt werden, denn in Zukunft erhält jeder Mensch eine vom Laser lesbare Identifikationsnummer an das Handgelenk oder gar auf die Stirn, so daß man vom mitgeführten Minicomputer in der Armbanduhr alle Daten ablesen und vergleichen kann!

Angst vor dem Ozonloch oder einer erhöhten Krebsmortalität? Die ist doch völlig unbegründet. Schließlich werden ja immer mehr Steuer-Millionen in die Forschung gesteckt. Auch die Industrie, die in anderer Weise mit der Diagnostik und Therapie der Krebserkrankung verdient, freut sich über mehr Investitionen, und schließlich werden so ja auch Arbeitsplätze geschaffen! Und dadurch, daß man der Bevölkerung permanent eine Kommunisten oder Kapitalisten-Angst einschärft (Politik und Medien), können doch auch die Rüstungsindustrie und die Waffenhändler gut leben! Ein einziger neuer Bomber der USA kostet heute eine Milliarde Mark!

Haben Sie Angst davor, als alter Mensch chronisch krank in ein Altenpflegeheim zu müssen? Kein Problem, schließen Sie nur rechtzeitig, also schon bei der Geburt, eine Zusatzversicherung ab!

Ach so, Sie wollen ihr Geld lieber zur Bank bringen und sparen! Nun, kein Problem, denn die meisten Versicherungen gehören auch schon den Banken bzw. umgekehrt!
Schon wieder eine Angst? Die Angst vor den Mächtigen? Meinen Sie etwa die Politiker? Nein, davor brauchen Sie wirklich keine Angst zu haben, denn diese sind nur Marionetten der sog. Multis, des Großkapitals von ca. 13 Banker-Familien- sagt man.

Angst vor der Konzentration der Macht? Dies ist der große Trend in der Wirtschaft. Und wenn zum Schluß dann e i n e m alles gehört? Haben Sie Angst davor? Nun, dann wird er dafür sorgen, daß ihm alles erhalten bleibt, dem „Allsorgenden Vater“. „Keine Angst, meine Kinder, arbeitet nur schön fleißig, damit ich euch bezahlen kann, und ihr mir dann mit eurem Geld wieder alles abkauft, was ich durch euch selbst produzieren lasse!“
Und der Kreis ist geschlossen.

Was hat dies alles mit Medizin zu tun? Sollte nicht ein Arzt bei seinen Leisten bleiben und fleißig Tabletten verschreiben, damit der Blutdruck und der Blutzucker wieder künstlich auf den Normwert heruntergedrückt wird?!
Nun, das geschilderte Grundprinzip läßt sich auf allen Ebenen der Wirklichkeit wiederfinden: Es geht um den Kampf, um die Macht! Wenn ich aber unbedingt die Macht haben will, dann muß ich offensichtlich den Gegenpol fürchten.

Und das ist? Die Ohnmacht! (Wir werden noch einen anderen Gegenpol kennenlernen.) Also Angst!
Angst vor der Ohnmacht, Angst, nur ein Subalterner zu sein, Angst, fremdbestimmt zu sein, Angst vor einem, der über uns steht.
Ist dies nicht eine der Grundängste, und alles andere ist nur eine Folge davon? Wenn ich krank bin, bin ich nicht mehr mächtig. Als Vorstandsvorsitzender, als Direktor oder Abteilungsleiter muß ich ständig um meinen Sessel bangen, denn die Neider schwänzeln schon wie Schakale um mein Krankenbett.
Dies ist der Alltag und nicht nur auf den schwindelnden Höhen der Bank-Direktoren-Posten, sondern auch bei den Postsekretären.
„Komm ja nicht zu früh von Deinem Herzinfarkt zurück zur Arbeitsstelle, denn so lange kann ich den Posten haben“, oder „was willst Du noch länger arbeiten, denn mehr Rente bekommst Du doch sowieso nicht, also bleib zu Hause, damit ich den Posten bekomme“.

Und bekannt ist, daß je geringer die Macht am Arbeitsplatz ist, desto häufiger kommt es zum Fehlen am Arbeitsplatz, zum sogenannten Krankfeiern.

Gibt es die Macht-Problematik nur in der Arbeitswelt? Finden wir dies nicht überall, auf allen Ebenen des menschlichen Daseins, im Straßenverkehr, im Sport? Wo ist der Unterschied zwischen den Gladiatorenkämpfen und den Fußball- oder Tennisfeldern oder den Showbühnen? Vielleicht liegt er darin, daß man die Sportler nicht mehr direkt erschlägt, sondern um des Gewinns wegen mit Dopingmitteln tötet oder durch Presse-Artikel „fertigmacht".

Und gilt dies nicht auch für den Kultur- und Kunstbereich? Heute wird etwas hochgejubelt und morgen wieder fallengelassen. Die Macht der Medien, die Manipulation der Massen! Sport und Kultur sind heute offensichtlich ohne Sponsoren, ohne Geld nicht möglich. Und wer sponsert? Nun, dies kann nur der, der schon viel Geld hat, damit sein Produkt noch bekannter wird. Kultur und Kunst und Sport, damit die Macht noch größer wird.

Und in den Familien? Findet nicht auch dort zu viel Machtkampf statt? Kampf zwischen den Generationen, Kampf zwischen den Geschlechtern. „Wer verdient denn hier die Brötchen", - ein Spruch, der die Machtverhältnisse klarlegen soll. Die Frau wurde so total abhängig gehalten.

Aber da, wo Macht ist, gibt es auch Angst!

Also, wo wir hinschauen, geht es um die Macht, um Kampf. Man könnte doch fast das Gefühl bekommen, es kämpfe jeder gegen jeden, und dies im kleinen Bereich wie auf der internationalen Ebene. Und sicherlich bleibt es nicht nur Science–fiction, daß der Kampf im Weltraum weiter fortgesetzt wird.

Ebenso - wie sollte es anders sein - wird auch im medizinischen Sektor nur gekämpft. Einmal der Kampf gegen die Herz-Kreislauf-Krankheiten und gegen Rheuma, gegen Krebs und Aids, Allergien. Und dann wird gegen den Alkohol und die Zigaretten gekämpft, gleichzeitig jedoch verdient der Staat Milliarden an diesen Lastern und möchte keinen Pfennig davon missen.

Jetzt aber hören wir von der WHO, daß im Jahre 2000 alle Menschen gesund sein sollen. Wollen denn die Ärzte, die Therapeuten, die Pharmakonzerne und all diejenigen, die durch die Krankheit der Menschen verdienen, daß alle Menschen gesund werden? Was machen wir dann mit den Arbeitslosen?
Diese angestrebte Glücks-Endlösung, daß alle gesund sein sollen, könnten wir vergleichen mit dem Zustand, daß es das Böse und damit den Teufel nicht mehr gibt.

Und was machen dann die Kirchen? Bei Khalil Gibran heißt es, daß die Kirche ihre Daseinsberechtigung verliert, wenn es das Böse, den Teufel nicht mehr gibt. „Ihr lebt nur durch mich, ohne mich verliert ihr die Macht über die Menschen, in Wirklichkeit bin ich der Grund eurer Existenz!“

Ohne das Böse und ohne Kranksein gibt es also dann keine Kirchen und keine Therapeuten mehr!

Könnte dies nicht ein tiefer Grund dafür sein, daß es Kräfte gibt, die das Böse und das Kranksein erhalten wollen?

Wie sollte man Drogen verkaufen, wenn alle Menschen grundsätzlich zufrieden und glücklich wären?

Hier scheint ein Zusammenhang zwischen Kirche und der Medizin zu bestehen. Wir werden später noch einen anderen kennenlernen.

Wenn wir nun einmal ohne Emotionen, vorurteilsfrei, die Situation in der Medizin anschauen - was finden wir?

Mit Sicherheit geht es auch hier um Macht, ebenso wie in den Kirchen! Um Macht und damit um Angst. Angst vor dem Siechtum und Angst vor Schmerzen, Angst vor dem qualvollen Sterben und dem Tod.

Also müssen wir mit allen Mitteln versuchen, das Kranksein zu verhindern, zu eliminieren.

Niemand hat krank zu sein, und vor allem, niemand hat zu sterben. Also müssen wir bessere Techniken schaffen, um die Herzen, die Nieren, das Gehirn zu ersetzen, zu transplantieren.

Und schon blüht weltweit der Organhandel. Die Zeitungen sind voll der Nachrichten, die wir vor ca. zehn Jahren nur als Horrorvision in Film und Fernsehen erahnen konnten: „Menschenjagd, Fleischhandel!"
„Du kannst Deine Schulden bei mir nicht bezahlen, also gib mir Deine Niere, denn Du brauchst sowieso nur eine, das sagt ja sogar die Wissenschaft."

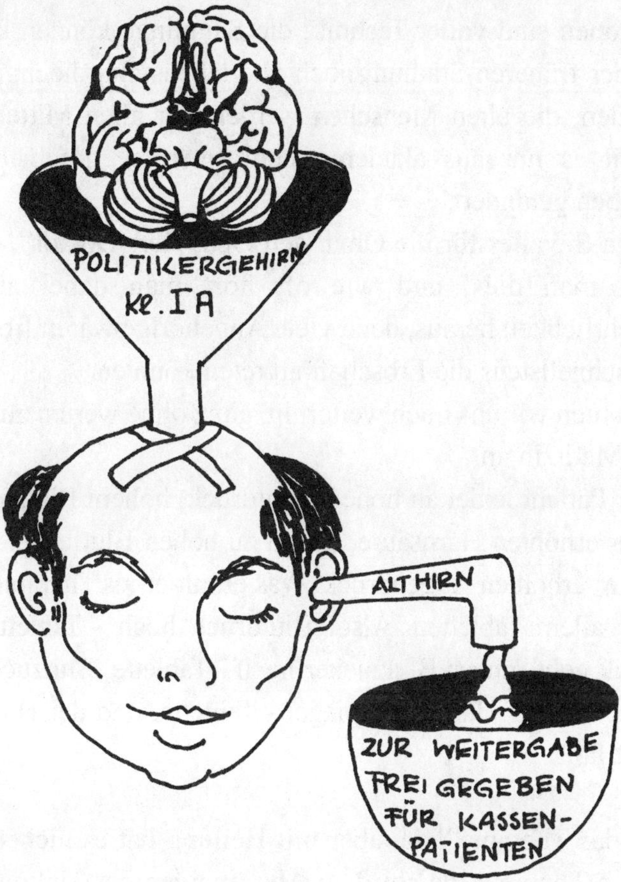

Hieß es nicht früher, wer arm ist, stirbt früher? Wer kann sich denn eine Niere leisten? Nur wer reich ist, wer Macht hat.

Wer wird wohl die eine Niere erhalten, die gerade frei ist für eine Transplantation, der schwerkranke Bankdirektor, der Politiker, der Kardinal, der Gewerkschaftsboß, der Schreiner oder Kanalarbeiter?

Wir werden also den Tod schon überlisten. Die Intensivstationen sind voller Technik, die Säuglinge können in einem immer früheren Stadium noch überlebensfähig hochgepäppelt werden, die alten Menschen werden mit allen Mitteln - und wenn es nur aus akademischem Interesse geschieht - am Sterben gehindert.

„Tun Sie alles für die Oma, den Opa, Herr Doktor" - wie oft hört man dies, und wie oft hört man dabei auch die Unehrlichkeit heraus, denn viele Angehörige wären froh, wenn sie schnellstens die Erbschaft antreten könnten.

Schauen wir uns noch weiterhin, ganz ohne werten zu wollen, die Medizin an.

Der Patient leidet an hohem Blutdruck, hohem Blutzucker, an einer erhöhten Harnsäure, einem zu hohen Blutfettspiegel und einem erhöhten Augendruck. Was erhält er als Therapie?

Vor allem Tabletten. Also: Blutdruck hoch - Tablette, Blutdruck geht runter; Blutzucker hoch - Tablette, Blutzucker geht runter; hoher Harnsäurespiegel - Tablette, und der Harnsäurewert fällt.

Ist das Therapie?! Ja, aber mit Heilung hat es nichts zu tun. Diese Therapie gleicht dem Abschneiden des Unkrauts über der Erde - und siehe, es ist nicht mehr da.

Diese Therapie gleicht dem Herausdrehen einer roten Warnlampe, die mir anzeigt, daß der Kühlschrank oder das Auto kaputt sind. Alle freuen sich, daß es keine Warnlampe mehr gibt, aber alle wundern sich dann auch, wenn Kühlschrank oder Auto auf einmal gar nicht mehr funktionieren.

Der Dieb, der ins Haus eingedrungen ist und dabei die Alarmanlage ausgelöst hat, freut sich über die Dummheit derjenigen, die nur die Alarmanlage ausschalten und dann weiterschlafen.

Schlafen wir nicht alle ruhig weiter trotz zahlreicher schrill brüllender Alarmsirenen und heftig blinkender Alarmlampen?!

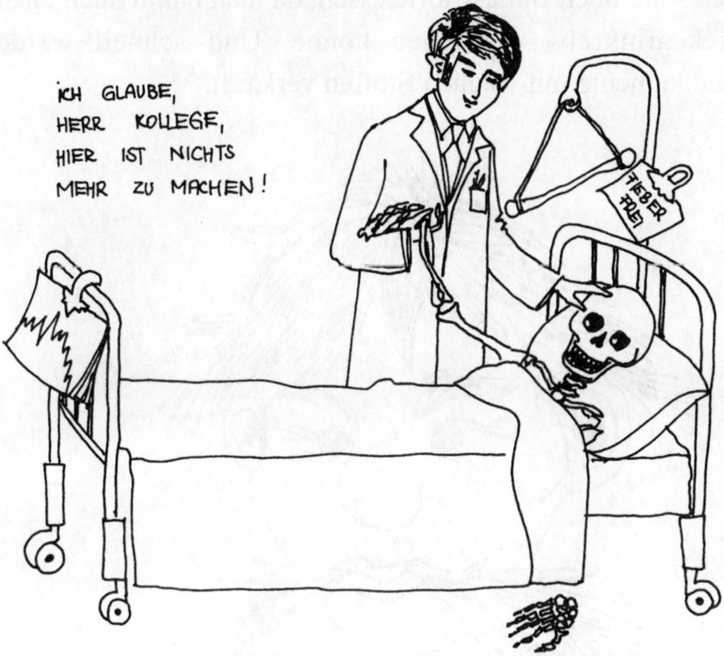

Und läßt sich nicht unser leiblicher Körper mit dem Körper unserer Erde vergleichen? Werden nicht mit dem Kalk, den wir auf den übersäuerten Boden schütten, mit dem Sauerstoff, den wir in die Bäche blasen, nur Warnlampen ausgedreht?
Ist dies nicht alles nur eine symptomatische Therapie und Kosmetik? Man will die Wahrheit gar nicht sehen, man will zudecken, zuschmieren, Unebenheiten ausgleichen.

Und erst jetzt, weil das Geld nicht mehr ausreicht, um das Gesundheitssystem zu bezahlen, beginnt man nun wach zu werden - scheint es.

Nun, immerhin gibt es jetzt Gesellschaften der sog. offiziellen Schulmedizin, die sich um Vorsorge im Sinne einer Vollwertkost kümmern; immerhin sagen die Herren der Universitäten jetzt, man solle doch Ballaststoffe essen, da man damit auch einem Dickdarmkrebs vorbeugen könne. Und schnell werden Medikamente mit solchen Stoffen verkauft.

Die naturheilkundlich orientierten Therapeuten, die vor vielen Jahrzehnten schon von der Vollwertkost mit ihren Ballaststoffen sprachen, wurden ausgelacht. Jetzt tut man so, als sei dieses Wissen von den Universitäten gefunden worden.
Ein alter Mechanismus: Erst hält man etwas für baren Unsinn und bekämpft es, dann verlacht man es, dann tut man so, als habe man es selbst gefunden.

Warum wird nicht radikal die gesamte Nahrungsmittelindustrie aufgefordert, nur wirklich gesunde Lebensmittel zu produzieren und zu verkaufen, auch wenn dabei die Gewinnmaximierung nicht so schnell und leicht ist?

Was heute alles den Menschen über die Medien von den von der Industrie bezahlten Wissenschaftlern als gut, als richtig und empfehlenswert im Bereich der Nahrungsmittel verkauft wird, ist schlichtweg schlimm - um es vorsichtig auszudrücken.
Chemie um jeden Preis in den Nahrungsmitteln, ja, nun auch noch Radioaktivität, wobei einfach die sog. Höchstwerte höher gesetzt werden. Warum nicht einfach auch noch bestrahlen? Alles ist recht, um den Profit zu steigern, um der Macht willen.

Irgendeine sog. Autorität, ein Professor oder ein durch die Medien hochgejubelter Mensch, braucht nur zu erklären, dies oder jenes ist gut, und schon schläft alles weiter .
Brot und Spiele für's Volk, ein uralter Mechanismus.

Und jetzt, wo das Geld im Gesundheitswesen fehlt, beginnt eine hektische Betriebsamkeit an der Gesundheitsbörse. Man versucht nun, allenthalben zu sparen, denn „die haben doch schon immer zu viel verdient".
Ist das der richtige Weg, der zum Ziel führt?
Durch Sparmaßnahmen, durch Beschneiden der Gehälter der Ärzte oder der Gewinne der Industrie, also wieder über den rein funktionalen Weg soll das Elend beseitigt werden.
Die Zahl der chronisch kranken Menschen nimmt stetig zu, und damit steigen weiterhin die Kosten im Gesundheitssystem. Will man weiter die Gehälter kürzen und die Gewinne beschneiden, bis nichts mehr geht? Wo ist die Grenze der

Beschränkung? Wer bestimmt sie? Diejenigen, die für die Kosmetik als Therapie verantwortlich sind!

Vor ca. 15 Jahren, als noch kein Geldmangel im Gesundheitssystem die Politiker alarmierte, haben die Krankenkassen alles bezahlt, und die Patienten haben jeden Wunsch erfüllt bekommen.

Aber damals mußten auch nicht pro Jahr eine Milliarde Mark für die Dialyse aufgebracht werden und viele Millionen für die sehr teuren Computertomogramme usw.

Die hochtechnische Medizin von heute mit Dialyse, Transplantationen, künstlichen Organen, den CTs (Computertomogrammen), den Kernspintomogrammen, den Digitalen-Subtraktions-Angiogrammen, den inzwischen immer besseren und immer teureren Ultraschallgeräten usw. kostet ein ungeheures Geld.

Kann eine Gehälterkürzung der Ärzte oder eine Pharma-Kostenbegrenzung hier auf Dauer Abhilfe schaffen? Wohl nicht. Hier sollte zusätzlich eine strukturelle Umwandlung des Gesundheitssystems erfolgen.

Dies erfordert aber ein Umdenken aller Menschen, vor allem aber derjenigen, die die Macht im Gesundheitssystem haben, den Professoren.

Es gilt in Zukunft keine Krankheiten, sondern kranke Menschen zu behandeln. Also sollten wir nicht nur an einzelnen Symptomen wie Krebs oder Aids „herumdoktern", sondern es bedarf einer eingreifenden Reform der Medizin, des Denkens und Handelns.

Damit dürfte aber klar sein, daß es höchste Zeit ist für ein ernsthaftes Umdenken in der gesamten Menschheit! Und zum Teil erfolgt dies ja auch bereits. Aber es wird in der Zukunft zwingend werden, und wenn wir Menschen nicht freiwillig lernen wollen, werden wir gezwungen werden, unsere Lernaufgabe zu erfüllen.

Lange genug hat das rein oder überwiegend rationale, funktionale Denken nicht nur die Medizin, sondern die gesamte Wissenschaft beherrscht. Lange genug wurde analysiert, zerlegt, um zu erforschen, wie die Dinge der Welt, inklusive des Menschen, aufgebaut sind. Lange genug hat man in der Medizin rein funktional diagnostiziert und therapiert. Bis hinunter zu der genetischen Ebene, zu den Molekülstrukturen wurde und wird der Mensch zerlegt, um dann immer wieder rein funktional eingreifen zu wollen.

Seit Galilei und Descartes geht es nur um das „Messen, was meßbar ist und was nicht meßbar ist, meßbar machen!" Aber der Mensch ist mehr als nur das, was wir messen können. Und genau davor haben die Wissenschaftler Angst. Angst vor dem „Unmeßbaren, Unwägbaren". Die Wissenschaftler legen Wert darauf, den Widerspruch aus ihrem System zu eliminieren.

Dazu aber sagte Hegel: „Etwas ist also lebendig nur insofern es den Widerspruch enthält". Von der Kraft des Lebendigen sagt er: „Diese Kraft ist, den Widerspruch in sich zu fassen und auszuhalten".

Bei der Wissenschaft geht es bisher nur um den Aspekt der Nützlichkeit und Zweckmäßigkeit. Aber nun wird es Zeit zum Umdenken.

F. Schumacher sagt: „Das dringendste Bedürfnis unserer Zeit ist und bleibt die Wiederherstellung einer Metaphysik.

Wir müssen uns anstrengen, uns unserer tiefsten Überzeugungen klar zu werden, wenn es gilt, Antworten auf die Fragen zu finden: Was ist der Mensch? Woher kommt er? Was ist der Sinn des Lebens? Das sind die Fragen der menschlichen Existenz!“

Die Menschheit lebt wieder am Beginn einer großen wichtigen Wendezeit. Die Entdeckung und Erforschung des Mikro- und Makrokosmos scheint fast am Ende. Wir sind in die feinsten subatomaren Ebenen gedrungen, Voyager I + II haben unser Sonnensystem verlassen. Unser Lebensraum in der Außenwelt scheint überwiegend erforscht zu sein.

Und nun? Wohin sollen wir uns jetzt wenden? Die Wissenschaft hat uns bis heute keine befriedigende Lösung für unser ganz persönliches Dasein geben können. Die Menschen sind heute wie vor 300 Jahren genauso glücklich oder unglücklich, nur, daß die Angst uns heute globaler erfaßt. Die Medientechnik ermöglicht uns den täglichen Einblick in fast alle Winkel der Erde, ja auch unseres Mondes inzwischen. Aber sind die Fragen nach dem Grund meines Krankseins beantwortet?

Also nun sei endlich Schluß mit der rein einseitigen Betrachtungsweise unserer Welt und damit auch unseres Krankseins. Nicht die Organe, die Zellen oder molekularen Strukturen des Menschen sind krank, sondern der Mensch ist krank; also gibt es auch keine Krankheiten, sondern nur kranke Menschen. Ein Tumor, ein Gelenkschmerz, ein Ekzem, ein Herzinfarkt, ein Gehirnschlag und ein Schnupfen, wie auch der Husten sind nur ein letzter, gewirkter, materialisierter Ausdruck einer Idee. Goethe sagt es so: „Alles Sichtbare ist nur ein Gleichnis“. Die Idee ist bei allem, was wir tun, und bei allem, was in der Welt der Erscheinungsformen hervorgekommen ist, zuerst da. Ich kann nichts, aber auch gar nichts tun, ohne vorher zu denken. Das heißt doch, daß hinter jeder Form ein metaphysischer Aspekt steht. Das bedeutet dann, daß alles einen tieferen Sinn hat - auch Krank-Sein. Dies bedeutet dann auch, daß ein Tumor immer nur der letzte, materialisierte Aspekt einer Idee ist, die schon lange vorher im Menschen bestanden hat. Und spätestens hier wird doch klar, daß die Medizin nicht isoliert betrachtet werden kann, daß Arzt- und Therapeut-Sein nicht rein funktional gemeint oder gelebt werden sollte.

Und wirklich große Ärzte sehen immer beide Pole des Menschseins und damit auch des Krank-Seins, und sie bemühen sich, auf beiden Ebenen zu helfen, nämlich rein funktional, materialistisch, aber auch nach dem Inhalt, nach dem Sinn fragend, metaphysisch.

Auch der Autor dieser Zeilen hat sich zehn Jahre lang bemüht, diese beiden Aspekte den Studenten der Allgemeinmedizin an der Universität nahezubringen, weswegen er dann als Lehrarzt „gefeuert“ wurde.

Warum grassiert an den Universitäten, besonders im Bereich der Medizin, eine solche Angst vor dem Inhalt, vor dem nicht Meß- und Wägbaren? Hilft uns hier Goethe?

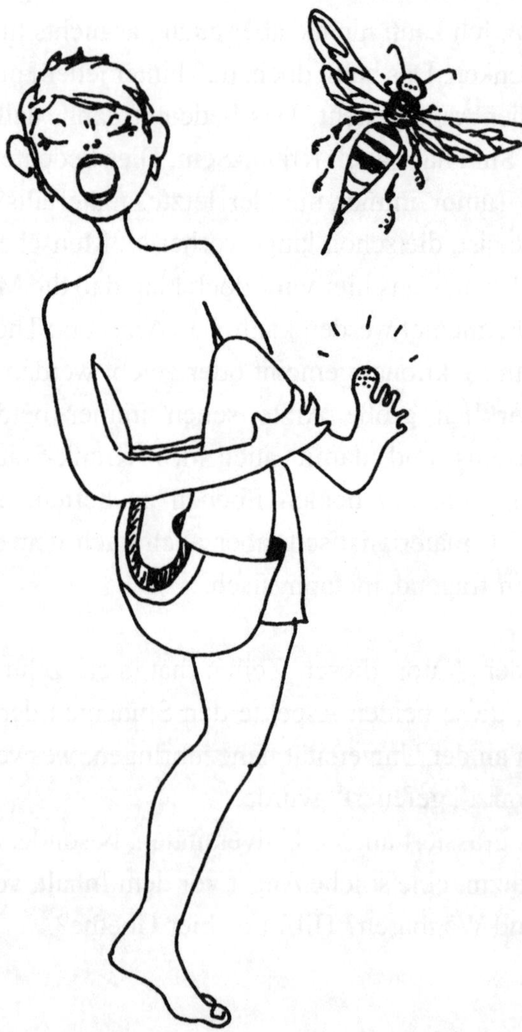

JEDE URSACHE HAT IHRE WIRKUNG

„Daran erkenn' ich den gelehrten Herrn: Was ihr nicht tastet, steht euch meilenfern; was ihr nicht faßt, das fehlt euch ganz und gar; was ihr nicht rechnet, glaubt ihr, sei nicht wahr; was ihr nicht wägt, hat für euch kein Gewicht; was ihr nicht münzt, das, meint ihr, gelte nicht!"

Eigentlich müßte man die Universitäten erst einmal für lange Zeit wegen „Umdenkens" schließen. Aber wo soll man genügend Lehrkräfte herholen, die fähig und willens sind, diesen ganzheitlichen Aspekt zu unterrichten? Wo sollen so schnell die Dozenten hergenommen werden, die bereit sind, sich selbst erst einmal zu hinterfragen und dann zu ändern?

Denn dieser metaphysische Aspekt trägt als Konsequenz in sich, daß man nicht mehr nur rein funktional ein guter Chemiker, Physiker, Biologe oder Chirurg ist, sondern es tritt ein weiterer Punkt hinzu, die Moral oder Ethik und damit später eine hohe Bewußtseinserweiterung hin zur Vervollkommnung.

Wie können Mediziner von ganzheitlicher Therapie sprechen und dabei das Bewußtsein, die Seele und den Geist des Menschen aus ihrer Diagnostik und Therapie ausklammern? In dieser Beziehung steht es um die naturheilkundlich und homöopathisch orientierte Richtung in der Medizin übrigens auch nicht viel besser als in der Schulmedizin.

In der Hermetischen Philosophie heißt das 6. Prinzip von Ursache und Wirkung: „Jede Ursache hat ihre Wirkung, jede Wirkung ihre Ursache; alles geschieht gesetzmäßig. Zufall ist nur der Name für ein unbekanntes Gesetz. Es gibt viele Ebenen der Ursächlichkeit, aber nichts entgeht dem Gesetz".

Leider sprengt es den Rahmen dieser Ausführungen, hier näher auf die hermetischen Prinzipien einzugehen, aber so viel darf doch gesagt werden: Wenn es keinen Zufall gibt, dann muß das Kranksein für den Menschen auch eine Warnfunktion darstellen. Im und mit dem Kranksein leuchten also viele Alarmlampen auf, Alarmsirenen möchten den Menschen um Aufmerksamkeit bitten. Er soll auf-merken, daß er all sein Denken, Sprechen und Handeln überdenken möge. Es geht also beim Kranksein um eine Chance der Erkenntnis, eine Chance zum Wachwerden, zum Beenden des bewußtlosen Schlafens.

Aber dieser Weg der Selbsterkenntnis - das alte griechische „gnoti seauton" - ist freilich für uns Menschen nicht leicht, sondern mühsam, vor allem deswegen, weil ja durchaus die meisten von uns diesen Weg ablehnen.

Gerade von vielen Ärzten und Wissenschaftlern wird, wie erwähnt, schlichtweg alles abgelehnt, was man nicht „fassen, wägen und münzen" kann. Freilich gilt dies erst recht für diejenigen, die in der Wirtschaft und im Kriegsgeschäft die Macht haben.

Doch wenn es keinen Zufall gibt - und der ungläubige Leser möge doch die Schriften von Popper und Eccles, Schumacher, ja sogar von Einstein lesen, der kurz vor seinem Tod noch gesagt hat, daß „der Alte nicht würfelt" - dann hat jedes Kranksein einen tiefen Sinn, dann sollen wir etwas daraus lernen. Weil wir es freiwillig noch nicht gelernt haben, dürfen wir dann leiden. „Wer nicht hören will, muß fühlen!" Die meisten Volkswahrheiten, Mythen und Märchen sind hohe metaphysische Wahrheiten.

Goethe sagte einmal: „. . . bist alsobald und fort und fort gediehen, nach dem Gesetz, wonach du angetreten. So mußt du sein, dir kannst du nicht entfliehen . . .".

Doch die moderne, technische Medizin will fliehen, indem sie die Gesetzmäßigkeit leugnet und in eine absolute funktionale Betriebsamkeit zu entkommen versucht.

Aber der Wahrheit kann man nicht entkommen, die Gesetze zeigen sich in allem und beweisen sich von selbst. Wir können mit Technik Löcher stopfen, aber irgendwann bricht das „System Mensch" dann zusammen und wird eliminiert.

Die Wissenschaft ändert sich ständig, also kann sie nicht wahr sein. Die Summe der Meinungen aller Wissenschaftler, die die Macht haben, stellt die heutige „Wahrheit" dar. Aber offensichtlich irren diese Herren sehr oft. Siehe Rheuma-Medikamente, die gestern als das Non-plus-ultra galten und heute verboten sind u. v. a. m..

Wahrheit ändert sich nicht. Um wie vieles mehr müssen dann z.B. die alten Methoden der Homöopathie und Akupunktur wahr sein, denn sie haben sich nicht geändert. In der Wissenschaft inklusive der Medizin gilt die Wahrheit von gestern als der Irrtum von heute. Und das wäre ja gar nicht schlimm, wenn wir es nur zugeben könnten. Aber davor haben wir Angst, denn man könnte ja an unserer Macht „kratzen". Selbst solche Gedanken, wie sie hier geäußert werden, verursachen sicherlich schon wieder bei einigen Aggressionen - aus Angst vor der Wahrheit.

Gut, welche Hoffnungen und Chancen haben wir denn in naher Zukunft? Betrachten wir das Kranksein wie unser ganzes Mensch-Sein als eine Lernaufgabe, als eine Hilfe für den Evolutionsprozeß. Die Zeitqualität des sog. Wassermannzeitalters, unter deren Einfluß wir stehen, wird uns revolutionäre Wege zeigen, die nur dann weh tun, wenn wir nicht freiwillig das lernen, was das Gesetz vorsieht. Worum geht es?

Wir müssen und werden höhere Bewußtseinsinhalte kennenlernen, höhere Einsichten, die uns zeigen, daß es etwas gibt, was jeden von uns mit allen Menschen und Wesen im Universum verbindet, im Guten wie im Schlechten.

Es geht jetzt und in Zukunft nicht mehr um Analyse, um Trennung, sondern um Synthese, Synergie, also um ein Zusammenarbeiten, und dies auf allen Ebenen!

Wir sind alle aufgerufen, im Kleinen wie im Großen, uns auf das Wesentliche zu konzentrieren. Zusammen und nicht gegeneinander. Wenn wir dies nicht freiwillig lernen, werden wir weiterhin durch Leid unter Druck gesetzt werden.

Wenn wir die Prinzipien von „Freiheit, Gleichheit und Brüderlichkeit" nicht wirklich auf allen Ebenen akzeptieren wollen und immer noch meinen, jeder könne machen, was er will, nur um sich selbst zu Reichtum und Macht zu verhelfen, werden wir durch Schaden lernen dürfen. Weltweite plötzliche Katastrophen aller Art, besonders auch durch Strahlung und aus der Luft werden uns dann den Weg zur Zusammenarbeit, zum Miteinander lehren.

Ein „bißchen Radioaktivität, ein bißchen chemische Gifte und schleichende Prozesse", die unheimlich und erst unerkannt auch als Epidemie auf uns zukommen können, werden uns dann wachrütteln.

Chancen und Hoffnungen liegen also in einem erweiterten Bewußtsein von der Zusammengehörigkeit aller Menschen und Wesen weltweit, ja, dies gilt für das ganze Universum. Die Chance und Hoffnung liegt in der Erkenntnis, daß ich mir selbst schade, wenn ich irgend jemandem schade. Die Chance und Hoffnung liegt also in uns allen. Und wenn diejenigen, die auf irgendeinem Gebiet die Macht haben, glauben, daß sie diese für ewig behalten können, werden sie in den nächsten

Jahren und Jahrzehnten plötzliche Veränderungen erleben müssen, die alles bisher Erlebte auf den Kopf stellen werden im Sinne eines Sprunges aus der Entwicklung.

Es geht in Zukunft um so hohe Ideale wie in der uralten „Goldenen Regel“: Was Du willst, das man Dir tut, das füg erst einmal einem anderen zu.

Dies läßt sich auch in einem einzigen Wort ausdrücken, von dem Paracelsus sagt, es sei die wirkliche Kraft der Arznei: Es geht um die L i e b e !

„Liebe erhebt keine Forderung; Liebe stellt keine Bedingung; Liebe macht keinen Vorwurf; Liebe distanziert sich nicht; Liebe achtet die Freiheit des anderen; Liebe weicht, wo sie vertrieben wird; Liebe hat weder Anfang noch Ende, und wo sie bewußt wird, da bleibt sie!“

Und dies ist nicht die schwärmerische Idee eines Traumtänzers, sondern die Chance und Hoffnung für uns alle.

Wenn, und damit ist jeder Mensch gemeint, wir uns nur wenigstens ein ganz klein wenig mehr im Alltag danach richten könnten, dann wird mit Sicherheit das Kranksein in Zukunft weniger stark und weniger chronisch unser Leben mitbestimmen.

Die Medizin der Zukunft wird ein alter und bekannter Weg sein: Den ganzen Menschen mit einzubeziehen, auch den Teil, den die Wissenschaft bisher nicht möchte, den Teil von uns, der sehr widerspruchsvoll sein kann, die Emotionen, die Gefühle, die Intuition, das eidetische Vermögen, die Dinge von innen heraus zu erfahren, die Phantasie. Damit wird es uns möglich sein, in viel tiefere Bewußtseinsinhalte Eingang zu finden, als die meisten Menschen es sich vorstellen können. Und hierbei werden uns die neuesten Techniken zur

Verfügung stehen, von denen wir jetzt noch nicht einmal eine Idee haben.

Und all dies wird uns zu mehr Toleranz und auch zu tieferer Ehrfurcht und Demut (als ein Gegenpol der Macht) führen.

Auch das Gebet und die Meditation werden einen sehr wichtigen Platz in der Medizin und im Alltag einnehmen. Das Gebet ist nicht ein Zeichen und Ausdruck von kindlich unreifem Glauben, sondern von Mut (Demut erfordert Mut) und tiefer Ehrfurcht vor den großen Zusammenhängen des Universums, die sich einem rationalen Begreifen immer verschließen werden.

Sich unterordnen zu können unter dieses höchste, allmächtige, allumfassende Prinzip, das ist unsere Chance und Hoffnung in der Medizin, die zu unserem Alltag gehört, denn der Puls und das Atmen, ermöglichen erst unser Sein in der Welt. Wir können somit die Medizin wie auch alles andere nicht isoliert betrachten, sondern nur synergetisch.

Im Miteinander auf allen Ebenen des Seins werden wir sehr bald im nächsten Jahrhundert eine Weltregierung haben, obgleich sich erst einmal noch der eine oder andere wehren wird, die später dann für die nächsten Generationen die Früchte unserer heutigen Einsicht ernten kann. Auch das gehört zur Synergie, den Samen zu säen, auch wenn man die Früchte jetzt nicht gleich selbst einfährt.

Und somit sollten wir uns alle Paracelsus und Goethe anschließen und „ewig strebend uns bemühen", die L i e b e zu verwirklichen, denn nur diese läßt Sinn erfahren und heilt.

2. LEBEN IST MEHR, ALS NUR DIE SUMME AUS CHEMIE UND PHYSIK

Dazu müßte man natürlich erst einmal wissen, was Leben bedeutet. Wenn man in einem Lexikon oder Wörterbuch nachschaut, dann findet man hier: „Vor allem komplizierte, kohlenstoffhaltige Verbindungen, die in der Natur nur im Lebewesen entstehen". Das ist ein sehr interessanter und von der Symbolik her wichtiger Punkt, daß nämlich im Lebewesen der Kohlenstoff so eine eminent wichtige Rolle spielt. Wie wir ja wissen, ist tatsächlich in der organischen Chemie der Kohlenstoff ein wesentlicher Faktor. Nur, es wird von der Symbolik und damit vom Wesenskern her, relativ selten darüber nachgedacht. Darum möchte ich Sie nicht wissenschaftlich-philosophisch an dieses Thema heranführen, sondern ein bißchen mehr metaphysisch.

Beim Kohlenstoff haben wir die Polarität von dem schwarzen Etwas in der Kohle, im Graphit, und auf der anderen Seite von dem reinen Kohlenstoff als Diamant (dia = hindurch), durch den das Licht hindurchscheint. Durch die Kohle scheint es nicht hindurch. Kohle ist schwarz. Schwarz ist von der Farblehre und auch von der Physik her eine Farbe, die alles aufnimmt, aber nichts mehr abgibt. In der normalen Diktion gilt ja der Tod als Gegensatz des Lebens, und daher tragen die Menschen in Europa bei einer Beerdigung schwarze Kleidung. Aus metaphysischer Sicht werden wir sehen, daß dem nicht so ist. Wir wissen aus Indien, daß dort genau das Gegenteil gemacht wird, man trägt bei der gleichen Zeremonie weiße Kleider. Weiß gilt bei uns als die Farbe der Freude. Wenn jemand heiratet, zumindest war es früher so, dann hat man Weiß getragen, ein bißchen also auch als Symbol der Unschuld. Heute trägt man auch bei der Heirat nicht mehr unbedingt Weiß. Warum trägt man in Indien Weiß und warum tragen wir in Europa Schwarz, wenn es um ein und dieselbe Sache geht, nämlich den Tod?

Weil die meisten Menschen den Tod tatsächlich als die Opposition des Lebens ansehen und weil sie sehr fixiert sind auf das Leben in der normalen, materiellen Form hier auf der Erde.

Aber das Wort „tot" im Deutschen wird t-o-t geschrieben. Dies können Sie von vorne wie von hinten lesen, Sie haben dasselbe Wort. In der Metaphysik arbeitet man sehr stark mit der Symbolik, um die Dinge besser verstehen zu lernen. Goethe hat gesagt: „Alles Sichtbare ist nur ein Gleichnis". Das heißt, über eine Analogie kann man von der Materie auf das Nichtmaterielle schließen. Wenn eine materialisierte Idee, die sich als Sprache manifestiert, sagt: „Du kannst das von vorne wie von hinten lesen, es ist das Gleiche", dann kann der Tod auf dieser Erde gar nicht so endgültig sein.

Für den reinen Materialisten ist das Leben hier in dieser materialisierten Form das Wichtigste: Essen, Trinken, ein bißchen Sexualität, ein Haus bauen, einen Baum pflanzen und ein Kind zeugen. Das scheint so alles im normalen Lebensablauf zu sein.

Aber das kann es nicht gewesen sein, und darum möchte ich Ihnen näherbringen, daß das Leben wesentlich mehr ist, wie alleine schon der sogenannte Gegensatz, der Tod, uns zeigt. Im Englischen heißt tot „dead", und auch hieraus kann man

Schwarz nimmt alles
Licht auf.

DIE SCHWARZE WITWE

mit der Umstellung nur eines Buchstabens das gleiche Wort machen, oder man kann es eben auch als „deed“ (die Tat) lesen. Der Tod, so könnte man sagen, hat sehr viel mit der Tat zu tun. Wir wissen, wenn jemand gestorben ist, wird in der Regel auch eine Laudatio auf den Menschen gehalten. Man sagt, was er alles in seinem Leben so getan hat. Und wir wissen ebenso, daß nur das Lesen, nur die Theorie, das bloße Nachdenken über die Dinge in der Welt kaum etwas verändern können. Es muß immer die Tat sein, die dann irgendetwas bewirkt, Es ist uns also klar, daß der Tod durch das gekennzeichnet ist, was der Mensch getan und nicht nur gesagt oder gepredigt hat. Auch Goethe hat kurz vor seinem Tod gesagt: „Dem Christentum des Wortes muß folgen das Christentum der Tat“.

Wenn man sich das im Kleinen wie im Großen anschaut, beim einzelnen Menschen, der gesamten Gesellschaft oder der Menschheit insgesamt, dann könnte man ja meinen, nachdem doch schon so viele Menschen gestorben sind, daß deren Leben nicht so von Weisheit erfüllt gewesen sein kann. Denn bis heute schlagen sich die Menschen gegenseitig tot. Wir alle haben Probleme, einen Krieg wie in Jugoslawien zu verarbeiten. Wir sind alle traurig, wenn wir sehen oder erleben, daß jemand aus der Familie, aus dem Bekanntenkreis stirbt.

Auf dem Friedhof, bei der Beerdigung, waren alle furchtbar traurig und haben geweint. Dann ging man in die Gastwirtschaft zum sogenannten Totenschmaus. Dann, nachdem die Reizschwelle durch Alkohol etwas angehoben bzw. erniedrigt wurde, je nachdem wie man das sieht, heraus, was die Menschen wirklich über den Verstorbenen dachten. Vorher wurde er hoch gelobt und auf einmal wurden sehr viele negative Seiten von ihm dargelegt. Dies ist verständlich, da man einem starken Reiz, dem Tod, ausgesetzt ist. Es entsteht somit eine sehr große Anspannung.

Pro forma gibt man sich dann positiv, in Wirklichkeit aber ist auch der Gegenpol immer in uns. In ähnlicher Form sahen wir dies am Beispiel des Kohlenstoffes.

Das Schwarze des Kohlenstoffs, was Ego bedeutet, weil es alles Licht aufnimmt und nichts abgibt, ist vergleichbar mit der Farbe der Trauerkleidung der Menschen. Tiefenpsychologisch gesehen sind sie im Grunde traurig, daß das Leben beendet wurde, aber letztlich traurig, weil sie plötzlich alleine sind.

„Kohlenstoff" - so steht im Lexikon - „tritt besonders auf im Zusammenhang mit Lebewesen". So könnte man rein physikalisch gesehen meinen, daß nur das, wodurch Lebewesen gekennzeichnet sind, wirklich Leben enthält. Chemisch-physikalisch scheint es so zu sein. Wie wir sehen, heißt es im Lexikon: „Eiweißkörper 50-70% der Trockensubstanz, Kohlenhydrate, Fette, Sterine, Phosphorlipide, Nukleinsäure und vieles andere". Wenn ich einen Herrn Müller, der gerade noch lebt, in einen Computer stecken würde und würde ihn chemisch-physikalisch durchuntersuchen, dann bekäme ich ein Ergebnis, dem zu entnehmen ist, woraus er besteht - chemisch-physikalisch. Dann aber nehme ich einen Hammer und schlage den Herrn Müller tot, stecke ihn sofort wieder in den Computer, wissen wir, daß sich dann, bis etwa zehn Minuten nach dem Tod kaum eine Veränderung der chemisch-physikalischen Substanz ergibt.

Was bedeutet das? Ist Leben und Tod nicht doch identisch? Was macht diesen Herrn Müller, der gerade noch gelebt hat, plötzlich tot? Wo ist dann dieser kleine Unterschied? Chemisch-physikalisch ist es sehr schwer, dieses nachzuvollziehen und zu verstehen.

Es verwundert, daß die Philosophen, Psychologen und Mediziner eben diese Welt - und damit das Leben und den Tod - überwiegend chemisch-physikalisch oder statistisch analysieren. Aber sie haben sehr selten nach dem gefragt, was dahinter stecken könnte, was der Sinn des Ganzen sein könnte.

Leben ist gekennzeichnet durch Individualität, durch die chemische Zusammensetzung, einem Baugefüge, durch Stoff- und Energiewechsel, durch Bewegung (etwas sehr wichtiges aus metaphysischer Sicht), durch Reizbarkeit, Fortpflanzung, Vererbung und Entwicklung - so sagt das Lexikon zumindest. Wir werden nachher sehen, daß es aus metaphysischer Sicht nicht ganz so ist. Das Weltbild basiert immer noch auf dem Zelldenken. Wir wissen, daß um die Zellen herum Membranen sind und es sehr wichtig ist, daß das sogenannte Fließgleichgewicht erhalten bleibt, was physikalisch im Grunde eine Art stehende Welle ist. Aber es kommt ständig zu Austauschvorgängen und der Austausch ist - wie im Mikrokosmos so im Makrokosmos - ein wesentliches Kennzeichen dessen, was die Physik oder die Naturwissenschaft Leben nennt. Da entstehen im Grunde auch wesentliche Probleme. Der Stoffwechsel mit der Assimilation und der Atmung ist für uns eminent wichtig.

Ich gebe Seminare in Fasten, Schweigen, Meditation und habe durchaus schon leicht sechs Wochen fasten können. Wenn man öfter die Erfahrung selbst gemacht hat, merkt man, es ist gar nicht so schwer. Eine Seminarteilnehmerin hat einmal sogar sieben Tage nichts getrunken. Die Medizin, die meint, sie sei Naturwissenschaft, würde relativ schnell Angst bekommen: Wie kann man so etwas tun, sieben Tage nichts trinken. Es erscheint ja auch fast unmöglich. Aber es gibt Berichte aus Europa und aus Indien, daß Menschen vom 25. Lebensjahr an bis zum Ende ihres irdischen Lebens nichts gegessen und getrunken haben.

Und wenn auch nur ein Mensch dies vermag, dann muß es prinzipiell möglich sein. Wenn wir das mit unserem Lerngefüge, mit unserer Brille der Wissenschaft, noch nicht erklären können, heißt das nicht, daß es nicht möglich ist. Natürlich fragt man sich, wie so etwas funktionieren kann. Nun, wir wissen, daß Menschen, die beispielsweise im Bergbau sechs oder sieben Tage eingeschlossen waren, hinterher sehr erschöpft aus dem Berg herauskamen. Sie waren so schwach, daß sie gestützt werden mußten. Jeder, der schon einmal sieben Tage gefastet hat, fragt sich, warum diese Menschen so schwach sind. Denn es ist doch überhaupt kein Problem, sieben Tage nichts zu essen. Es muß etwas anderes dahinterstecken, als nur die chemisch-physikalische Tatsache, keine Nahrung zu sich zu nehmen.

Wir wissen, Essen und Trinken kann man deutlich reduzieren. Wir wissen es ja auch von den Tieren, die im Winterschlaf einen minimalen Stoffwechsel haben und dennoch Monate überleben können. Wir wissen aber auch von den Tieren, daß sie während des Winterschlafs sehr langsam atmen. Und wir kennen das alle von uns aus dem Alltag, daß immer dann, wenn die Atmung beschleunigt wird, es um gewisse andere Zustände geht. Auch während des Schlafs. Wenn wir schlafen, atmen wir viel langsamer. In den indischen Weisheitslehren heißt es: „Die Zahl Deiner Atemzüge ist gezählt. Gehe vorsichtig damit um. Sei weise". Aus diesem Aspekt heraus wäre also z.B. ein Marathonlauf nicht besonders sinnvoll wie alles, was meine Atmung erhöht. Hier kommen wir auf einen sehr wichtigen Bereich unseres Lebens, nämlich das, was nicht mehr chemisch-physikalisch, zumindest ursächlich, zu erklären ist, die Emotionen. Wir wissen, wenn ich in einem „steady-state" bin, in einem Fließgleich-

gewicht, in der Balance, in Harmonie, d.h. wenn mich fast nichts mehr aus meiner „Mitte" herausbringen kann, atme ich langsam. Mein Puls schlägt ebenfalls langsam. Wenn ich aber z.B. einen Fehler gemacht habe und werde von anderen Menschen kritisiert, dann beginne ich schneller zu atmen, der Pulsschlag erhöht sich usw.

Wenn diese indische Weisheitslehre, die wir in ähnlicher Form auch in Ägypten und Griechenland finden, stimmt, sollten wir uns ständig bemühen, in der Mitte zu sein. Aber wir alle wissen, daß es nicht so leicht ist. Die täglichen Erfahrungen zeigen es uns. Aber warum ist es nicht leicht? Weil wir immer sehr emotional reagieren.

Ich habe zehn Jahre an der Universität Frankfurt Allgemeinmedizin unterrichtet und habe dort versucht, diese metaphysischen Gedanken auch die Studenten zu lehren. Aber ich hörte immer nur: „Wir wollen aber emotional sein. Wir wollen uns nicht alles gefallen lassen. Wir wollen unsere Aggressionen herauslassen“. Und so sagt es sogar die moderne Lern- und Verhaltenspsychologie: „Lass’ es raus! Lass’ Dir nichts gefallen! Schlag’ zurück!“

Ich denke immer wieder an eine Patientin in meiner Praxis, die, nachdem sie sieben Jahre Psychotherapie in einer anderen Stadt gemacht hatte, zu mir kam und sagte: Wissen Sie, ich bin ein Leben lang von meinen Eltern unterdrückt worden und alle haben gesagt: „Du kannst nichts. Du bist nichts. Du bist zu dumm. Und in der Psychotherapie habe ich dann sieben Jahre lang gelernt, daß ich zurückschlagen soll“. Und diese Patientin war auch recht aggressiv. Bei unserer Form der Psychotherapie, wo der Therapeut fast nichts spricht, sondern nur dem Menschen hilft, ihn stimuliert, daß andere Gedanken, andere Energien in ihn hineinkommen, auch ein anderes Bewußtsein einmal in ihm Platz findet, da mußte sie erkennen, daß es bisher offensichtlich doch nicht der ganz ideale Weg war. Das war für sie sehr schwer. Und so scheint es für uns alle sehr schwer zu sein, uns nicht aufzuregen, nicht aggressiv zu sein, nicht zu schimpfen. Kurz, nicht alles zu beurteilen und immer gleich mit einem Vorurteil durch das Leben zu gehen. Wenn ich sehr konservativ bin und sehe einen Langhaarigen, dann denke ich vielleicht: „Oh weh“. Und wenn ich meine, ich sei sehr progressiv und es kommt einer mit Anzug und Krawatte, denke ich: „Vergiß ihn“. Immer gleich Vorurteile, Urteile und Beurteilungen. Und wir wissen, bei jeder starken Emotion ist die Atmung beschleunigt. Das ist die eine Seite. Und dann gibt es im pathologischen Bereich Menschen, die haben ein Riesenproblem mit der Atmung. Sie atmen ganz gerne ein, aber sie können nicht ausatmen, die Asthmatiker. Warum können sie nicht ausatmen? Es gibt viele Theorien und viele Aspekte stimmen bestimmt auch, aber ein Aspekt heißt ganz einfach: Er will nicht loslassen, er will nichts hergeben. Er ist verkrampft. Er ist in Spannung. Damit lebt er nur den einen Pol, bzw. diesen möchte er überbetonen. So ist die Spannung für die meisten Menschen der überwiegende Zustand ihres irdischen Lebens - immer in Spannung.

Nun kurz zur Ernährung. Es scheint sehr wichtig zu sein, das Essen. Wir wissen, wenn man irgendwo zu Gast ist, wird man zum Essen aufgefordert mit den Worten: „Du mußt etwas essen, damit Du groß und stark wirst. Vor allem mußt Du viel Fleisch essen“.

Essen scheint ein unglaublich wichtiger Vorgang in unserem sozialen Gefüge zu sein. Vom Wort her, phonetisch-kabbalistisch, gar nicht so dumm, weil in dem Wort „Essen“ das lateinische Wort „esse“ steckt , und das heißt „Sein“. Wir kennen die Essenz, die Quintessenz, was das Wesentliche bedeutet.

Also scheint doch Essen wirklich wesentlich für uns zu sein.

Nun ein anderer Gesichtspunkt: Es gibt eine Pyramide, deren Basis heißt Tun und Haben. Tun ist gleich Machen und Haben. Das ist die Basis. Bei Konfuzius und im Tao-Te-King finden wir: „Solange Du aber Tun und Haben hast, bist Du nicht“. Das eigentliche „Sein“ ist die Spitze der Pyramide.

Das ist die Masse der Menschen. Sie müssen immer etwas tun und meinen immer, sie müßten auch etwas haben. Wie wir wissen, ist es ja auch einer der ersten Reflexe eines Babys, gleich etwas festzuhalten. „Das ist mein!“ So ist dieses Prinzip des An-sich-Reißens offensichtlich für uns eines der kennzeichnenden Prinzipien des irdischen Seins. Und das Tun. Wir alle meinen ständig, daß man doch mal was tun muß. Wir haben ein Problem, einmal nichts zu tun. Im Tao-Te-King heißt es: „Tun und Haben bringen Mehrung“. Es wird also mehr, es wird etwas angehäuft. Dann heißt es aber: „In der Mehrung liegt die Minderung“, und es behindert das „eigentliche Sein“.

Wir alle wissen, je nachdem wo man auftritt, wie man gekleidet sein sollte, welches Auto man fährt, ob man einen Titel hat, Prof. Dr. Dr. Dipl.-Ing …, welche Villa man haben sollte, welche Bücher man am besten schon veröffentlicht hat usw. Danach fühlt man sich wie „der Größte“. Nun nehmen wir aber diesem Menschen einmal alles weg, was er hat, und niemand weiß etwas von ihm. Dann setzen wir ihn einmal in seiner Nacktheit neben andere Menschen auf die Toilette und wir schauen sie uns alle einmal von hinten an. Dann sehen sie alle gleich aus. Allerdings, der viel hatte, den kann man vielleicht schon am Gewicht erkennen.

Es scheint demnach wirklich so zu sein, daß das, was außerhalb von mir ist, mich niemals zum eigentlichen „Sein“ führen kann.

Alles, was außerhalb von mir selbst ist, was außerhalb meines wahren, inneren göttlichen Selbst ist, ob Menschen oder mein Hab und Gut, alles kann ich verlieren, so daß ich dann leicht sehr traurig bin und es nicht mehr verkrafte. Aber woran liegt es? Der Grund ist, daß ich vorher die Basis des

Materiellen zu sehr betont habe. Leben ist eben nur auf einer bestimmten Ebene durch Tun und Haben gekennzeichnet. Das Leben als solches hat aus metaphysischer Sicht vielmehr mit der Spitze der Pyramide oder auch mit der Spitze einer Spirale zu tun.

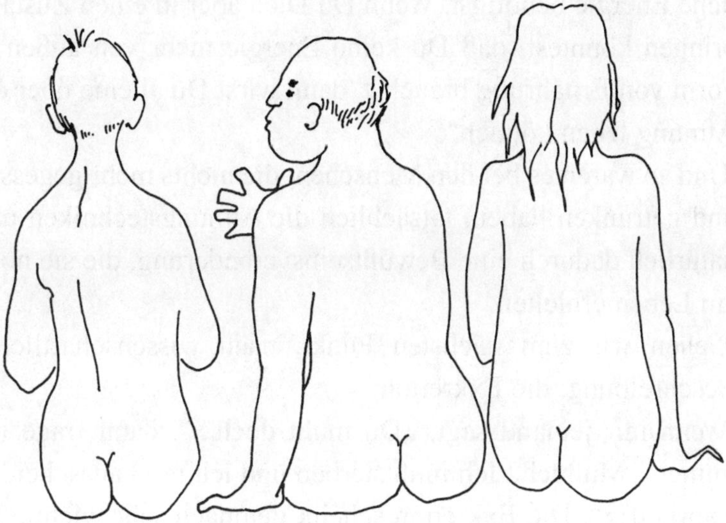

Bei dieser Gelegenheit möchte ich kurz auf das Wort „Spirale“ eingehen. In dem Wort Spirale steckt nämlich auch das Wort „Lapis“, wenn man die Buchstaben umdreht. Lapis wiederum kommt aus dem lateinischen und heißt „der Stein“. Bei den Alchimisten „der Stein des Weisen“, das höchste Ziel, was er hier auf Erden erreichen kann, also der Punkt, die Spitze der Pyramide und auch der Mittelpunkt gleichzeitig. Fügt man noch einige Buchstaben hinzu, ist in dem Wort auch noch „Spiritus“ - Geist, und „spirare“ enthalten, was wieder viel mit atmen zu tun hat. Und wir wissen, daß wir über die Atmung selbst lebensnotwendige Dinge wie Essen und

Trinken kompensieren können. In der Regel nehmen wir die Ernährung etwas zu wichtig, wenn man zu dem eigentlichen, zu der Quintessenz des Lebens, aus metaphysischer Sicht, kommen möchte.

In allen Weisheitslehren heißt es immer wieder: „Du mußt Dich nur ernähren und Du mußt nur schlafen, weil Du zusätzliche Energie benötigst. Wenn Du Dich aber in einen Zustand bringen könntest, daß Du keine Energie mehr von außen in Form von Ernährung brauchst, dann wirst Du alleine über die Atmung leben können“.

Und so waren es bei den Menschen, die nichts mehr gegessen und getrunken haben, tatsächlich die Atmungstechniken und natürlich dadurch eine Bewußtseinsveränderung, die sie noch am Leben erhielten.

Gehen wir zum nächsten Punkt, nach wissenschaftlicher Beschreibung: die Exkretion.

Wenn mir jemand sagt: „Du mußt doch...“, dann frage ich immer: „Muß ich? Ich muß sterben und ich muß ausscheiden - vorläufig“. Die Exkretion scheint demnach sehr wichtig zu sein. Wir wissen, wenn wir lange Zeit nicht ausgeschieden haben, sammeln sich Giftstoffe, wie Indol und Skatol an, sowie die ganze Gruppe der chemischen Substanzen, die die Leber und die Niere vergiften und dann eine Bewußtseinstrübung herbeiführen.

Wir finden tatsächlich die Exkretion bei allen Lebewesen, selbst bei den Pflanzen, vor. Dies scheint somit ein sehr wichtiger Punkt zu sein. Ich muß aber letztlich nur ausscheiden, wenn ich etwas einnehme. Wenn ich nichts Materielles zu mir nehme, muß ich auch nichts Materielles wieder ausscheiden. Wenn man lange fastet, ist tatsächlich fast keine exkrementelle Ausscheidung mehr vorhanden.

Eine weitere charakteristische Eigenschaft der Lebewesen ist die Reizbarkeit. Das heißt, das Vermögen auf äußere Einwirkungen mit bestimmten Reaktionen zu antworten. Aus eigener Erfahrung wissen wir, daß es so zu sein scheint: Wenn wir lange nicht geschlafen haben, sind wir sehr reizbar. Wenn wir Alkohol getrunken haben, sind wir auch reizbar, vielleicht leichter oder auch weniger leicht. Es gibt demnach also Zustände, die entweder mehr reizbar machen oder weniger. Aber es scheint immer nur um diese Reaktion zu gehen, mit der ich auf eine Tatsache antworte.

Epikted, ein griechischer Philosoph, hat bereits vor Christi Geburt gesagt: „Es sind nicht die Ereignisse (die Tatsachen), die den Geist stören, sondern meine Beurteilung der Ereignisse". Das heißt: Es ist meine Antwort, meine Reaktion auf eine Tatsache, die stört. Wenn nun also Menschen ständig über die Umwelt schimpfen, sich über Mitmenschen beklagen und sagen: „Wie kann man in dieser Welt zufrieden und glücklich sein? Wie kann man da noch Mensch sein?", so liegt es nach diesem Denksystem nicht an der Umwelt, sondern an ihnen, wie sie auf bestimmte Reize reagieren. Das Lexikon sagt: „Hier treffen biologische Vorgänge und seelisches Geschehen zusammen. Die Umwelt ist in den Lebensprozess einbezogen".

Man müßte sich einmal vorstellen, wir wären irgendwo in einem dunklen Raum geboren worden. Man könnte nur schemenhaft die Umgebung erkennen und da man über keinen Spiegel verfügt, wüßte man noch nicht einmal, wie das eigene Gesicht aussieht. So kann man sich vorstellen, wie es wäre, wenn man noch nie einen anderen Menschen getroffen hätte und man gar nicht wüßte, wie man auf diese und jene Konfrontation reagiert.

Darum sollte man sich glücklich schätzen, wenn man mit sehr vielen Menschen Kontakt in seinem Leben hat, damit man lernt, wie man auf die einzelnen Tatsachen reagiert. Man sollte dankbar sein, wenn man oft von morgens früh bis abends spät auf den verschiedenen Ebenen gereizt wird. Materiell durch das Wetter, immateriell durch andere Menschen, damit man sich selbst besser kennenlernen kann und damit man sich auch besser in diesen Lebensprozess einordnen kann.

Wie relativ die Dinge im Leben sind, zeigt auch das Beispiel, daß es wissenschaftlich fundiert schien, daß zum Leben Sauerstoff als absolut notwendig galt. Man war dann sehr erstaunt, als man plötzlich Bakterien fand, die der Sauerstoff sogar abtötet, d.h. man entdeckte Bakterien, die das, was uns in der Regel tötet (CO_2), sogar brauchen, um existieren zu können. Das brachte das wissenschaftliche Denken völlig durcheinander.

Ebenso gab es auf dem Gebiet der Astrophysik ein Phänomen. Als in Berlin die Mauer fiel, fand man im Universum ein neues Gebilde und gab ihm den Namen: „The Great Wall“, d.h. die große Mauer. Und man stellte fest, daß es offensichtlich ein Gebilde war, was so viel Energie hat, daß es alles andere in seiner Umgebung zusammenzieht. Auch dies hat bis heute die Wissenschaft völlig durcheinander gebracht, weil man bisher meinte, alles sei auf einen Urknall zurückzuführen und dehne sich nun aus.

Jetzt hat man plötzlich gesehen, es scheint auch das Gegenteil zu geben, nämlich daß sich wieder alles zusammenzieht. Bis heute ist man perplex und steht wieder vor einem Paradoxon.

Metaphysisch heißt es aber: „Immer dann, wenn man an ein Paradox kommt, nähert man sich dem eigentlichen Leben, dem eigentlichen Sein“.

Geburt, Höhepunkt und Tod entsprechen im Indischen den drei Gottheiten Brahma, Vishnu und Shiva. Dadurch, so heißt es, ist das Leben hier auf der Erde gekennzeichnet. Wir können das aus der Erfahrung bestätigen. Der Mensch wird geboren, hat einen Höhepunkt und geht auch wieder hinunter. Biologisch gesehen beginnt bei den Männern der Tod massiv ab dem 25. Lebensjahr, d.h. das Absterben der Zellen. Es ist ein uralter Traum der Menschheit und eine Frage gleichzeitig: Gibt es die potentielle Unsterblichkeit? Bei den kleinen Pantoffeltierchen weiß man heute, daß, wenn man sie richtig züchtet, es mehr als 1.000 Generationen geben kann, die durch Zellteilung entstehen. Die Teilung scheint demnach etwas sehr wichtiges für die Form des Lebens hier auf der Erde zu sein. Wir kennen es aus der Biologie nur zu gut: Erst kommen zwei zusammen, dann vermischen sie sich, dann teilen sie sich und dann geht die Teilung explosionsartig immer weiter.

Vor der Teilung, als eines der wichtigsten Ereignisse auf der Welt wodurch Leben u.a. charakterisiert wird, steht eine Zusammenfügung. Es muß also erst etwas zusammenkommen, d.h. zwei Pole, die sich vereinen und dann beginnt die Teilung und Vervielfältigung.

Von den Riesenschildkröten weiß man, daß sie 200 Jahre leben können. Es gibt Mammutbäume, die 3.000 Jahre leben und man hat Bakterien und Pilze in Mumien in Ägypten gefunden, die bis zu 12.000 Jahre alt sind und die nur durch Zugabe von Wasser wiederbelebt werden konnten. Und in der Forschung meint man, es gäbe Bakterien, die in Salzstöcken gefunden wurden, die etwa eine Milliarde oder sogar über eine Milliarde Jahre alt sind.

Es ist diese Unsterblichkeit, die man in Filmen, in der Mystik, in Büchern immer wieder findet und wovon wir mehr oder weniger träumen.

Wir sehen es auch im Alltag in der Medizin. Man versucht den Menschen immer länger am Leben zu erhalten und heute wissen wir, daß die Lebenspyramide in den Industriestaaten längst nicht mehr der berühmte Tannenbaum ist, der er einmal war. Nämlich die Pyramide mit vielen jungen Menschenan der Basis und ganz wenig alten Menschen an der Spitze. Heute ist es fast umgekehrt. Und schon entsteht wieder Angst, wer denn nun die Renten finanzieren soll. Offensichtlich denkt man nicht weiter als bis zu diesem t-o-t = „tot".

Die wissenschaftlichen Disziplinen, die uns helfen sollen, das Leben hier zu untersuchen, analysieren erst einmal (Analyse=Teilung). Man nimmt also eine Ganzheit, zerstückelt sie und schaut nach, wie die einzelnen Bausteine aussehen. Und zu diesen Disziplinen zählt eben auch die Chemie. Und diese Chemie ist aber, wie alle Lexika übereinstimmend sagen, aus der Alchemie entstanden. Und die Alchemie sei so eine verstaubte, alte Sache: Der Alchemist ist der, der so einen Kater und einen schwarzen Raben hat. Aber das ist vollkommen überholt. Wir Alchemisten sind modern, wir haben mit diesem alten Kram nichts mehr zu tun. Aus der Geschichte der Menschheit wissen wir, daß es viele Alchemisten waren, die wesentliche Hilfen für unseren Alltag gefunden haben.In Deutschland gab es einen Herrn Böttcher, der angeblich auch Gold gesucht hat und manche vermuten, daß er es auch künstlich herstellen konnte.

Auf jeden Fall hat er das berühmte Porzellan gefunden. In China war Porzellan viel früher bekannt, aber auch wiederum von chinesischen Alchemisten. Nun, wie dem auch sei, die Chemie wird aus dem Teil der exakten Naturwissenschaft definiert, der die Eigenschaften und Umwandlungen der Stoffe umfasst. Mit der Physik ist sie durch Grenzgebiete verbunden und hiervon begrifflich nicht scharf zu trennen. Auch in der Biologie gibt es Übergänge in die Biochemie, die die Eigenschaften und Umwandlungen der Stoffe umfasst.

Wir wissen, daß die Anfänge der Chemie und der Alchemie weit vor Christi Geburt lagen. Anfang des 16. Jahrhunderts fand Paracelcus wesentliche neue Aspekte sowohl in der Chemie als auch in der Alchemie. Aber dann kam die sogenannte „skeptische Chemie" durch Ball (1661) auf, der besonders das empirisch rationale Denken einführte. Er sagte: „Wir müssen Schluß machen", ebenso wie das ein anderer Naturwissenschaftler einmal gesagt hatte: „Wir müssen die Geister aus der Natur austreiben - hört auf mit diesem Geistgerede". Weltkritisch, skeptisch, rational - dies ist sicherlich auch sinnvoll und gut - für bestimmte Zwecke. Die Physik, als die Lehre von solchen Naturvorgängen, die der experimentellen Erforschung, der messenden Erfassung und mathematischen Darstellung zugänglich sind und allgemeingültigen Gesetzen unterliegen, ist sicherlich für uns sehr hilfreich, nützlich und zweckmäßig. Mehr aber auch nicht. Und dies gilt für die gesamte Wissenschaft!

Wissenschaftliches Denken ist dadurch gekennzeichnet, daß ein Versuch von jedem Menschen, an jedem Ort der Erde, zur selben Zeit, mit demselben Ergebnis durchgeführt werden kann - allgemein gültig - „à tout le temps, à tout le peuple" (für alle Zeiten, für alle Menschen). Hiergegen ist nichts zu sagen. Das Bestreben der Naturwissenschaft war schon immer, und alle großen Geister der Naturwissenschaften haben es im Grunde auch gesagt: „Nützliches und Zweckmäßiges für die Menschheit zu erforschen und zur Verfügung zu stellen". Es ist sehr nützlich und sehr zweckmäßig gewesen, was wir alles haben. Modernste Technik, die kompliziertesten Geräte in der Medizin und auf allen erdenklichen Gebieten. Wir sind dankbar, absolut. Nur die Frage ist, ob dies denn nun alles ist. Ist das das Leben?

SOMIT IST ES BEWIESEN,
DASS ES KEINE DRACHEN GIBT.

Wir machen uns die Umwelt anscheinend nur zu diesem Zwecke dienstbar, um mit ihr im Alltag gut umgehen können.

Das jedoch kann nicht Leben als solches sein, es muß mehr dahinterstecken. Viele große Geister, z.B. Archimedes im 3. Jahrhundert vor Christi Geburt, hat uns über den Auftrieb und die Hebelgesetze einiges gesagt, es war dann Galilei, der viele Probleme mit der Obrigkeit hatte, es war Kepler, der nicht nur die große Astronomie entwickelt hat, sondern viel mehr - insgesamt 12 Bücher - über Astrologie geschrieben hat. Dies wurde von der Wissenschaft verschwiegen. Newton war nicht nur der große Mathematiker, Physiker und Naturwissenschaftler, er war gleichzeitig Alchimist - auch das wurde verschwiegen, und, und, und... . Aber all diese Menschen haben selbstverständlich sehr viel Wertvolles für die Erde geleistet - aber auch für die Zerstörung. Wir sind ihnen dankbar, denn es war zweckmäßig und nützlich.

Wenn man sich mit der Philosophie beschäftigt, gibt es eben sehr viele Theorien über die Frage, was Leben denn nun eigentlich ist. Und diejenigen, die als Weltbild ein mechanistisches Denken hatten, sagten dann eben: „Das ist rein mechanisch zu erklären". Damit hat man im Grunde den Menschen wie ein Stück Holz behandelt. Oder was ist es anderes, wenn Sie heiraten und unterschreiben: „Dich zu ehren und Dir zu dienen, bis daß der Tod uns scheidet". Dies dürfte eigentlich nur ein Stück Holz unterschreiben, was keiner gravierenden Veränderung oder Entwicklung unterworfen ist. Denn wie kann ein Mensch, ein Lebewesen, das sich selbst überhaupt nicht kennt, solch einen Pakt eingehen, denn er weiß nicht, ob ihm nächste Woche eine andere Frau oder ein anderer Mann begegnet, der viel sympathischer ist. Aber er hat unterschrieben und einen Pakt kann man immer nur in beiderseitigem Einvernehmen lösen.

Materialismus wurde dann zum Teil - es waren überlappende Vorgänge - abgelöst durch den Idealismus. Hier stellt sich die interessante Frage: „Woher kommt denn ein Ideal“?

Um dies zu beantworten, muß man der Frage nachgehen, woher überhaupt die Gedanken kommen. In dem Wort Gedanke steckt in der deutschen Sprache „danke“. Eigentlich sollten wir bei jedem Gedanken, den wir bekommen, statt ihn zu materialisieren und als „das ist mein Gedanke“ zu patentieren, demütig, ehrfurchtsvoll hinknien und dafür dankbar sein, daß wir überhaupt denken dürfen und können.

Unsere Gedanken kommen, so sagen wir in der Metaphysik, aus der Welt des „Idealen“.

Viele Menschen sagen: „Das ist ja Idealismus, damit habe ich nichts zu tun, das gibt es ja gar nicht. Schau Dir doch diese Welt an“.

Es heißt aber auch: „Setze Dir niemals Grenzen“. Denn wenn Du ein Programm geschaffen hast, eine Software, die sagt: „Ich kann nicht, ich mag nicht und die Welt ist schlecht“, wie soll ich dann aufrecht gehen? Ich muß diese höhere Ebene des Lebens anstreben, wenn ich diese erreichen möchte.

„So wie Du denkst, so bist Du“, heißt es bei den Römern schon und in den Antoninischen Bädern im alten Rom stand der Spruch: „Wer sich Sorgen macht, findet hier keine Heilung“.

Heil werden, heißt ganz werden und das bedeutet Holistische Medizin, also die wirkliche Einheit des Lebens wieder herstellen und erfahren.

Nun, ein Gedanke, der sich in mir formiert - ähnlich wie man heute eine neue Diskette im Computer formatiert - kommt aus der „idealen Welt“, aus irgendeiner Tabula rasa, aus einem Universalen. Er formt sich in mir, wie ein Plätzchen aus einem großen Stück Teig.

Und das war für mich, in meiner Kindheit, ein kleines Schlüsselerlebnis zu Weihnachten, als meine Mutter Plätzchen backen wollte und ein großes Stück Teig ausgewalzt hatte. Sie nahm dann eine Form und aus diesem Namenlosen ein Stück, ein Teil, heraus. Wenn es nicht gut geraten war, tat sie es wieder zurück, walzte noch einmal darüber und die „Einheit“ war wieder hergestellt.

Aus der Welt des Idealen, in der es alles gibt, wo jede Idee, die irgendein Mensch haben mag, sei sie auch noch so „science-fictionmäßig“, kommt im Grunde genommen „etwas“ herunter in die Welt der Form. Zunächst wäre das der Gedanke, dann das ausgesprochene Wort, dann evtl. eine Zeichnung, um sich dann später materiell mehr und mehr zu verdichten und um hergestellt zu werden.

Doch selbst auf der Ebene der Gedanken sind wir immer noch in der Materie, metaphysisch gesehen, denn solange ich etwas in einem Koordinatensystem von Raum und Zeit definieren kann, ist es für die Metaphysik materiell.

Und wir wissen, daß wir nachts auf der Traumebene sehr wohl eine materielle Welt erleben, obwohl sie nach unserem Verständnis gar nicht mehr materiell ist. Sehr interessant ist, daß wir alle dieses Erlebnis kennen, aber nicht darüber diskutieren. Diskutieren kommt von dem lateinischen discutere= zerschneiden, d.h. wir zerschneiden nicht eine allgemeingültige Erfahrung durch eine Meinung, sondern, weil wir alle dasselbe erlebt und erfahren haben, wissen wir, daß es so ist.

Und genau das sagen wir in der Metaphysik auch, wenn Du etwas wissen willst, mußt Du es selbst tun. Das andere ist reiner Glauben.

Nun, in der Traumwelt erfahren wir also auch ein Koordinatensystem von Raum und Zeit, aber wir erfahren, daß die Zeit und der Raum verdichtet und ausgedehnt werden kann. Wir erleben dort Dinge, die wir nach irdischer Zeitrechnung in zwei, drei, vier oder fünf Minuten erleben, in unserem Erlebnisempfinden, in unserem Bewußtsein, vielleicht als einen Tag, einen Monat oder auch nur als Sekunden wahrnehmen. Aber dieses Erleben ist für uns so elementar, daß wir oftmals voller Angst auffahren, schreien und aufwachen. Und wir empfinden im Grunde keinen Unterschied in der Erlebnisqualität zwischen der Traumwelt und dem, was wir hier in der sogenannten materiellen Welt erfahren.

Solange etwas durch Raum und Zeit definierbar ist, ist es für uns in der Metaphysik immer noch Form. Wenn ich mich jetzt theoretisch immer mehr dem Nullpunkt annähere, wenn also Zeit immer geringer werden würde, und ebenso der Raum, dann müßte es von der Theorie und vom Gedanken her einen Zustand geben, wo ich aus Zeit und Raum aussteige, wo ich damit die „Form“ verlasse.

Was geschieht dann? Ist es dann immer noch Leben? Wir sagen: „Wenn ich Dich erschlage, bist Du tot, dann ist es vorbei“. Meinst Du... Wir wissen aber, daß man nichts in dieser Welt zerstören kann, rein gar nichts. Und wenn Materielles - irdisch Materielles - sich nicht zerstören läßt, sondern im Grunde nur umgewandelt wird, wie kann man denn dann Bewußtsein oder Gedanken zerstören?

Also ist es doch die Frage: „Läßt sich Leben wirklich zerstören“? Wenn es sich aber nicht zerstören läßt, dann müßte es theoretisch eine Chance geben, Leben ewig zu verlängern. Ewig? Was ist denn ewig? Von Ewigkeit zu Ewigkeit, Amen. Gibt es zwei Ewigkeiten? Gibt es ewige Ewigkeiten? Wenn ich ein lineares Denksystem annehme, ja. Anfang, Ende, in der Mitte der Höhepunkt. Das aber ist das System der Form, das System der Materie. Und Jules Verne hat einmal gesagt: „Was ein Mensch denken kann, wird entweder er oder später andere verwirklichen, in die Tat umsetzen“. Darum empfehle ich in meinen Seminaren den Teilnehmern, sie mögen sich mit Science-fiction beschäftigen. Sie sollen versuchen Dinge zu denken und sich bildhaft vorzustellen, die nach der bisherigen Lehrmeinung der Wissenschaft völlig unmöglich erscheinen. Sie sollen damit Visionen aufbauen, damit sie nicht so erstaunt sind, wenn irgendwann sich die sogenannten Visionen materialisieren. War es nicht eine Vision eines Menschen, der sagte: „Ich kann ein buntes Bild von Amerika über den Weltenraum nach Europa übertragen, mit nur Sekunden Zeitdifferenz“. Hätten Sie damals nicht auch gesagt: „Du bist verrückt“? Ver-rückt, von diesem deutschen Wort kann man auch sagen: „Du bist aus der Theorie, aus dem theoretischen Weltbild hinausgerückt“. Ja, aber wenn nicht einer diese Vision gehabt hätte, wie hätte er es jemals schaffen können? Und darum vorsichtig mit dem: Das kann nicht sein. Daß nicht sein kann, was nicht sein darf!

Es geht um das lineare Denksystem. Doch in der Physik, und das ist die avantgardistischste Disziplin in unserem Lande, gibt es schon lange einen Sprung heraus aus diesem veralteten linearen Denken.

Die Mediziner aber zählen zu den Konservativsten, den Starrsten. Sie halten fest an Tun und Haben, obwohl sie sich doch eigentlich mit den Fragen des Lebens, ob es nicht mehr ist als nur die Summe von Chemie und Physik, sehr beschäftigen müßten. Denn sie sehen das „Sterben" doch Tag für Tag.
Die Physiker sagen: „Oh nein, Euer mechanistisches Weltbild ist passé. Es gibt den Quantensprung. Es gibt den Sprung heraus aus der Normalität, aus der linearen Entwicklung".

Kennen wir nicht alle aus dem Alltag die Situation, in der z.B. die Ehefrau sagt: „Zwanzig Jahre bist Du nun mit mir verheiratet, immer lieb und nett, und auf einmal schaust Du eine andere Frau an. Eine Unverschämtheit!"
Hegel sagt sinngemäß: „Leben ist durch den Widerspruch gekennzeichnet. Die Kunst des Lebens ist es, erstens den Widerspruch zu erkennen und zweitens ihn auszuhalten".
Also immer, wenn Ihr Ehepartner, Ihre Freundin oder Ihr Freund sich plötzlich widersprüchlich zu dem verhält, wie Sie es zwanzig oder dreißig Jahre erfahren haben, zeigt das nur, daß Sie fixiert waren. Es war immer so, darum soll es auch weiter so bleiben.
Wir haben Angst vor Veränderung, weil wir Angst haben zu wachsen und Angst vor der Verantwortung, die wir für uns selbst zu übernehmen haben.
Gibt es denn nun diesen Sprung? Wenn man Materie physikalisch nicht zerstören kann, wenn also dieser eine Pol des Daseins, der Tod, in Wirklichkeit nicht existiert, sondern wenn es nur eine Transformation ist, d.h. ein Hinüberwechseln in eine andere Form, dann muß oder kann doch eigentlich der andere Pol, die Geburt, auch nicht ein echter Anfang sein. Dann kann das auch nur ein Hinübergehen in eine andere for-

male Seinsweise sein!

Die Wissenschaft hat sich sehr stark um die Form bemüht, d.h. um die Frage: „Wie funktioniert etwas?, während der Metaphysiker die Physik nicht ausschließt und nicht sagt: „Physik ist etwas Schlechtes, Naturwissenschaft ist etwas Schlechtes“. Im Gegenteil, er ist dankbar für diese zweckmässige, nützliche Anwendung, aber ihm ist klar, daß er damit nur einen Aspekt, einen Pol, eine Seite des Lebens anschaut. Und vor allem ist ihm klar, daß die Form eigentlich immer nur der Ausdruck eines Inhaltes ist.

Kleider machen Leute. Sage mir, was Du für ein Auto fährst und ich sage Dir, wer Du bist. Sage mir, was Du ißt und ich sage Dir, wer Du bist. Wie soll das Steak sein, schön rot-blutig? Tier - ohne jede Wertung.

Nun, interessant ist dennoch, daß auch die Form sich entwickelt. Goethe sagte: „Das Gesetz wonach Du angetreten, dies sagten schon..., und keine Zeit und keine Macht zerstückelt geprägte Form, die lebend sich entwickelt“.

Was wir als Zeit empfinden, dieser lineare Vorgang, kann in Wirklichkeit das, was einmal als Idee geprägt ist, nicht zerstören, sie kann sie nur umwandeln. Ein Mensch sagt im Alter von sieben Jahren „ich“, und im Alter von siebzig Jahren sagt er immer noch „ich“, obwohl sich bekanntermaßen alle 128 Tage die roten Blutkörperchen verändern und sich fast alle Zellen und auch gewisse Gehirnzellen erneuern können.

Leben kann demnach nicht an die Form gebunden sein. Das Leben muß mehr sein. Metaphysisch bedeutet Leben = Energie.

Der Metaphysiker sagt, daß es nur eine Energie gibt und der Alchemist nennt es dann, wenn man es christlich ausdrücken wollte, Leben = Energie = Gott!

Es gibt nur einen Gott, eine Energieform, eine Urenergie. Die Chemiker versuchen die Welt durch 90-112 verschiedene Elemente zu erklären und sagen: „Alles, was wir hier vorfinden, besteht mindestens aus einem dieser Elemente". In der Regel sind es einige mehr, nur vermischt.

Der Metaphysiker allerdings sagt: „Es gibt nur eine Urmaterie".

Es gibt nur eine Urmaterie, aus der sich dann alles lebend entwickelt. Das hieße also, es gibt nur einen Energiezustand, der sich dann im Laufe der Zeit, so erleben wir es zumindest, durch unsere Sinneswahrnehmungen in verschiedenen Verdichtungen und auch in deren Gegenteil manifestiert.

Wenn man die Frage stellt: Was ist denn wahr? Dann kann man sehr schnell zu den Grenzen des Lebens kommen, wie wir es wahrnehmen können. Ich selbst habe das als relativ junger Mensch sehr früh erfahren, als ich mich mit der Tiefenhypnose beschäftigt habe.

Es hat mich fast aus der Bahn geworfen, daß es mir möglich war, einem Menschen in der Tiefenhypnose nicht nur die Sprache wegzunehmen, sondern auch seine gesamte Identität.

Er wußte, nachdem er aus der Tiefenhypnose aufwachte, nicht, wer er ist. Er wußte gar nichts mehr von sich. Ähnlich wie jemand, der einen schweren Unfall hatte und auch mit dieser berühmten Amnesie leben muß. Alle diese Menschen, die ich hypnotisierte, bekamen riesengroße Augen. Wir wissen, daß dies ein Zeichen für Angst ist und auch der irdisch Tote ist dadurch gekennzeichnet, daß die Pupillen groß werden.

Nur durch ein Fingerschnipsen, was ich ihm vorher eingegeben hatte, „wenn ich mit dem Finger schnipse, bist Du wieder voll da, hast Deine Identität wieder, kannst Du wieder sprechen, kannst wieder Grün und Rot unterscheiden, so, wie es alle Menschen unterscheiden", nur dadurch konnte er plötzlich wieder sprechen, wußte er wieder, wer er war.

Aber was zeigt uns das denn? Ist das Leben nicht gekennzeichnet durch Information? Nämlich in dem Moment, in dem ich keine Information mehr von mir habe, habe ich große Probleme in der Form zu leben. Eine „Körperorganisation" kann nur so lange existieren, wie sie Information bekommt. In dem Moment, wo die Information nicht mehr vorhanden ist, wird es ein amorpher Zellhaufen.

In der Metaphysik sagen wir: Information = Bewußtsein = Seele.

Der einzelne Mensch besteht aus Körper, Seele plus Geist und Geist = Leben. Die Seele gleicht seiner Information, die die Individualität des einzelnen Menschen ausmacht.

Selbst in der Pflanzenwelt sagen wir, das Individuelle ist besonders duch die Farbe und den Geruch gekennzeichnet. Und wir wissen, daß Tiere, Hunde zum Beispiel, sehr gerne in dem Genitalbereich der Menschen schnuppern. Offensichtlich prägen sie sich dann diese Information „Geruch" ein und erkennen die Person selbst nach Jahren sofort wieder.

Und wir wissen, daß bestimmte Menschen anders riechen als wir selbst. Von schwarzen Menschen habe ich öfter mal gehört: „Ihr Weißen, ihr stinkt". Und wir neigen dazu, das gleiche über sie zu sagen.

Wir wissen, pathologisch haben manche Menschen einen bestimmten starken Körpergeruch.

Man kann den Menschen relativ gut durch seinen Körpergeruch charakterisieren und wiederfinden. Das Individuelle kommt dann durch eine spezielle Information zustande, die auf einen bestimmten energetischen Zustand hinweist.

Das Ganze materialisiert sich dann in dem, was wir Körper nennen.

Der Alchemist nennt es „das Sal", (lateinisch: das Salz).

„Ihr seid das Salz der Erde".

In der Pflanzenwelt ist das Bewußtsein an das ätherische Öl gebunden.

Dieses ätherische Öl bewirkt die individuelle Farbe und den Geruch der Pflanze.

Wenn die Energie, also das Leben schlechthin, sich zurückzieht, kann die Seele nicht mehr am Körper gebunden sein. Die Energie ist im Grunde das verbindende Glied, so daß aus diesem Urmeer durch eine bestimmte Information ein bestimmter energetischer Zustand, eine Verdichtung entstehen kann.

Wenn der Mensch also stirbt, verschwindet irgendwie diese Energie. Sie zieht sich zurück und auch das Bewußtsein trennt sich vom Körper, wie es das auch jede Nacht auf eine bestimmte Art und Weise tut, nur daß in diesem Fall immer noch eine Verbindung zum Köper bestehen bleibt. Auch wenn wir bewußtlos werden, zieht sich das Bewußtsein zurück.

Wenn wir das einmal selbst erfahren haben, empfinden wir es vielleicht sogar als ganz schön, wenn man sich einmal ein bißchen zurückziehen darf.

Aber wir wissen auch, daß der Mensch sehr leicht geprägt wird und beeinflußt werden kann, je unbewußter er ist. Und das ist ja das alte Bemühen aller Herrschenden, die Menschen dumm und unbewußt zu halten. „Gib ihnen Brot und Spiele", heißt es, dann sind sie zufrieden. Dann kannst Du sie manipulieren und sie dirigieren.Das haben auch die Männer in den letzten 200 Jahren mit den Frauen gemacht. „Für Dich gilt nur K-K-K, Kinder, Küche und Kirche, alles andere ist nichts für die Frau“.

In der Schweiz dürfen ja erst seit kurzer Zeit, im Appenzeller Land, die Frauen wählen. Man hat versucht, sie möglichst lange zu unterdrücken und unbewußt zu halten.

Wir alle wissen, wie man Menschen manipulieren kann, nämlich durch die Werbung: und die Masse der Menschen läuft dann wie ein Schaf blökend in eine Richtung. Sie sind manipulierbar. Sie möchten sogar an die Hand genommen werden. „Gib mir Deine Hand und führe mich“. Wir Menschen haben nämlich Angst, wenn wir nicht die Sicherheit der Information haben und den Anderen in seinem Bewußtsein und seinem energetischen Zustand genau definieren können. Deshalb klammern wir uns alle so an die Materie, also etwas Greifbares, weil wir meinen, sie würde uns Sicherheit geben, und daher versichern wir uns gegen alles Denkbare. Wer hat denn die höchsten Häuser in jeder Stadt? Neben den Banken, die mit Energie handeln - Geld ist Energie - sind es die Versicherungen.

Und so kann man am leichtesten mit Angst Geld verdienen, nur weil wir dieses Sicherheitsstreben haben. Wir möchten ganz genau wissen, und das ist ja auch das Bemühen der Wissenschaft, wie Leben zu erklären, zu definieren, zu analysieren und zu ordnen ist.

„Wenn Du das tust, erhälst Du das Ergebnis. Also komm zu mir, ich zeige Dir, was Du tun mußt, und dann wirst Du das Ergebnis mit großer Sicherheit bekommen". So geht es in der Politik, in der Wirtschaft, in der Wissenschaft und in den Kirchen. „Du mußt schön das tun, was wir Dir sagen. Gib uns Deinen „Zehnten", vielleicht auch ein bißchen mehr und dann sorgen wir dafür, daß Deine Seele in den Himmel kommt - von Ewigkeit zu Ewigkeit, Amen".

Vorsicht! Denjenigen, die in den Bereich der sogenannten Esoterik gehen, wirft man sehr oft vor: „Das sind die Schwachen, das ist Weiberkram!"

Tatsächlich sieht man auch in diesen Seminaren sehr viele Frauen. „Denn wir stark rational denkenden, kritischen Männer, wir brauchen das doch nicht".

Was machst denn Du, Du hälst Dich ja nur an einem anderen Stab fest. Deine Sicherheit ist die Wissenschaft, und Du bist erstaunt, wenn Dich plötzlich Deine Frau verläßt.

Kannst Du das wissenschaftlich definieren, kannst Du das wissenschaftlich erklären, vorher schon?

Wir Menschen tun immer so, als ob wir ewig leben würden. In Wirklichkeit tun wir das auch, nur unser Bewußtsein kann es noch nicht erfassen, weil es diese Urenergie, diesen hohen energetischen Zustand des Lebens schlechthin nicht erfassen kann. Wir würden die Urenergie gar nicht aushalten und augenblicklich sterben, würden wir damit konfrontiert. Diese Urenergie ist ja auch als Gott definiert und Gott können wir nicht aushalten!

In der Pflanzenwelt, sagt der Alchemist, ist der Alkohol der Träger der Energie. Und wir wissen alle aus Erfahrung, daß wir reinen Alkohol gar nicht trinken können, er macht uns unbewußt. Aber wenn dies nur der Träger der Energien der Pflanzenwelt ist, um wieviel höher muß die Energie dann im Tierreich, im Menschenreich oder in einem noch höheren Bereich sein?

Und es heißt in allen Lehren, Du kannst die Energie, das, was die Christen auch Gott nennen, nicht sehen. Du würdest davon zerstört werden. Woran liegt das? Nun, weil Du selbst noch viel zu viel Widerstand in Dir hast.

Da möchte ich Sie kurz in ein wissenschaftliches Gebiet führen, nämlich in das, was uns die Elektrizitätslehre zeigt. „URI oder R = U dividiert durch I". Widerstand = Spannung dividiert durch Strom.

Wir alle wissen, daß die Überlandleitungen dadurch gekennzeichnet sind, daß man eine sehr hohe Spannung erzeugen muß, damit man eine bestimmte Menge von Energie durch den Widerstand der Leitung, der Materie, hindurchschicken kann.

Ähnlich verhält es sich mit unserem Körper - wie oben so unten. Mikrokosmos gleich Makrokosmos. Wenn Energie bei uns nicht mehr fließen kann, werden wir krank. Und alle biologischen Heilverfahren bemühen sich, möglichst frühzeitig diese Energieverteilung zu lenken. Dort, wo zuviel ist, etwas wegzunehmen und dorthin zu bringen, wo zu wenig ist.

Wir wissen, daß wir eine bestimmte Spannung aufbauen müssen, wenn wir die Energie erhalten wollen, die wir benötigen, um uns am Leben zu erhalten - d.h. damit wir dieses Leben auf unserer Erde überhaupt bestehen können.

So lebt die Masse der Menschen in ständiger Spannung. Wer sich mit diesen Techniken beschäftigt, weiß, daß fast alle Menschen im Bereich der Wirbelsäule, der Muskulatur verspannt sind. Und dies vor allem im Schulter-Nacken-Hals-Bereich und im Kreuz als dem Gegenpol.

Übrigens, warum heißt das eigentlich „Kreuz"? Im Deutschen sagt man zumindest oft: „Herr Doktor, ich habe Kreuzschmerzen".

Hat schon irgend jemand jemals im Lendenbereich ein Kreuz gefunden?

Im Lateinischen heißt es „os sacrum" (das heilige Bein oder das geheiligte Bein).

Warum heißt es heilig? Gerade in der Gegend, wo doch sehr Unheiliges, Stinkendes herauskommt? Auch dies ist ein sehr hohes metaphysisches Wissen von denen, die offensichtlich früher von diesen Zusammenhängen mehr wußten.

Wenn ich also Energie haben möchte, brauche ich eine gewisse Spannung. Aber die Spannung muß umso höher sein, je höher mein Widerstand ist.

Und das ist eines der Urprobleme fast aller Menschen. Widerstand, immer nur Widerstand, ich bin dagegen. Wir brauchen nur einen anderen Menschen zu sehen und schon sind wir erst einmal dagegen. Faszinierend. Dadurch wird das

Leben schwer. Leben= Energie. Daher können sich die meisten Menschen kaum den ganzen Tag über aufrecht halten, was uns doch eigentlich von den Tieren unterscheidet, die nicht aufrecht gehen. Die meisten Menschen haben dann auch eine entsprechende Haltung. Sie können ihre Balance, ihre Harmonie nicht mehr aufrechterhalten. Und im Grunde nur, weil sie zuviel Widerstand gegen das Leben haben - gegen die Energie.

Wir sollten also daraus den Schluß ziehen und dafür etwas tun, jeden Tag in unserem Leben, das es uns ermöglicht, mit möglichst wenig Spannung dieselbe Energiemenge durch unseren Körper transportieren zu lassen. Dazu ist es eminent wichtig, nicht zu viel Spannung und nicht zu viel Widerstand in uns aufzubauen.

Psychologisch gesehen ist Spannung ein Zustand allgemeiner psychischer Erregung und Konzentration im Hinblick auf eine zu vollbringende Leistung. Und wir wissen, daß, wenn man etwas leisten will, man gleich unter Spannung steht, anstatt erst einmal genau das Gegenteil zu tun.

Die Welt ist für unser Bewußtsein polar aufgebaut, zumindest in der Grundpolarität von Zeit und Raum. Und wir wissen, niemand kann nur ständig unter Spannung stehen, er muß sich auch entspannen, so wie auch in der Natur niemals nur der eine Pol betont wird. Es zeigt sich auch immer der Gegenpol. Niemand kann nur einatmen, er muß auch ausatmen. Es gibt in der Hermetischen Philosophie sieben Urprinzipien, und eines davon ist das Prinzip der Polarität, daß nämlich alles polar ist. Schon Paracelcus sagte: „Wenn Du Dich freiwillig unter das Gesetz stellst, dann bist Du frei“. Auch Schiller sagte das gleiche. Frei sein, heißt Mensch sein.

Mensch sein heißt: Du kannst tun und lassen wann immer, was immer Du willst. Die meisten Menschen glauben: „Ich kann schon tun was ich will, ich zeige es Dir, wer ich bin, Big Boss,“ aber sie können vieles eben nicht lassen. Sie können es nicht lassen, sich aufzuregen, ständig herumzukritisieren, über andere Leute negativ zu sprechen, über sich selbst negativ zu denken und dann sind sie nicht frei, sie sind abhängig.

Psychologisch kennzeichnet der Wechsel zwischen Spannung und Entspannung den natürlichen Rhythmus des Lebens. Für uns Menschen scheint Rhythmus, nämlich der ständige Wechsel zwischen Spannung und Entspannung, eminent wichtig zu sein. Das finden wir in der gesamten Natur und das finden wir vor allem ja auch in diesem Grunderlebnis der Polarität, der Atmung.

Das Wort „Atmen“ enthält, wenn man den Buchstaben „t“ - welches in der Kabbalistik immer eine gewisse Fixierung bedeutet -, wegnimmt, das Wort „Amen“. Und Amen heißt im Deutschen: So soll es sein. Die Atmung lehrt uns eigentlich, was wir lernen sollen, nämlich: „Gib Deinen Widerstand gegen die Urenergie auf oder Du kommst gleich wieder in Spannung“. Nur in ewiger Spannung kannst Du nicht leben, Du mußt wieder in die Entspannung. Wenn Du Dich gar nicht entspannst, dann wirst Du eben eliminiert. Dann bist Du ganz schön entspannt.

Wir wissen ja heute aus den modernen Lernmethoden, daß man viel besser lernt, etwas „hineinbekommt“, neue Informationen bekommt, wenn man entspannt ist. Also dieses Atmen lehrt uns im Grunde, was das Leben von uns verlangt. Wenn Du dagegen bist - und das kannst Du gerne sein, Du mußt an nichts glauben auf dieser Welt, denn jeder darf tun und lassen was er will - dann trägst Du die Verantwortung.

Und dann wundert man sich plötzlich. Die Masse der Menschen ist ja nicht einmal bereit, fünf bis zehn Minuten, besser zwanzig, dreißig, vierzig Minuten pro Tag sich zu entspannen. Ich meine damit bewußte Entspannung. Schlaf ist unbewußt. Dann sagen sie: „Haben Sie einmal so eine große Praxis wie ich, haben Sie einmal vier Kinder, haben Sie einmal so eine Stellung in der Bank", und jeder hat so seine Ausrede und sagt: „Dafür habe ich keine Zeit".

Wenn jemand sagt: „Ich habe keine Zeit", heißt das nur: „Ich habe dafür nicht das nötige Interesse", denn in derselben Zeit macht er ja etwas anderes. Er spannt vielleicht schon wieder den Bogen. Es scheint so schwer zu sein, weil wir eben in dieser Richtung erzogen wurden, daß wir immer etwas tun müssen. Man muß unter Spannung stehen, denn man ist ja schließlich ein Macher. Und „Nichtstun" scheint für uns eine Schwäche zu sein.

Aber Laotse sagt: „In der Mehrung liegt die Minderung". Nichtstun heißt also tun. Soll das jetzt heißen, daß wir wie die Hippies früher leben sollen? Laissez-faire? Lass`die Welt einfach gehen und schlafe. Nein, im Gegenteil, schlafe nicht. Die Masse der Menschen sind Schafe und schlafen. Sie sind Roboter. Sie führen nur einen Befehl aus, der ihnen eingegeben wurde, den Input, den sie bekommen. Wie es in der Computersprache den Satz gibt: „Garbage in, garbage out", das ist englisch und bedeutet: Wenn Du Müll reintust, kommt Müll raus.

Und der Müllberg ist ein riesengroßes Phänomen, ein Symbol unserer Zeit. Wir haben alle verschiedene Mülltonnen. Noch nie hat man so viel über Müll gesprochen, wie zur Zeit, weil Du nämlich „garbage in" tust.

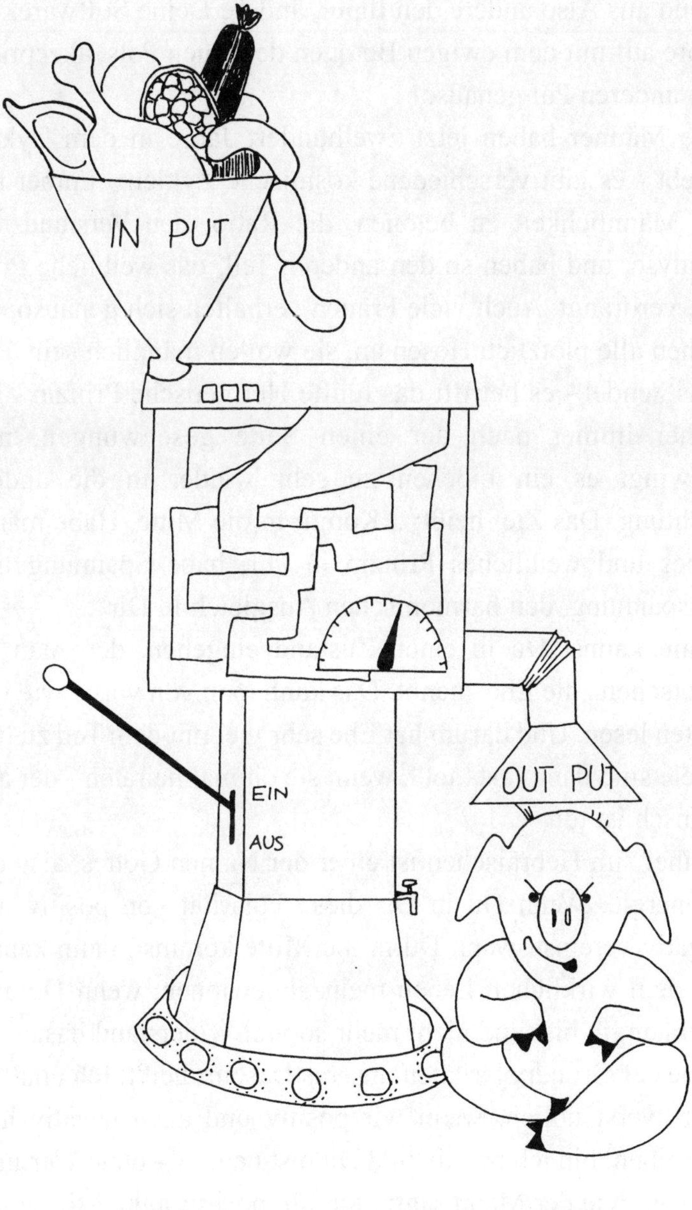
IN PUT
EIN
AUS
OUT PUT

Dein Input stimmt schon nicht. Was wunderst Du Dich, wenn Du Müll rausbekommst? Deine Ausscheidung sieht entsprechend aus. Also ändere den Input, ändere Deine Software.

Höre auf mit dem ewigen Betonen des einen Pols, akzeptiere den anderen Pol genauso!

Die Männer haben jetzt zweihundert Jahre in dem Zyklus gelebt - es gibt verschiedene kosmische Zyklen - immer nur die Männlichkeit zu betonen, die Ratio, den Verstand, die Analyse, und haben so den anderen Teil, das weibliche Prinzip, verdrängt. Auch viele Frauen verhalten sich genauso; sie ziehen alle plötzlich Hosen an, sie wollen männlich sein.

Das Pendel - es betrifft das fünfte Hermetische Prinzip - hat bisher immer nach der einen Seite geschwungen, nun schwingt es ein bißchen zu sehr wieder in die andere Richtung. Das Ziel heißt: „ Komm in die Mitte. Habe männliches und weibliches Prinzip in Dir, habe Spannung und Entspannung, den harmonischen Ausgleich in Dir“.

Dann kannst Du in einen Zustand eingehen, den man im Deutschen „die Ehe“ nennt. Das kann man von vorne wie von hinten lesen. Und darum hat Ehe sehr viel mit dem Tod zu tun.

Viele sind dann fast „tot“, wenn sie einmal heiraten - der alte Mensch ist tot.

„Eihei“ im Hebräischen ist einer der Namen Gottes, also der Urenergie. Wenn Du in Dir diese Polarität von positiv und negativ vereinst, wenn Du in die Mitte kommst, dann kannst Du dem wirklichen Leben mehr abgewinnen, wenn Du also unabhängig bist und nicht mehr so viel Widerstand hast.

Eine der Grundpolaritäten unseres Daseins heißt: Ich und Du. Selbstverständlich, wenn wir positiv und auch negativ hinschreiben, bin ich positiv und Du bist negativ - ohne Wertung.

Genau, wie der Mann sagt: „Ich bin positiv, aggressiv, dominant und die Frau negativ, magnetisch usw. - die Frauen sind negativ". Von wegen. Beide Pole sind genauso wichtig, genau wie es bei der Steckdose der Fall ist, genau wie es beim Atmen ist. Erst wenn ich „Ich und Du" zusammenbringe, wird daraus - und im Althochdeutschen gab es dieses Wort noch - „Ichthu". In unserer modernen Sprache gibt es das nicht mehr, weil wir zuviel Analyse zugelassen haben, nur verstandesmäßige Rationalisierung und Untersuchung dieser Welt durch Chemie und Physik. Nur haben wir vergessen, es wiederzuvereinen - „re-unio".

Das Wort hängt vom Wortstamm her natürlich mit dem griechischen Wort „Ichthys" zusammen, was soviel heißt wie „Fisch". Und war dies nicht das Symbol der Christen damals? „Ichthys" und „Christos" haben den gleichen Wortstamm und somit auch „Ich und Du", die Grundpolarität.

Wenn Du verstehst, daß, wenn Du einem anderen schadest, Du Dir selbst schadest, weil nämlich alles in dieser Welt zusammenhängt (morphogenetische Felder), wenn Du das nicht endlich einmal verstehst, daß man sich immer nur selbst sieht und selbst schadet, dann kannst Du nicht eingehen in diesen harmonischen Zustand der „Ehe", der „Hoch-zeit", das heißt im Deutschen: Eine hohe Zeit.

Das ist die höchste Zeit, die man erleben kann, und d a s Geheimnis dieser Welt. Metaphysisch gesehen, kann man sich tatsächlich von allem lösen, zumindest nahe heranbringen an diese Lösung, indem man loslassen lernt, indem Du das große Los ziehst.

Loslassen: Du ziehst das Los, dann wirst Du Dich erlösen.

Und das geht nur, indem Du Dich von einem Energiezustand in einen anderen hinüberbegibst, und das ist Evolution durch

LOSLASSEN

Transformation - so sieht die Alchemie die Welt! Nicht nur physikalisch oder nur chemisch, sondern sie schaut sich beide Aspekte an. Zudem bemüht sich der Alchemist auch den irrationalen Anteil zu integrieren.

Auf Grund dieses ganzheitlichen Denkens hat man selbst durch Krisen die Möglichkeit und Chance, zu Erkenntnissen zu kommen. Interessant ist zudem, daß in der chinesischen Sprache das Wort „Chance“ und „Krise“ durch das gleiche Symbol gekennzeichnet ist.

Dies zeigt, daß eine Krise auch immer gleichzeitig eine Chance darstellt.

Ebenso verhält es sich mit dem Diesseits und dem Jenseits.

Es sind lediglich zwei Aspekte ein und derselben Einheit. Auch die Wissenschaft zeigt uns dies. Durch Radioaktivität kann man eine Umwandlung von Elementen erreichen. Auf dieser Ebene haben wir es bereits gelernt. Ein gewisser Mr. Rutherford wurde anfänglich auch verlacht, als er dies als einer der Ersten entdeckte. Zwei Jahre lang dachte man, daß es so etwas nicht gäbe. Dann, vor ca. 10-12 Jahren, stellte man in Darmstadt, Deutschland, Gold durch radioaktive Umwandlung her. Es ist also möglich Elemente umzuwandeln.

Aus metaphysischer Sicht heißt das, daß, wenn es auf der einen Ebene „radioaktiv“ möglich ist, es auch auf der anderen Ebene, also „nicht-radioaktiv“, möglich sein muß.

Und warum ist Gold nun für die Menschen ein immer geheimnisvoller und erstrebenswerter Stoff oder Zustand? Für den Alchemisten ist dies völlig klar. Denn man könnte ja heute sagen, warum hinter Gold herjagen, wir nehmen einfach ein viel selteneres Metall, das ist dann viel wertvoller. Nein, ist es nicht. Gold ist „inert“; d.h. es verändert sich nicht oder zumindest kaum. Und Gold hat aus alchemistischer Sicht die absolute Harmonie, weil es zu gleichen Teilen Körper, Seele und Geist erst einmal separiert hat, dann gereinigt und wiedervereint hat.

Die drei Schritte, mit denen der Alchemist alles ansieht und ausführt:

TRENNUNG - REINIGUNG - WIEDERVEREINIGUNG.

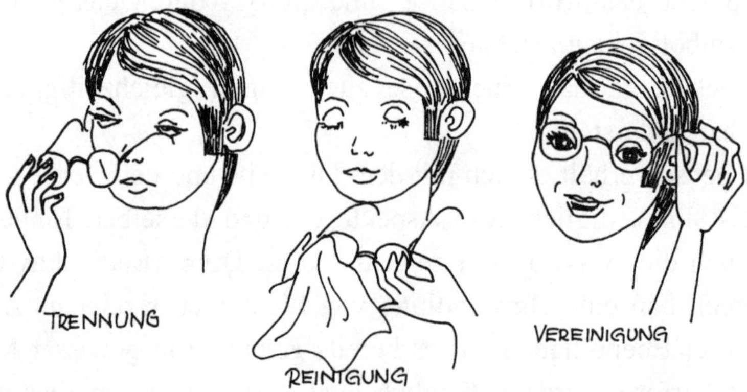

Dieses im idealen Maße erreicht, zeigt uns die Natur im Gold.

Was bedeutet dies?

Wenn man aus dem deutschen Wort „Gold" wieder einen Buchstaben herausnimmt, dann hat man „God" und „l" in der Kabbala heißt „lifting-up" - hochheben, hochziehen. Das heißt, wenn Du Dich zum Golde machst, wenn Du in Dir diese Wieder-Vereinigung erreichst, dann bist Du „Gold", dann bist du „God"!

Doch vorher mußt Du Dich trennen und reinigen. Und damit ist all das hier auf der Erde gemeint, was wir erleben. Wir müssen uns ständig von irgend etwas trennen. Von alten Meinungen, von alten Vorbildern, von der Fixierung einer Idee, ja von Menschen.

Wir reinigen uns ständig auf der körperlichen Ebene. Wenn wir uns nicht freiwillig auch auf der seelischen Ebene reinigen, werden wir vom Schicksal dazu gezwungen, damit wir irgendwann die Wiedervereinigung von „Ich und Du", von Raum und Zeit erleben dürfen.

Somit gelangen wir in einen Zustand, der dann wirkliches Glück und Harmonie bedeutet.

Leben ist mehr als nur
Chemie und Physik !

3. HEILMEDITATION

1. Der Begriff „Heilen“

1.1 Naturwissenschaftliches Denken: Schulmedizin

Das Denken der Schulmedizin ist rein funktionales Denken: Man fragt beim Krank-Sein nur danach, welche Funktion des Organs oder der Zellen ausgefallen ist und repariert werden muß. Ähnlich wie in der mechanischen Autowerkstatt neigt man heute sogar dazu, einfach Teile auszutauschen. Man möchte nur ganz schnell die Symptome „loswerden“, beseitigen, da Krank-Sein, im Zusammenhang mit der sozialen Situation, als lästig betrachtet wird. Der Mensch soll leistungsfähig und erfolgreich in der und auch für die Gesellschaft sein. Es gibt noch einen zweiten Grund. Man fühlt sich selbst in seiner Macht eingeschränkt, fühlt sich also ohnmächtig; und damit entstehen Ängste für die Zukunft. Die Frage nach dem oder einem tieferen Sinn des Krank-Seins wird somit total verdrängt.

Daher sucht man Methoden, die schnell und massiv alle Symptome beseitigen, wie Stahl, Strahl und Chemie, und nimmt dabei die massiven Nebenwirkungen gerne in Kauf. Dicke Lehrbücher über die „iatrogenen Krankheiten“ zeigen die Einstellung der meisten Ärzte an den Universitäten, den Krankenhäusern und in den Praxen. Viele hundert Menschen erkranken jährlich allein durch die massiven Nebenwirkungen der Therapie-Methoden der Schulmedizin.

Durch diese jahrzehntelange Art des Denkens und Handelns wird heute sogar akzeptiert, was einmal eine Autorität in der

Medizin als Lehrmeinung ungeprüft in den Raum gestellt hat, nämlich, daß eine Medizin, die wirkt, auch Nebenwirkungen habe. Dies wurde aber niemals wirklich auf allen Ebenen überprüft, d.h. man hat einfach die Methoden z.B. der Naturheilkunde oder gar der Heilmeditation völlig ausgeschlossen.

Dies ist freilich durch die allgemein gültigen Lehransichten der Wissenschaftler bedingt gewesen. Während die moderne Physik bereits weit aus dem rein mechanistischen Weltbild ausgestiegen ist und eine mehr kraftfeldorientierte Anschauung gelten läßt, beharrt die reine Schulmedizin immer noch auf althergebrachten Theoremen, die mit Sicherheit aber auch nicht einmal den streng wissenschaftlichen Grundsätzen entsprechen: Daß ich nämlich niemals eine Theorie ablehnen kann oder darf, wenn ich sie nicht selbst theoretisch und praktisch überprüft habe.

1.2 Methoden der Naturheilkunde

Auch hier wird überwiegend nach dem gleichen Grundsatz gehandelt. Nämlich, daß man möglichst schnell ein Symptom entfernen möchte, d.h. also auch hier wird Kranksein als lästig empfunden und die Funktion, das Funktionieren soll auf schnellstem Wege wieder hergestellt werden.

Ein wichtiger Unterschied wird allerdings darin gesehen, daß man mit diesen Methoden wesentlich weniger Nebenwirkungen verursacht als mit den Methoden der Schulmedizin. Man bleibt aber auf der rein funktionalen Ebene stehen. Allerdings geht man einen Schritt weiter und bezieht größere funktionelle Zusammenhänge oder Schaltkreise in das

Denken der Diagnostik und Therapie mit ein.

Man merkt z.B., daß ein einzelnes Organ wie eine Gallenblase, wenn sie erkrankt, nicht nur isoliert gesehen werden kann und darf, sondern, daß alle Organe miteinander zusammenhängen. Somit muß die Therapie auch größere Schaltkreise, noch weitere biokybernetische Zusammenhänge mit einbeziehen. Dies entspricht den modernen Erkenntnissen z.B. eines Sheldrake, der mit seinen sog. morphogenetischen Feldern darauf hinweist, daß in unserem Universum alles miteinander zusammenhängt. Dies sind aber uralte Gedanken, die z.B. in der sog. Hermetischen Philosophie auch in unseren westlichen Hemisphären schon vor über 2000 Jahren geäußert und beschrieben wurden.

1.3 Psychosomatik - Psycho-Analyse

Die Psychosomatik, so sehr sie auch vor ca. 25 Jahren von den rein körperlich oder gar rein zellulär orientierten Kollegen belächelt wurde, hat heute durchaus einen festen Platz in der Schulmedizin. Aber auch diese Methode bleibt meist im funktionalen Ansatz stecken, d.h. auch sie forscht nur nach einer Dys-Funktion und fragt, wo diese wohl ihren Ursprung haben mag.

Hier wird nur die Ebene gewechselt, auf der man nach einer Funktionsstörung sucht oder therapiert. Es liegt aber kein grundsätzlich anderes oder erweitertes Konzept der Diagnostik oder Therapie vor. Ja, hier besteht vielmehr leicht die Möglichkeit einer starken Einseitigkeit, nämlich, daß man nun nur noch die Zusammenhänge auf der psychischen Ebene anschaut und dabei den anderen wichtigen Teil des kranken Menschen übersieht, nämlich den Körper.

1.4 Körperorientierte Psychotherapie

Diese Verfahren, zu denen viele der modernen Therapien wie Rolfing, Alexander-Technik, Gestalt-Therapie, NLP, Logo-Therapie u.a.m. gehören, haben endlich auch die Angst vieler Ärzte überwunden, den Patienten zu berühren und zu behandeln.

Bei diesen Methoden wird immerhin auf zwei Ebenen des menschlichen Seins, nämlich an Körper und Seele, gearbeitet. Hier wird gegenseitig jeweils Bezug genommen und man schließt von der einen Ebene auf die andere. Ja, man hat wiederentdeckt, daß auch eine körperliche Behandlung ein seelisches Symptom verändern und beeinflussen kann und umgekehrt.
Dies ist jedoch eigentlich eine Erfahrung, die jeder Mensch von Kindheit an gemacht hat und täglich selbst erlebt. Wie lange braucht die sog. Wissenschaft dazu, dies zu bemerken oder zu bestätigen?

1.5 Wechsel der Symptom-Ebenen

Wenn man nun auf dieser Ebene der körperorientierten Psycho-Therapien arbeitet, merkt man immer mehr, was auch in der herkömmlichen Psychotherapie durchaus bekannt ist, daß nämlich der Patient oft nur die Ebene seiner Symptome und Beschwerden wechselt. Ist ein seelisches Symptom durch irgendeine Therapie beseitigt worden, taucht ein neues körperliches Symptom auf und umgekehrt.

NA, KOLLEGE !

Hier entsteht nun eine wichtige Frage, die seit alten Zeiten entweder verdrängt wurde und wird oder über die man sich heftig gestritten hat, bzw. noch streitet, nämlich: Was ist zuerst, bzw. wer beeinflußt wen, der Geist die Materie oder die Materie den Geist?

1.6 Heilmeditation- eine tiefere Ebene der Ursächlichkeit

Da doch grundsätzlich alles, ohne jede Ausnahme, was materiell hergestellt wurde oder ist, erst als eine Idee bestanden haben muß und bestanden hat, ist also die Idee, der Gedanke immer zuerst da. Dann aber ist es auch sinnvoll, an dieser Stelle, auf dieser Ebene zuerst zu diagnostizieren und zu therapieren. Mit heutigen Begriffen könnten wir sagen, daß wir stets zuerst an der „Software" und nicht an der „Hardware" arbeiten sollten. Und eben darum bemüht sich die Heil-Meditation.

1.6.1 Imagination und Visualisation - auch nur funktional?

Auch dabei kann man noch auf der rein funktionalen Ebene bleiben. Denn man wechselt nun einfach wieder die Ebene und arbeitet auf der Imaginations- und Bild- oder Visualisations- Ebene. Sicherlich ist dies eine sehr frühe Ebene, da ja die Idee, das Bild immer zuerst entsteht, bevor sich dann eine materielle Manifestation zeigt.

Diese Ebene wird sogleich von der sog. Wissenschaft lächerlich gemacht und abgelehnt. Es fallen dann Sätze wie: „Was soll denn das, das bilden Sie sich ja nur ein; das denken Sie sich ja nur aus, Sie phantasieren ja nur". Die Phantasie, die

Imagination oder das innere Bilderleben hat für das wissenschaftliche Denken keinen Stellenwert, obgleich doch fast alle sog. wissenschaftlichen Neuerungen durch rege Phantasie, durch Bilder und Ideen, damit also durch Imagination, ein „Sich-Vor-Stellen“, „Sich-Aus-Denken“, „Erfinden“ geboren wurden. So ist es eine altbekannte Tatsache, daß eine Idee, die ständig wiederholt wird, irgendwann einmal in die materielle Manifestation tritt. Darauf beruht jede intensive Forschung mit ihren Ergebnissen, darauf beruht jede Hypnose bzw. jedes sog. Positive Denken, und darauf beruht jeder Firmen-Erfolg in der freien Marktwirtschaft, sowie jede Werbung.

Ich muß nur möglichst frühzeitig, schon im Kindesalter damit beginnen, den Menschen eine Idee „einzupflanzen“, damit dann durch ständige Wiederholung diese Idee sich immer weiter „fortpflanzt“ und sich somit materiell niederschlägt. Dies ist das offene Geheimnis jeder Politik seit Menschengedenken.

Warum aber lehrt man dieses tiefe Wissen, das durch die Jahrhunderte hindurch jeder Mensch schon erfahren und verstanden hat, nicht auch in der Medizin den Studenten oder noch besser den Patienten? Ist dies zu einfach? Läßt sich dadurch etwa nicht genügend Geld in der Medizin und Pharma-Industrie verdienen? Würden damit eventuell auch die Ärzte ihre Macht verlieren?

Man muß wirklich fragen, warum dies alles noch nicht weiter besprochen, beschrieben und untersucht wurde. Jeder, der dies versucht, wurde und wird nur als Spinner hingestellt, obgleich doch wie oben beschrieben wurde, diese Methode in der Wirtschaft, der Forschung, der Politik und besonders in der Werbung sich als absolut richtig, brauchbar, zweckmäßig und nützlich erweisen hat.

1.6.2 Heilmeditation und das Gesetz der „Verdichtung der Gedanken"

Eben diese Grundidee, die sich überall schon seit Jahrhunderten so gut bewährt hat, macht man sich in der Heilmeditation zunutze: Man arbeitet auf der Ideen-Ebene, der Bildebene, mit Hilfe der Imagination, ja letztlich auch mit der Phantasie, dem bildhaften Denken. Und indem man die Idee, das Bild ständig wiederholt, sich ganz massiv darauf konzentriert, wird das Bild, die Idee, eher materiell wirklich, als wenn man es nicht tut.

Wiederholen die Menschen nicht täglich permanent auch alle möglichen negativen Ideen, negative Worte und Sätze (z.B. auch ständig über die Regierenden und andere Mitmenschen), so daß man sich doch auch nicht zu wundern braucht, daß die Menschheit so viel Krieg erlebt. Wieso wird dies nicht als Unsinn verboten, ständig so negativ zu denken und zu sprechen? Etwa, weil man dies sogar wünscht, denn mit Waffen lassen sich die besten Geschäfte auf der Welt machen?

Die Heil-Meditation arbeitet mit diesem Wissen um die materielle Manifestation mit Bildern, die nur oft genug wiederholt werden. Dies kann rein funktionell geschehen.

1.7 Konzentration

Das Wichtigste ist, daß man zuerst die Konzentration lernt. Wir alle wissen, daß es sehr schwierig ist, sich auch nur wenige Minuten auf eine Sache zu konzentrieren. Ständig schweifen unsere Gedanken ab und beschäftigen sich mit anderen Dingen.

Leichter gelingt es uns, wenn wir sehr stark emotional angespannt sind. Zum Beispiel auch starke Angst, starker Zorn oder gar Haß läßt uns eine sehr große Energie und Konzentration aufbringen, unser Objekt zu beobachten, um sich entweder z.B. zu schützen oder es zu vernichten. Aber auch stark positive emotionale Situationen wie Verliebtsein, starke Freude und tiefe Ehrfurcht ermöglichen uns größte Konzentration, die uns sonst meist sehr schwer fällt. Daraus kann man schließen, daß man, um Konzentration zu lernen, nur eine starke emotionale Motivation benötigt. Dies lehrt uns doch die Werbung täglich.

Und somit macht sich die Heil-Meditation auch dieses Wissen zunutze, und lehrt die Menschen, sich in Freude tief auf die Grundidee von Glück, Zufriedenheit, inneren und äußeren Frieden sowie Harmonie zu konzentrieren. Man nennt dies die Mantren-Meditation, d.h. man lernt, sich ganz auf einen Buchstaben, ein Wort, einen konkreten oder abstrakten Begriff oder auf einen ganzen Satz zu konzentrieren, ähnlich den sog. formelhaften Vorsätzen beim Autogenen Training in der Oberstufe.

Wenn nun mein Gehirn-Speicher ständig mit einem solchen Wort oder Satz ausgefüllt ist, kann kein anderer Gedanke Raum finden. Darum ist es ja sinnvoll, sich mit positiven Worten, Sätzen usw. zu beschäftigen. Und ebenso, wie man argumentieren kann - und dies wird oft getan - „das muß ich mir ja alles nur einbilden oder einreden", redet man sich ja täglich auch alle negativen Gedanken selbst ein. Ich kann in jeder Sekunde selbst entscheiden, was ich denke. Warum bemühen sich die Menschen nicht, stets positiv zu denken?

Die Bemühung sollte also sein, zuerst die Konzentration auf positive Formulierungen, auf Mantren zu richten. Dies ist anfangs nicht einfach und muß über viele Monate täglich für mindestens zehn Minuten geübt werden!

1.8 Visualisation und Imagination

Um die Technik der Visualisation und Imagination zu beherrschen, ist es sehr wichtig, sich von allen alten intellektuell gelernten Techniken und Denksystemen zu trennen. Dies soll natürlich nicht heißen, daß man diese als schlecht beiseite legen oder gar vergessen soll. Vielmehr soll es heißen, daß man nur während der Zeit der Meditation sich auf die völlig andere Ebene der Erfahrung begibt, die nichts mit Ratio, Verstand und Logik zu tun hat, sondern eben mit Bildern, Imagination und Gefühl.

1.8.1 Visualisation und Imagination von weißem Licht um den ganzen Körper

Hierbei stellt sich der Mensch, der Meditierende, selbst um sich herum weißes, helles, strahlendes Licht vor. Wichtig ist, daß er dieses möglichst nicht nur innerlich sieht, vor seinem inneren Auge, sondern dabei sogar Wärme spürt. Er läßt dann dieses Licht auf seinen Körper, d.h. auf sich wirken. Dann kann man noch weitergehen und imaginativ das Licht in den Körper eintreten lassen. Dies kann entweder ganz allgemein, überall über den Körper verteilt geschehen, oder man läßt den Körper selbst entscheiden, wo er das weiße Licht in sich aufnehmen möchte.

Alle bisherigen Erfahrungen mit dieser Art der Heil-Meditation zeigen, daß der Heileffekt um so eher eintritt bzw. um so stärker ist, je mehr Ebenen der Sinneswahrnehmung dabei erfahren werden!

1.8.2 Visualisation von weißem Licht in die Organe

Diese Übung der Visualisation von weißem Licht nacheinander in alle Organe hat nicht nur einen therapeutischen Effekt, wenn die Organe bereits gestört sind, sondern gilt auch als eine präventive Möglichkeit, eine Art ständiger „Überholung" der Organe. Die präventive Möglichkeit ist freilich schwer zu beweisen, es sei denn, diese Möglichkeit würde irgendwann einmal auch in großen Feldstudien statistisch überprüft. Aber es dürfte leicht sein, diese Form der Heilmeditation ebenso wie alle anderen Formen dieser Meditation mit kranken Menschen auszuprobieren.

THERA HAUER

Wie soll aber ein Mensch, der schon von vornherein negativ denkt und all dies für unmöglich hält, eine Methode lernen oder überprüfen, die vor allem beinhaltet, positiv zu denken? Und noch ein wichtiger Punkt: All diese Methoden wurden und werden nicht an den Universitäten gelehrt, d.h. aber, es gibt an diesen Institutionen auch keine Lehrer, die diese Methode unterrichten könnten. Alle die Professoren müßten erst selbst einmal die Meditation lernen, indem sie sie täglich ausüben, und zwar über viele Monate und Jahre hinweg. Vorher können sie keinerlei Urteil fällen, und sie können sie natürlich schon gar nicht weitergeben oder lehren. Die akademisch Gebildeten müßten also ein großes Manko, ein Fehlen, ein Nicht-Wissen zugeben. Da dies aber an ihrer Machtstellung rütteln würde - daß sie nämlich etwas nicht wissen bzw. können, lehnen sie einfach diese uralte Methode ab. Zudem kann man eben diese Methode nicht einfach auswendig lernen, sondern man muß sie selbst täglich praktizieren.

1.8.3 Visualisation oder Imagination von Farben

Auch hierbei stellt man sich wieder selber vor, daß Farben den ganzen Körper einhüllen. Wenn man dies lange genug übt, lassen sich die Farben sogar spüren; dies kann auch in der Art geschehen, daß die eigene Stimmungslage sich positiv verändert.

Man kann auch die Farben um die einzelnen Organe herum- oder in sie hinein visualisieren. Hierbei gibt es nun die Möglichkeit, daß man sich ein wenig mit der Wirkung von Farben auf den Menschen ganz allgemein beschäftigt und lernt, welche Farbe eventl. was bewirken kann. Und dann probiert man dies an sich selbst aus. Läßt man sozusagen die eigene Phantasie, das Unbewußte spielen, kann man durch viel Übung dazu kommen, daß man stets spontan, inspirativ eine richtige Farbe innerlich sieht oder „fühlt“, die man dann um oder in die Organe sendet. Auch hier gibt es wieder die Möglichkeit, die einzelnen Organe täglich präventiv zu therapieren, oder aber man beginnt erst mit dieser Meditation, wenn man krank geworden ist.

1.8.4 Visualisation oder Imagination z.B. von miteinander kämpfenden Zellen

Diese Methode einer Imaginationsübung wurde besonders von Simonton in den USA propagiert. Angeblich wurden damit auch recht gute Erfolge erzielt. Man ließ also die Patienten sich vorstellen, daß Anti-Körper mit den Antigenen kämpfen und diese auch besiegen, oder man empfahl den Patienten zu imaginieren, daß Freß- oder Killer-Zellen z.B. die Krebszellen auffressen.

Diese Methode entspricht dem Verhalten und der Denkart der gesamten Medizin. Man spricht nämlich nur vom „Kampf mit dem Krebs“, den wir schon „besiegen“ werden, den „wir schon in den Griff bekommen werden“, man spricht vom „Schlachtfeld der Medizin“, vom „Feind der Menschheit“, den „wir mit den modernsten Waffen bekämpfen müssen“, usw.

Aber dies entspricht nicht der sanften, holistischen Medizin, die eben den ganzen Menschen mit einbezieht, seinen Körper, die Seele und den Geist. Später werden wir noch sehen, was dies eigentlich ist und bedeutet, und wie man damit arbeiten kann.

1.8.5 Visualisation und Imagination von „friedlichen Wesen“ und vom freundlichen Umgang miteinander

Ebenso gut, wie ich mir vorstellen kann, daß da in meinem Körper Zellen miteinander kämpfen, kann ich mir doch positive Situationen vorstellen, z.B., daß friedliche, engelhafte Wesen sich fleißig um die kranken Zellen bemühen, sie wieder in Ordnung bringen und in die Gemeinschaft reintegrieren.

Dies kann sich nun jeder einzelne selbst ausdenken, imaginieren, wie er es am liebsten möchte. So kann ich „sehen“, daß die Zellen wie Menschen aussehen, und daß Wesen nun mit Liebe den Menschen begegnen, die Hand auflegen, trösten, u.a.m.! Dies scheint dem kritisch wissenschaftlich geschulten Geist vielleicht völlig unsinnig, märchenhaft zu sein, aber genau das soll damit auch erreicht werden. Der Verstand soll hiermit schlafen geschickt werden, damit vom symbolhaften, vom Unbewußten aus die Heilung geschehen kann.

1.8.6 Visualisation oder Imagination des „Final-Denkens“

Auch diese sehr hilfreiche Technik hat sich bestens bewährt. Sie wurde zuerst eingesetzt, um bei Prüfungsangst wirksam und ohne Tranquilizer - die ja nicht helfen, sondern nur betäuben - helfen zu können. In tiefer Ruhe und Entspannung mit geschlossenen Augen visualisiert man möglichst sehr plastisch und genau, daß man z.B. aus der Prüfung herauskommt und sich sehr stark freut, oder auch, daß man in dieser Freude gerade seinen Freunden oder Eltern von der bestandenen Prüfung erzählt. Je genauer, farbiger, auch gefühlsmäßiger man die Situation innerlich erlebt, um so stärker wirkt diese Technik. Man erlebt also innerlich das gute Ende schon vorweg. Man kreiert, erschafft sich das Ergebnis selbst als positiv.

Dies bedeutet freilich nicht, daß man sich nicht das fachliche Wissen vorher selbst erarbeitet haben muß, denn diese Meditationstechnik kann nichts hervorbringen, was nicht schon erlernt wurde. Aber das Finaldenken kann wunderbar helfen, negative Emotionen und Gefühle zu überwinden. Und wer weiß nicht aus eigener Erfahrung, daß das fachliche Wissen in einer Prüfung nichts nützt, wenn ein emotionaler Block einfach alles Gelernte nicht herausläßt.Dieses Finaldenken kann auch sehr gut allen Menschen helfen, tiefsitzende, negative Gewohnheiten, Gefühle und Charakterschwächen dauerhaft und völlig zu überwinden. Dies scheint unmöglich, ist aber dennoch wahr. Das einzige Problem dabei besteht darin, daß die meisten, die diese Methode ausprobiert zu haben glauben und ohne echten Erfolg blieben, einfach nicht lange genug damit gearbeitet haben. Ausdauer und Beharrlichkeit sind der Stein der Weisen in der mentalen Alchemie. Wenn man also bestimmte Gewohnheiten usw. transformieren, in positive und gute Gewohnheiten und Charakterstärken umwandeln möchte, dann muß man diese Tugenden wirklich anwenden. In diesem Universum läßt sich nichts vernichten, somit auch nicht negative Gewohnheiten und Emotionen. Aber man kann alles transformieren und umwandeln! Und bei dieser Umwandlung, Transformation, ist die Meditations-Technik des Final-Denkens sehr hilfreich und sehr wirksam.

Wie oben geschildert, kann man nun diese Technik natürlich auch einsetzen, wenn man erkrankt ist. Ich muß mir dann sehr intensiv und bildhaft einen Zustand der absoluten und perfekten Heilung vorstellen. Dies kann nun für den ganzen Körper gelten oder für einzelne Organe, Organsysteme oder Gewebe. Aber auch hier gilt es, Ausdauer und Beharrlichkeit zu zeigen.

Wann und wie bei dem einzelnen Fall nun eine Besserung oder gar Heilung eintritt, läßt sich niemals von vornherein sagen. Denn hierbei ist tatsächlich mit das allerwichtigste, daß der Mensch nicht nur intensiv übt, sondern auch diesen Weg für möglich halten muß, ja letztlich glauben muß. Je stärker jemand an diese Möglichkeit der positiven Beeinflussung glaubt, um so leichter, um so schneller und um so besser ist

der Erfolg! Dies ist ein sehr wichtiger Punkt, den man nicht genug betonen kann und muß. Dies ist nicht nur ein Lehrsatz der Religionen, sondern dies beruht auf langer und vielfacher Erfahrung.

Diese Erfahrung können die meisten Therapeuten, Ärzte, ja die meisten Menschen aus eigenem Erleben bestätigen, daß nämlich z.B. ein alter Mensch, der sehr schwer erkrankt ist und nicht mehr leben will, durch keine Therapiemaßnahme mehr zu retten ist. Ja, besonders aus Kriegserlebnissen und Berichten weiß man, daß Schwerverwundete, die einen eisernen Willen aufbrachten, in Situationen überleben konnten, in denen es eigentlich nach menschlichem Ermessen unmöglich war.

Fast die gesamte Medizin inklusive des größten Teils der naturheilkundlichen Verfahren arbeitet stets fast nur oder überwiegend an der Hardware, dem Körper. Nichts aber kann ohne Information ablaufen, existieren. Bei einem Toten liegt keinerlei Information mehr vor. All dies zeigt, beweist, daß wir vielmehr Wert darauf legen sollten, die Software und nicht die Hardware zu verändern. Also ist es doch sinnvoll, stets auf der Informationsebene zu arbeiten. Und dies tut die Visualisations-Meditation, denn das Bild, die Idee ist immer zuerst da.

Finaldenken kann nun - wie fast alle Methoden der Meditation - alleine, selbständig durchgeführt werden, oder aber ein erfahrener Therapeut führt den Menschen, den Kranken. Wichtig ist aber, daß dies ein wirklich erfahrener Therapeut tut, der dies jahrelang selbst geübt und an sich selbst erlebt hat

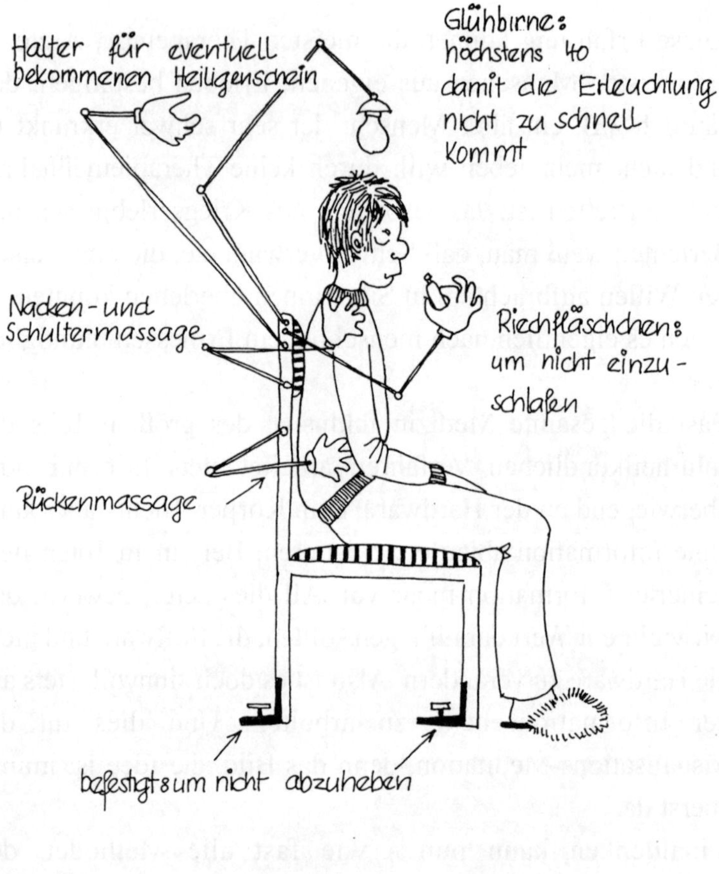

DER MEDITATIONSSESSEL

1.9 Zweifel verschlechtert die Wirkung

Je mehr Unglaube oder Zweifel bei dieser Meditation mitspielt, um so weniger erfolgreich wird sie sein. Es ist eine altbekannte Tatsache, daß gerade der Unglaube oder Zweifel sehr ansteckend wirkt. Ein hoffnungsvoller, erfahrener, positiver und gläubiger Therapeut kann den Kranken sehr stark positiv beeinflussen!

Jeder negative Gedanke, vor allem, wenn er mit negativen Emotionen einhergeht, schwächt aber die Heilungs-Chance des Patienten! Dies ist seit kurzem sogar in der offiziellen sog.wissenschaftlichen Medizin unter dem Namen „Psycho-Neuro-Immunologie“ bekannt. Heute also wird akzeptiert, was seit Jahrhunderten bekannt und im Grunde von allen Menschen schon erfahren wurde, nämlich, daß seelische Energie in Form von starken Emotionen, besonders freilich negativer Art, den Körper stärkstens beeinflußt. Dies bringt natürlich zwingend mit sich, daß wir auch den umgekehrten Weg der positiven Beeinflussung gehen können und sollten! Wenn nun jeder Mensch täglich wenigstens zehn bis zwanzig Minuten eine solche Heil-Meditation mit positiven Gedanken, Bildern und Gefühlen für sich ausüben würde, müßten zwangsläufig und logischerweise sein vegetatives Nervensystem, seine Drüsen und der ganze Körper gesünder bleiben. Und wenn sich der Mensch körperlich gut fühlt, ist er weniger reizbar, und dann belastbarer für Reize von außen. Somit erträgt er dann seine Umwelt, also auch die Mitmenschen, viel leichter und kann alles besser tolerieren.

2. Theoretische Konsequenzen

Heilmeditation ist nicht nur einer der einfachsten und besten Wege zur Prävention, also zur Vorsorge. Die Menschen würden dadurch ganz allgemein positiver! Dies würde aber auch bedeuten, daß sich in relativ kurzer Zeit auf der ganzen Welt ein positives Denken sehr stark verbreiten würde; dies hätte zwingend zur Folge, daß sich dann auch das Handeln weltweit in positiver Richtung verändern würde. Unvorstellbare Konsequenzen der Heilmeditation? Aber es hätte auch zur Folge, daß die gesamte pharmazeutische Industrie mit massiven Umsatzrückgängen zu rechnen hätte, und auch für die Therapeuten jeder Art wäre eine Konsequenz spürbar!

Dies ist nicht Utopie, sondern absolute Wirklichkeit. Jeder, der sich mit der Heilmeditation schon über viele Jahre beschäftigt oder sie sogar gelehrt hat, weiß dies aus Erfahrung.

3. Heilmeditation zur Selbsterkenntnis

Wie schon seit Jahrhunderten überliefert und berichtet wird, ist die Selbst-Erkenntnis der einzige Weg zu einer wirklichen Heilung! Sogar im Volksmund heißt es ja: Selbsterkenntnis ist der erste Schritt zur Besserung! So kann die Technik der Meditation auch sehr erfolgreich eben dafür eingesetzt werden.

3.1 Heilmeditation mit Regressions-Erlebnissen in tiefer Entspannung

In tiefer Entspannung, die auf die verschiedenste Art und Weise erreicht werden kann (siehe weiter unten), führt man Regressions-Analysen durch.

Dies geschieht aber nicht nur, wie in der althergebrachten Psycho-Analyse, auf rein intellektueller Ebene durch ein Gespräch mit einem Therapeuten. Denn dies hat einen großen Nachteil: Die Abhängigkeit vom Therapeuten. Dies ist ein ganz wesentlicher Punkt der Medizin. Bisher wurde die Medizin sehr stark auf dieser Abhängigkeit aufgebaut; warum, mag dahingestellt bleiben. Hier soll auch keine Wertung vorgenommen werden, vielmehr wollen wir uns aber die Dinge anschauen, wie sie sind.

Ein Arzt wie Paracelsus hatte den Mut, entgegen aller Konvention, sowohl mit den Studenten, als auch mit den Patienten in deutscher Sprache zu sprechen. Deswegen wurde er sehr stark angefeindet, denn natürlich sahen sich dadurch die Ärzte der Kritik ausgesetzt. Ihre Heimlichtuerei wurde unmöglich, und so wurde oftmals ihr Unwissen und ihre Ohnmacht deutlich.

Heute setzt sich immer mehr ein aktives Mitarbeiten des Patienten als wichtiger Faktor für eine Heilung durch, man benennt es heute aber wieder mit einem Fremdwort „Compliance"! Zudem werden die Menschen durch die Laienpresse und das Medium Fernsehen viel stärker aufgeklärt als früher. Der heutige moderne Patient läßt nicht mehr einfach in Unmündigkeit oder absoluter Obrigkeit-Hörigkeit alles mit sich geschehen. Und sicher können dadurch auch

Mißstände abgestellt werden, die viele Experimente an Menschen beinhalteten. Dadurch aber werden auch die Ärzte wieder mehr an die ethische Seite ihres Handelns erinnert.

3.2 Ethik und Moral

Dies wird leider kaum noch an den Universitäten gelehrt. Wie sollte es auch, da doch die Moral und Ethik sich bei den Menschen, die Ärzte sind, nicht unterscheidet von der der übrigen Menschen. Begriffe wie Ehrfurcht und Demut finden sich in den Lehrbüchern der Medizin ebensowenig wie in den Hörsälen.

Wenn ich die Studenten in lateinischer oder griechischer Sprache ausbilde und die Gespräche am Krankenbett entsprechend führe, kann ich alles verstecken und verbergen. Ich brauche dann als Arzt nicht mehr als alle anderen Menschen über Ethik und Moral nachzudenken bzw. gar anders zu handeln. Somit konnte sich auch die Medizin so lange Zeit auf der rein funktionalen Ebene bewegen. Man fragte nur nach dem Wie, aber niemals nach dem Warum! Denn dann wäre man nur allzu leicht und allzu schnell auf Fragen der Ethik, Moral und sogar Religiosität (was nichts zu tun haben muß mit Kirchen) gestoßen. Dies ließ sich somit aber gut verhindern, man konnte und kann heute noch als Arzt alle diese Themen ausklammern und dennoch ein weltberühmter und wohlhabender Arzt werden.

Wenn nun aber die Studenten der Medizin und die Ärzte selbst Heil-Meditation täglich pflegen, werden sie automatisch auf diese Seiten ihres Daseins und Berufes stoßen, wie wir oben schon gesehen haben.

3.3 Die Verbindlichkeit, die Selbsterkenntnis mit sich bringt

Eben diese Erkenntnis, die sich durch die Selbsterkenntnis automatisch entwickelt, daß man, wenn man täglich ein Leben lang Heilmeditation durchführt, sich selbst in seinem Denken und Handeln ändert, die scheut der Mensch, und damit natürlich auch die Ärzte - denn diese sind ja auch nur Menschen.

Dieses Wissen um die Verbindlichkeit, sich ändern zu müssen und damit sich mitmenschlich verhalten zu müssen, tut zunächst einmal sehr weh, da es sehr viel Mühe und Anstrengung mit sich bringt. Diese Angst davor scheint in uns Menschen derart tief verwurzelt zu sein, daß sowohl Ärzte als auch die Patienten die Heilmeditation fürchten.

3.4 Heilmeditation durch Regressionsanalysen mit Traumata-Situationen (passive Situationen)

Eine wichtige Voraussetzung für Regressionsanalysen in der Meditation ist, sich von den alten, üblichen Wertsystemen lösen zu können. Somit wird man neutral, d.h. man ordnet nicht alle Menschen, Erlebnisse und Ereignisse in eine vorgefaßte Schublade, sondern schaut sich alles nur einfach als neutrale Information an. Dies ist nicht einfach und erfordert meist viele Monate der Entspannung und Meditationsübung. Dann aber gelingt es in den inneren Vorstellungen und Bildern viel leichter, sich viele bzw. alle wichtigen Traumata-Situationen seines Lebens zurückzurufen.

Je mehr man nun schon meditiert und gelernt hat, um so leichter gelingt es, diese Situationen nicht nur rational zu erinnern, sondern man erlebt dann sogar noch einmal die emotionale Schicht, die zu dem Ereignis dazugehört. Dadurch werden tiefsitzende Energien frei, die der Mensch verdrängt hatte, die ihn aber in seinem Unbewußten oft sehr belasten und krank machen.

Diese Form der Heilmeditation erfordert natürlich einen erfahrenen Therapeuten als Meditationslehrer, der den Menschen führen kann, und ihm immer wieder zur neutralen Position in seinem Bewußtsein verhilft. Oftmals führt diese Art der Heilmeditation recht weit, so daß eine therapeutische Wirkung eintritt, da man einige seiner eigenen Handlungen und Gefühle dann besser versteht.

3.5 Heilmeditation durch Regressionsanalysen mit aktiven, emotional negativen Situationen

Da im System der Heilmeditation die Selbsterkenntnis der einzige und wichtigste Weg zur Heilung ist, reicht es auch nicht aus, nur passive Traumata-Situationen aufzuarbeiten, bewußt zu machen, um sie ablegen zu können, statt sie zu verdrängen.

Vielmehr sollte noch ein weiterer wichtiger Schritt folgen: Alle wichtigen Situationen aus dem Leben sollten angeschaut, wiedererinnert und aufgearbeitet werden, in denen ich selbst andere Menschen verletzt, ihnen geschadet oder Unrecht zugefügt habe - aus welchen Gründen auch immer.

3.6 Rationale Analyse versus Regressions-Erlebnis in der Heilmeditation

Der Unterschied zwischen rationaler Analyse und einem Regressions-Erlebnis in der Heilmeditation ist recht groß, denn eine einfache rationale Analyse meines Erlebnisses und meiner Taten mag schon recht interessant sein und Erkenntnisse vermitteln, aber oft weiß der Patient schon selbst vom Verstand her, daß seine Handlungen nicht richtig waren. Die zusätzliche Interpretation des Therapeuten nützt dann meist nur wenig. Wenn ich Angst habe, nützt es gar nichts, wenn mir jemand sagt, daß ich keine Angst zu haben brauche. Erst wenn die energetisch emotionale Schicht berührt wird, wenn ich selbst öfter durch die Angstsituation hindurchgegangen bin oder selbst in meinen tiefen emotionalen Ebenen diese Schichten öfter wiedererlebt habe, kann das dazu führen, daß ich einen alten Komplex abbaue.

4. Heilmeditation durch Symbolwirkung

Fast immer wird in der Heilmeditation mit Symbolen gearbeitet. Ein Symbol ist immer mehrdeutig, es ist überdeterminiert. Dies bedeutet, daß es verschiedene Möglichkeiten der Interpretation zuläßt. Die Mehrdeutigkeit des Symbols ermöglicht somit jedem Menschen, seine eigene Ebene des Verständnisses zu finden.

Dies aber akzeptiert der wissenschaftlich geschulte Mensch nicht so gerne. In der Wissenschaft soll möglichst alles eindeutig definiert sein, denn alle sollen das Gleiche erkennen und somit die gleichen Ergebnisse haben.

Die menschliche Seele, das Bewußtsein, ist aber immer individuell, nicht eindeutig festlegbar. Alles - so sagt Goethe - ist nur ein Gleichnis, ein Bild, und hat damit Symbolwirkung. Darauf beruht die ganze sichtbare Welt, und es kommt jetzt nur darauf an, daß man den Inhalt des Zeichens, des Bildes, also der Form der Symbolik versteht.

Die Form allein sagt uns gar nichts; ein Buchstabe als solcher sagt dem Agnostiker, also dem Patienten, der keinerlei Zeichen mehr deuten kann, nichts. Erst wenn ich weiß, was der einzelne Buchstabe, das Bild, ein Stuhl, ein Tisch usw. bedeutet, erhält es auch für mich eine Wichtigkeit und Wirkung.

So wirken Symbole sehr oft auch, wenn ich sie nicht exakt interpretieren kann. Denn im Unbewußten, in den tiefen Schichten unseres Seins, erkennen wir offensichtlich viel mehr als nur mit dem Verstand. Dies mag man mit dem archetypischen Urwissen gleichsetzen. So wissen wir aus der Sprachforschung, daß Kinder die meisten Worte nicht extra gelernt haben und dennoch in ihrer Bedeutung verstehen. Wir können also oft durch die Symbolik ein tieferes inneres Wissen nicht nur erkennen, sondern vielmehr erfahren, so daß dies therapeutisch recht wirksam sein kann, ohne daß man exakt alles rational erklären kann.

5. Heilmeditation mit religiösem Hintergrund

Selbstverständlich dringt man im Rahmen der Heilmeditation oft in religiöse Bereiche ein. Religion - das Wort heißt nichts weiter als Rückbindung - bedeutet ja, daß man nach den tieferen Ursachen des „Woher, Warum und Wohin“ fragt. Somit führt eine Beschäftigung, die Selbsterkenntnis als Ziel hat, unbedingt auch in diesen Bereich.

Dies hat aber nichts mit Kirchen oder Gemeinschaften zu tun, die immer menschliche Organisationen sind und damit viele Eigenschaften aufweisen, die nicht unbedingt der Wahrheit und der Heilung dienen.

5.1 Heilmeditation mit Konzentration auf ein religiöses Symbol (Bild-Meditation und Visualisation)

Eine Bildmeditation oder Visualisation mit religiöser Symbolik kann eine tiefe innere Erlebnis-Situation auslösen, die im Patienten eine neue Entwicklung des Bewußtseins

THERA HAUER

einleiten und damit zu Erkenntnissen führen kann, die eine Verbesserung der rationalen und emotionalen Erlebnissphäre bewirkt.

Wichtig ist hierbei, daß nicht wieder nur ein rationaler Prozeß abläuft, sondern zusätzlich die emotionale Seite und damit die tiefen Schichten des Bewußtseins angesprochen und erlebt werden.

5.2 Heilmeditation mit religiösen Mantren

Aus allen Kultur- und Religions-Bereichen wissen wir, daß Worte, Sätze und mehrere Sätze zusammenhängend oft für eine bestimmte Zeit wiederholt, d.h. also als Mantren benutzt werden. Dies hat verschiedene Aspekte und Wirkungen. Damit kann sich der Mensch selbst helfen, negative Gedanken gar nicht hereinzulassen, sich zu konzentrieren und damit auch in einen Zustand der inneren Gelöstheit und Entspannung sowie Meditation zu gelangen. Dies kann dann weitere, tiefere Erkenntnisprozesse auslösen und sie erleben lassen. Hierbei hilft also nicht nur die Entspannung, sondern vor allem der Prozeß der Selbsterkenntnis.

Diese Meditation kann, wie alle anderen Formen auch, einzeln oder in Gruppen durchgeführt werden.

5.3 Heilmeditation und Gebet

Wie erst vor wenigen Monaten in der medizinischen Fachpresse berichtet wurde, hilft Beten auch den Patienten auf der Intensivstation; dies wurde statistisch verifiziert.

Symbole wirken auch, wenn ich sie nicht vollständig verstehen und erklären kann. Somit werden auch im Gebet oft kirchliche bzw. urreligiöse Symbole und damit tiefe Schichten im Menschen angesprochen, so daß auch noch eine tiefe innere Verbundenheit im Glauben und damit wohl meist auch eine Hoffnung zum Tragen kommt. Schon alleine durch dieses Vertrauen und durch die Hoffnung werden im Menschen Kräfte mobilisiert, die der Heilung zuträglich sind, die Heilung oft erst ermöglichen und einleiten können. Dies sind Erkenntnisse, die die moderne Psycho-Neuro-lmmunologie bestätigt.

6. Vorbereitung und Hilfsmittel zur Heilmeditation

Es ist sehr hilfreich und empfehlenswert, vorbereitend und während der Heilmeditations-Sitzungen einige Hilfsmittel einzusetzen, damit zum einen Ruhe und Entspannung schneller und leichter erreicht werden und zum anderen nicht nur die Ratio, der Verstand, sondern auch die emotionale Empfindungswelt besser angesprochen werden kann.

6.1 Ruhe und Entspannung

Sicherlich ist es ratsam, dafür zu sorgen, daß auch die äußere Umgebung ruhig ist, und so Entspannung leichter möglich wird. Dabei ist es auch recht hilfreich, die Übungen bzw. die Sitzungen möglichst in der gleichen räumlichen Umgebung und möglichst zur jeweils gleichen Zeit durchzuführen. Dies hilft über eine Reflexwirkung deutlich, immer schneller und und leichter sowie auch tiefer in die Entspannung zu gelangen.

6.2 Räucherstäbchen

Fast überall auf der Welt wird in den Kultstätten Räucher-Werk benutzt und angewandt. Auch ist es bei der Heilmeditation sehr ratsam, alle Sinnesebenen anzusprechen, da ja eine ganzheitliche Therapie erfolgen soll, d.h., es soll absichtlich nicht nur der Verstand, sondern eben besonders auch die emotionale Seite des Menschen mit einbezogen werden. Hierin unterscheidet sich die Heilmeditation sehr von den sog. wissenschaftlichen Methoden, die sich ja bekanntlich bemühen, objektiv, also intersubjektiv, aber auf keinen Fall subjektiv zu arbeiten.

6.3 Farben im Raum

Immer häufiger werden weltweit auch Farben in die Therapie mit einbezogen. Ja, immer mehr Krankenhäuser, Sanatorien und auch Betriebe der Industrie erkennen die wichtige Bedeutung der Farben und ihre Wirkung auf den Menschen.

Zur Heilmeditation ist es sehr hilfreich und förderlich, die Farben im Raum zu beachten und gezielt solche auszuwählen, die beruhigend und ausgleichend wirken, wie z.B. alle zarten, hellen Töne, besonders von Gelb, Grün, Blau und Rosa bis Violett. Falls möglich, ist es noch sinnvoller, die Farben individuell abgestimmt einzusetzen - z.B. durch den Lüscher-Farb-Test ausgetestet. Dies kann man z.B. durch Farbstrahler, Farbfolien usw. erreichen.

6.4 Klang im Raum

Schon bei den Ägyptern und Griechen wurde die Musik als Therapie und begleitend zur Therapie eingesetzt. Heute nimmt der gezielte therapeutische Einsatz von Musik immer mehr zu. Hierbei ist sicherlich nicht nur der Klang, sondern auch der Rhythmus wirksam. Somit läßt sich ruhige, harmonische Musik zur Vorbereitung und auch während der Heilmeditation hilfreich anwenden.

Inzwischen gibt es weltweit viele Untersuchungen und Erfahrungen, die zeigen, daß der Mensch mit Musik viel besser, leichter und schneller entspannt - ja auch lernt, wie das Superlearning beweist.

Meditations-Musik und Farb-Klang-Effekt:

Zur Heilmeditation hat sich sowohl beruhigende klassische Musik bewährt, als auch moderne, ruhige Meditationsmusik, die z.B. auch mit dem Synthesizer komponiert wurde. Wenn möglich, sollte auch hier individuell ausgesucht und abgestimmt werden, welche Musik dem Patienten oder Klienten sympatisch ist. So wird heute auch die sog. Farb-Klang-Kassette eingesetzt. Man hat Farb-Frequenzen in Klang-Frequenzen umgerechnet. Diese werden nun dem Menschen über das Gehör mitgegeben. Am besten bewährt sich dabei ein Kopfhörer, da so nicht nur der Effekt der direkten Eingabe erreicht wird; zusätzlich läßt sich auf diese Weise eine bilaterale oder unilaterale Wirkung erzielen.

Meditations-Gong: Immer öfter und mehr bewährt sich Meditations-Klang, der mit einem Gong erzeugt wird. Durch mathematische Operationen fand man bestimmte Frequenzen heraus, die sowohl bestimmten Farben als auch sogar den Planeten entsprechen, u.a. auch der Sonne oder Erde. Damit glaubt man eine noch bessere Integration des Menschen mit-seinen Problemen in und auf seine Umwelt erreichen zu können.Somit wurden Gongs hergestellt, die die einzelnen Frequenzen erzeugen.

Meditations-Klangschalen: Klangschalen aus bestimmten Metall-Legierungen kommen seit vielen Jahrzehnten in der fernöstlichen Welt zur Anwendung. Immer häufiger werden diese nun auch bei uns angewandt, da sich ihr beruhigender und therapeutischer Effekt immer mehr herausstellt. Der Klang wird entweder durch Anschlagen der Schalen mit einem Holz oder auch sanfter durch das Reiben des Holzes an der Schale erreicht. Besonders auf die zuletzt genannte Art läßt sich so ein sehr wirksamer Schall aufbauen, der offensichtlich tiefe Schichten des Menschen erreicht.

6.5 Ätherische Öle

Ätherische Öle sind eine große Hilfe für und in der Heilmeditation. Sie werden auf die verschiedenste Art und Weise eingesetzt.

Ätherische Öle im Raum: Ätherische Öle werden mit Hilfe eines Zerstäubers oder auch mit Hilfe von sog. Öl-Lampen in der Raum-Luft versprüht bzw. verdampft, so daß ein entsprechender Duft verbreitet wird. Dies bewirkt auch medizinisch einen Effekt auf den Körper, der antiseptisch, beruhigend und krampflösend sein kann. Aber sicherlich wird über den Geruch auch wieder die sinnlich-emotionale Seite des Menschen angesprochen, so daß eine tiefere Erlebniswelt ermöglicht wird.

Ätherische Öle für den Körper intern und extern (Nase, Akupunkturpunkte, Chakren): Zusätzlich läßt sich die Wirkung der ätherischen Öle verstärken oder erweitern, indem man sie in die Nase, an wichtige Akupunkturpunkte oder an die sog. Chakren-Bereiche gibt, bzw. dort einreibt. Dazu ist freilich ein besonderes Wissen in diesen speziellen Disziplinen erforderlich, das man zumindest nicht an den westlichen Universitäten lernen kann.

7. Heilmeditation und Geistheilung

Je intensiver man sich mit den verschiedenen Methoden der Heil-Meditation beschäftigt, um so mehr und eher gelangt man auch an den Rand oder Bereich der Geistheilung. Die Übergänge sind fließend.

Bei geschulten und erfahrenen Therapeuten, die die Heilmeditation anwenden, läßt sich oft kaum noch ein wesentlicher Unterschied feststellen, ob nun speziell eine Heilmeditation oder eine Geistheilung angewendet wird. So erfährt man oft, wenn man anfangs die Techniken der Heilmeditation -wie oben beschrieben- einsetzt, daß man dann gegen Ende der Sitzung bereits leicht und sanft in eine Geistheilung hinübergeglitten ist.

8. Zusammenfassung und Ausblick

Heilmeditation schließt eine wissenschaftliche Diagnostik und Therapie nicht aus, sondern ergänzt sie wesentlich. Sicherlich gibt es keinen Zustand des Krank-Seins, in dem man nicht auch die Heilmeditation hilfreich einsetzen kann. Dies gilt auch für Operationen, prä- und postoperativ, für äußere und innere Verletzungen aller Art sowie für psychische Erkrankungen ohne Ausnahme.

Selbstverständlich ist es wichtig, daß man als gut ausgebildeter Therapeut weiß, wann und wie man die Heilmeditation einsetzt. Aber dies gilt für alle Formen der Diagnostik und Therapie. Da in der Heilmeditation nicht nur ein Teil des Menschen angesprochen wird, wie dies überwiegend in der sog. Schulmedizin geschieht, sondern der Mensch in allen seinen Seins-Bereichen erfaßt wird, ist eine gute und umfassende Ausbildung der Therapeuten wichtig.

In England wird heute schon in vielen Kliniken auf Wunsch des Patienten die Heilmeditation oder auch die Geistheilung zugelassen. Es bleibt zu wünschen, daß auch bei uns die Freiheit der Patienten immer mehr beachtet wird, so daß jeder, wenn er dazu in der Lage und willens ist, sich seine Form der Therapie aussuchen und wünschen kann. Dazu ist es nun unbedingt erforderlich, daß die Methode der Heil-Meditation auch offiziell anerkannt, gezielt unterrichtet und eingesetzt wird zum Wohle der Menschheit.

4. GEISTHEILUNG

1. Einführung

1.1 Unterschiede zwischen Geistheilung und der sog. wissenschaftlichen Medizin
1.2 Was verstehen Geistheiler und die Therapeuten der modernen Medizin unter „Heilung“?
1.3 Ganzheitsmedizin
1.4 „Höhere Instanzen“

2. Geistheilung in außereuropäischen Kulturen

2.1 Magische Methoden
2.2 Das Opfer
2.3 Das Gebet des Geistheilers als Basis der Therapie
2.4 Das Gebet des Kranken mit dem Geistheiler
2.5 Das Gruppen-Gebet

3. Geistheilung im europäischen Bereich

3.1 Gibt es strukturelle Unterschiede zwischen der außereuropäischen und der europäischen Geistheilung?
3.2 Geistheilung als Profession
3.3 Der Geistheiler als Werkzeug, als „Rohr Gottes“
3.4 Wer kann Geistheiler werden?
3.5 Vorbereitungen zur Geistheilung
3.6 Geistheilung „vor Ort“ oder „auf Entfernung“ Geistheilung in Raum und Zeit
3.6.1 „Handauflegen“
3.6.2 Geistheilung „auf Entfernung“

4. Anzahl und Dauer der Therapie-Sitzung

in der Geistheilung

5. Kranksein und Schicksal

6. Zusammenfassung

1. Einführung

1.1. Unterschiede zwischen Geistheilung und der sog. wissenschaftlichen Medizin

Während die naturwissenschaftlich ausgerichtete Medizin sich eindeutig an der Materie, also dem Körper und seinen Bestandteilen orientiert, und meint, hier sei die Ebene, in der die Ursachen der Krankheiten zu finden und zu therapieren seien, betonen alle Geistheiler den Primat, die Vorherrschaft, des Geistes. Daraus folgt, daß es für die Geistheiler auch keine „Krankheiten" gibt, sondern nur ein „Kranksein", das sich in den verschiedenen Symptomen ausdrückt, also auf verschiedenen Ebenen manifestiert. Es gibt nur einen Menschen, der krank ist, aber keine Krankheiten.

Während sich also die sog. wissenschaftliche Medizin an akademischen, meist mit Fremdworten (lateinisch oder griechisch) ausgedrückten Diagnosen ergötzt und versucht, irgendein Bakterium, Virus oder einen Pilz verantwortlich zu machen, legen die Geistheiler keinen Wert auf eine sog. Diagnose, die meist, wenn man sie ins Deutsche übersetzt, kaum etwas aussagt, da sie nur ein Symptom oder einen Symptomenkomplex umschreibt. Oft wird auch ein Symptomenkomplex mit einem Eigennamen benannt von demjenigen, der dies erstmals beschrieben hat, oder aber man nennt es „essentiell", d.h. in Wirklichkeit aber: Man weiß nichts. Die Geistheiler sehen stets eine höhere Schwingungsebene als die Materie als ursächlich für das Kranksein an Da doch stets alles, was materiell entsteht bzw. geschaffen wird, zuerst als Idee, als Gedanke vorhanden ist, kann und

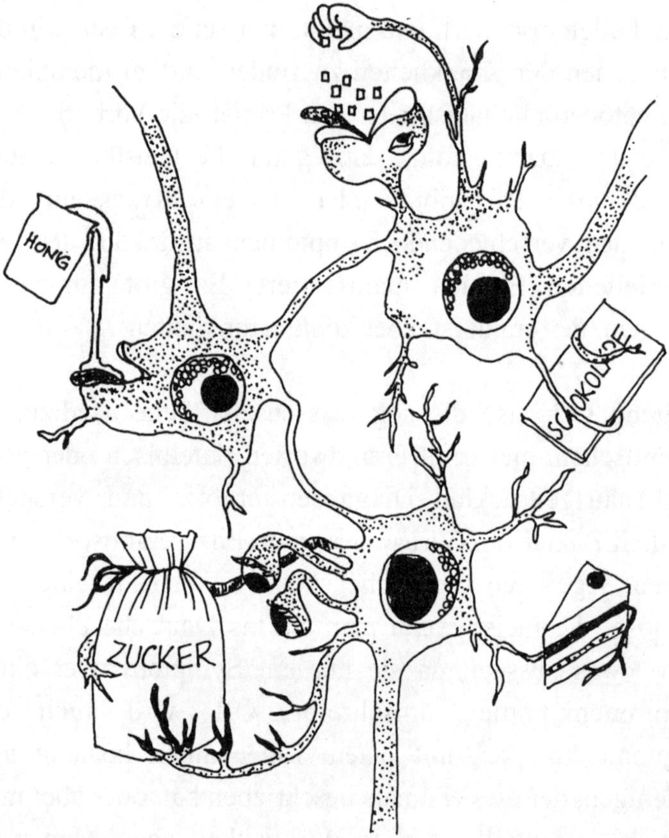

NERVEN BRAUCHEN ZUCKER

muß auch jeder Veränderung in der Materie erst einmal eine Veränderung auf der gedanklichen Ebene, der Ideen-Ebene, vorausgegangen sein.

Wir Menschen können nichts sprechen oder tun, bevor wir nicht denken, d.h. alle Taten und auch alles materiell Geschaffene hat immer zuerst als Idee existiert. Dann müssen aber auch alle materiellen Veränderungen am Körper, wie sie beim Kranksein auftreten können, viel tiefer ihre Ursache haben als auf der physischen Ebene, nämlich auf dem Level der Gedanken und der dazugehörigen Gefühle, Emotionen. Die Emotionen bringen den energetischen Aspekt dazu: Wenn bei bestimmten Gedanken noch heftige Gefühle hinzukommen, ergeben sich durch das Nervensystem Funktionsveränderungen der Drüsen, die dann bestimmte Hormone freisetzen, was wiederum eine Veränderung in vielen Organen und Organsystemen bewirkt. Rein körperlich dürften es immer erst einmal bestimmte Nervenimpulse sein, die dann auf die einzelnen Zellen wirken.

Und tatsächlich gibt die moderne sog. wissenschaftliche Medizin heute zu, daß es offensichtlich einen deutlichen Einfluß der Psyche auf den Körper gibt. Man nennt es dann wiederum hoch wissenschaftlich „Psycho-Neuro-Immunologie", d.h., daß seelische Einflüsse das Immunsystem negativ beeinflussen können. Dies ist aber eine uralte Tatsache, die fast jedes „Mütterchen auf dem Lande" schon seit ewigenZeiten weiß: Wenn es mir seelisch schlecht geht, bin ich viel anfälliger für Krankheiten. Ebenso denkt der Geistheiler. Er bemüht sich, an die Informationsquelle zu kommen, denn ohne Information keine Organisation.

Dies bedeutet, daß unser Körper, also die Materie, nur existieren kann, wenn ständig eine Informationsquelle vorhanden ist. Wenn ein Mensch gestorben ist, findet man noch einige Minuten lang genau die gleiche chemische Zusammensetzung wie zur Lebenszeit; d.h. chemisch könnte man dann gar nicht feststellen, ob oder daß der Mensch gestorben ist. Was fehlt aber dann? Es ist die Information, die man gleichsetzen kann mit „Seele“, und es fehlt die Energie, die man gleichsetzen kann mit „Leben“. Dies gilt ebenso für jedes Kranksein. Es mangelt im Grunde an der richtigen Information, und an bestimmten Stellen des Körpers ist zu viel oder zu wenig Energie.

Ein sinnvoller Eingriff ist dann aber eigentlich nur auf der Informations-und/oder der Energie-Ebene vorzunehmen, um eine dauerhafte Heilung herbeizuführen. Das „Herumdoktern“ an der Materie bleibt eine Symptom-Wischerei, ein Abschneiden des Unkrauts, das aber aufgrund der verkehrten Information immer wieder nachwächst.

Der Geistheiler bemüht sich also, zum einen auf der Informationsebene und zum anderen auf der Energieebene einzugreifen, d.h. sowohl auf der seelischen wie geistigen Ebene. Die Seele, die man auch mit „Bewußtsein“ gleichsetzen kann, wird aber aus den Gedanken und den Gefühlen gebildet. Also muß eine Therapie an den Gedanken und den Gefühlen ansetzen und vor allem den energetischen Aspekt mit beachten.

1.2 Was verstehen Geistheiler und die Therapeuten der modernen Medizin unter „Heilung"?

Schon das Wort selber sagt, daß es um das „Heilsein" geht, um das „Ganzsein", also um einen wirklich holistischen Ansatz und nicht nur um Symptombekämpferei. Dies bezieht aber immer den Menschen mit ein, da kann es niemals nur um ein Organ oder einen Zellverband gehen, an dem man herumkuriert. Kann man aber den Menschen ohne einen Bezug zu seiner Quelle sehen? Alles Materielle ist geschaffen von einem Creator, einem Schöpfer. Und dies gilt auch sonst in unserer Welt: Bei allem, was wir vorfinden, was materiell existiert, kann man logischerweise annehmen, daß es einen Schöpfer, einen Urheber geben muß.

Beim Menschen aber macht die Logik der Wissenschaft Halt. Könnte dies sein, weil der Wissenschaftler und damit der Arzt einsehen müßte, daß solch ein intelligentes Stück Materie wie unser Körper nur von einem noch intelligenteren „Wesen" hergestellt sein kann? Dann müßte der Arzt auch zugeben, daß der Mensch nicht das Maß aller Dinge ist und daß seine Art der Medizin absolut nicht ausreichen kann. Er müßte einsehen, daß auch Geistheiler durchaus ihre Berechtigung haben, daß er, der Arzt, oft einfach hilflos ist. Dies würde aber Toleranz erfordern, neben sich noch „andere Götter" zu dulden, d.h. einzusehen und endlich einmal zuzugeben, daß eben nicht nur sog. wissenschaftliche Methoden sinnvoll sind, sondern auch andere Methoden, die man aber keinesfalls mit eben den wissenschaftlichen Methoden überprüfen kann.

Wird es nicht Zeit, dies zuzulassen? Sind nicht Milliarden in die sog. wiss. Medizin gepumpt worden, ohne daß wir z.B. das Rheuma oder den Krebs besiegt haben?!

1.3 Ganzheitsmedizin

Dann aber müßte endlich auch das ganze Schul-und Lehr-System geändert werden, damit die Menschen mit den höheren Wahrheiten schon erzogen werden, damit die Kleinkinder schon mit dem Bereich vertraut gemacht werden, den die westliche Welt so stark vernachlässigt hat: Der Mensch ist Geschöpf, d.h. er hat einen Schöpfer, auf den er unbedingt Rückbezug nehmen muß. Freilich mag dies die Wissenschaft nicht, denn es betrifft ja den Bereich „Religio" (der nichts mit den Kirchen zu tun haben muß), den sie nicht beherrscht.
Aber ist dies nicht Ganzheitsmedizin? Allerdings müßten dann die Ärzte gleichzeitig wahre Priester sein, dem Patienten auch den „Rückbezug" aufweisen können, wo es ihm an Einsicht, an Information darüber fehlt, warum er krank geworden ist. Natürlich erfordert dies eine völlig neue Medizin. Es könnte keine „Fünf-Minuten-Medizin" mehr sein, und der Patient müßte dann auch viel mehr Eigenverantwortung übernehmen! Welche Ärzte und welche Patienten wollen dies aber? Dennoch wird es in der Zukunft nicht mehr aufzuhalten sein.

1.4 „Höhere Instanzen"

Aus dem Gesagten geht hervor, daß der Geistheiler grundsätzlich eine höhere Macht, eine höhere Instanz anerkennt und einsieht, daß der Mensch alleine, also als Patient oder Therapeut, nicht sehr viel bewirken oder tun kann, wenn nicht der Creator, das Leben, die Ur-Energie mithilft. Für den Geistheiler ist es völlig klar, daß der Mensch selber letztlich nichts vermag, er kann weder den Pulsschlag noch den Atem ständig im Auge behalten und korrigieren, noch ist er für die 2500 biochemischen oder biophysikalischen Vorgänge, die in jeder Sekunde in jeder Zelle unseres Körpers ablaufen, verantwortlich. Diese Einsicht hat der Geistheiler mit Ehrfurcht und Demut gewonnen. Wo aber gibt es diese Begriffe in der Ausbildung oder im Alltag der sog. modernen, wissenschaftlichen Medizin?

2. Geistheilung in außereuropäischen Kulturen

In den verschiedenen Kulturbereichen gab und gibt es schon immer die verschiedenen Formen der Geistheilung. Hierbei ist natürlich wichtig, welche Ansicht, welcher Glaube vorherrscht, d.h. wer hinter der gesamten Schöpfung inklusive des Menschen steht. Somit wird auch klar und deutlich, daß der Geistheiler keinesfalls wissenschaftlich arbeitet, ja dies auch gar nicht will, da ihm die Rückbesinnung auf höhere Kräfte und Mächte oder Energien, also die Einbindung der Religio, viel zu wichtig ist, als daß er sie mit sog. wissenschaftlichen Methoden überprüfen möchte!

In außereuropäischen Kulturkreisen ist die Geistheilung nichts Außergewöhnliches. Je nach Kulturkreisen und Anschauung wendet man sich dabei stets an die jeweiligen „Geister“ oder „Götter“ mit den unterschiedlichsten Methoden.

2.1 Magische Methoden

Magie kann man als die Lehre von der Lenkung und Leitung der kosmischen Kräfte ansehen. Mit magischen Methoden wird in der Geistheilung versucht, als Schamane, als Geist(er)-Arzt, Einfluß auf die Welt der höheren Mächte zu nehmen, ja diesen Mächten zu befehlen, sie zu bannen, ihnen den Befehl zur Heilung zu geben. Hierbei handelt es sich auch oft darum, daß durch magische Rituale versucht wird, eine fremde, eine „böse", krankmachende Wesenheit oder Energie zu vertreiben. Dazu ist es freilich nötig, daß der Geistheiler, der Magier, selber sehr stark und mächtig ist und genau die Rituale kennt, d.h., genau in die Gesetzmäßigkeiten der Geist(er)welt, der Fremd-Energien eingeweiht ist. Dies bedeutet oft, daß der Geistheiler selber eine über viele Jahre dauernde Einweihung in die Ritual-Symbolik und damit in die Geist(er)-welt aufweisen bzw. erfahren muß. Dabei ist wichtig, daß der Geistheiler stark und mächtig und damit gesund bleibt, da er sonst selber von den Fremd-Energien besetzt, besessen und zerstört werden kann.

Auch hier, bei den außereuropäischen magischen Methoden der Geistheilung, ist man sich stets im Klaren darüber, daß der Kranke im Grunde ursächlich selber verantwortlich für sein Schicksal ist. Es liegt also bei diesen Methoden der Geistheilung - ähnlich wie bei den abendländischen - eine Verletzung der „Götter", d.h. eine Verletzung der Gesetze vor. Um eine Heilung oder mindestens eine Linderung zu erreichen, müssen die Energien wieder in die richtige Bahn gelenkt werden. Dies kann durch Kraft- und Energie-Umlenkung mit Hilfe magischer Methoden durch den Geistheiler erreicht werden, der dabei nur als Verstärker wirkt.

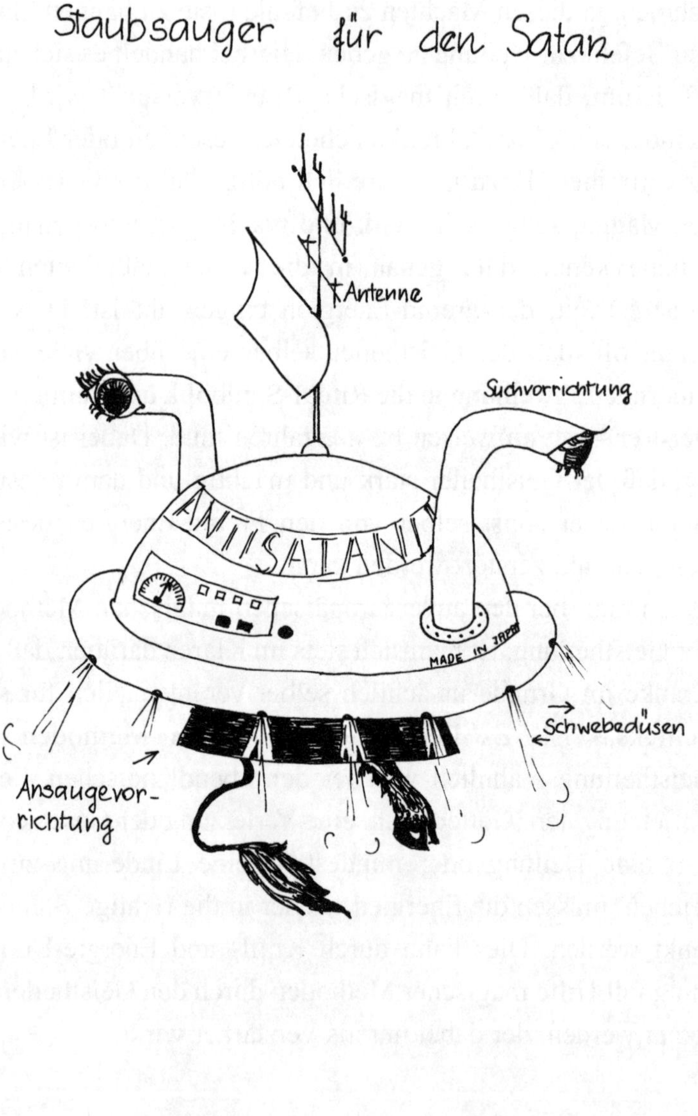
Staubsauger für den Satan
Antenne
Suchvorrichtung
ANTISATAN
MADE IN JAPAN
Schwebedüsen
Ansaugevorrichtung

Die Techniken sind im Einzelnen gar nicht schwierig zu erlernen, aber ebenso wie in der modernen Medizin gehört dazu viel Fleiß. Dies alleine reicht aber nicht aus, denn man muß dazu sehr sensibel und feinfühlig sein, damit man diese Energien, „Geister“, sehen oder fühlen kann. Um dies zu erleichtern, wenden viele der Geistheiler Hilfsmittel an, die sie in die Welt der Kleinstlebewesen führt, die wir mit unseren normalen Augen nicht wahrnehmen können. Und ebenso, wie wir in der westlichen Medizin Strahlen anwenden, also höherfrequente Mittel, bedient sich der Geistheiler dort höherfrequenter Medien wie des Tons, des Lichts und des Geruchs. Ist nicht Ton und Licht prinzipiell das Gleiche wie Strahl und Ultraschall der modernen westlichen Medizin? Arbeiten wir nicht auch mit „Wesen“, die wir zum Teil gar nicht kennen, den Kleinstlebewesen, den Viren, die den Menschen besetzt haben, von denen wir „besessen“ sind, die sich unerhört in uns vermehren und damit energetisch zerstören können? Erst mit den modernen Hilfsmitteln bekommen wir diese „Geister“ zu fassen, früher waren dies auch für uns „fremde Welten“!

Sind dies nicht nur graduelle Unterschiede, im Prinzip aber die gleichen Vorgehensweisen? Ist nicht auch die moderne Medizin eine Magie, eine Lenkung und Leitung der kosmischen Kräfte? Sind es nicht auch recht diffizile magische Rituale, die der moderne Arzt beherrschen und an die er sich halten muß, wenn er die „Fremd-Energien“ im Körper des Kranken korrigieren oder beherrschen will?

Kammerjäger für feinere Energien:

2.2 Das Opfer

Bis heute ist es durchaus üblich, neben magischen Ritualen und Methoden, den Geistern oder Göttern ein Opfer zu bringen, um sie wieder zu versöhnen oder mild zu stimmen. Dies bedeutet, daß der Kranke selber, seine Familie oder Sippe ein Opfer bringen muß. Diese Praxis des Opfers entspricht durchaus unserem menschlichen Verhalten, daß wir „etwas wieder gut machen“, wenn wir jemanden verletzt oder jemandem geschadet haben: Wir geben ihm dann etwas, wir opfern. Ähnliches müssen wir tun, wenn wir uns gegen irdische Gesetze stellen, dann verlangt „der Hüter des Gesetzes“ von uns ein „Buß-Geld“, also ein Opfer, oder wir müssen sogar unser ganzes Dasein opfern, indem wir ins Gefängnis gehen. Wie unten, so oben und umgekehrt!

Früher wurden Tiere geopfert, da dies das Kostbarste war, was die Menschen besaßen; in einigen Gegenden der Welt geschieht dies heute noch. Noch früher wurden ja sogar Menschenopfer verlangt bzw. vollzogen, vor allem mit Kindern, da das Kind natürlich noch wertvoller ist - und dies war in den verschiedensten Ländern der Welt üblich!

2.3 Das Gebet des Geistheilers als Basis der Therapie

Wenn auch oft magische Rituale - und dazu zählt durchaus auch das Opfer - durchgeführt wurden und werden, so fehlt doch fast bei keiner Geistheilung das Gebet. Ist der Kranke selber nicht sehr gläubig, oder kann er es selber aus gesundheitlichen Gründen nicht mehr sprechen oder denken, so übernimmt der Geistheiler die Vermittler-Rolle. Er bittet die höheren Mächte, sie mögen die Heilung oder zumindest die Linderung der Beschwerden geschehen lassen, es möge „Gnade vor Recht“ geschehen, oder, neutral ausgedrückt, es möge ein Ausgleich der Energie stattfinden. Der Kranke hat zu viel Energie für sich genutzt oder die Energie verkehrt angewandt, so daß diese Rechnung noch beglichen werden muß.

THERA MAYER

Aber natürlich ist jedem guten Geistheiler bewußt, daß letztlich der „Glaube Berge versetzt“, d.h. daß sich eine Hilfe um so eher einstellen kann, wenn der Kranke selber „glauben“ kann, um Hilfe und Gnade bittet. Der Geistheiler ist sich also seiner Vermittlerrolle durchaus bewußt. Er vermittelt nach „oben“ zu den Geistern oder Göttern und natürlich auch nach „unten“, damit die Hilfe, die Energie von oben nach unten durchfließen kann: Er ist in seinem Gebet, seiner Vermittlung ein Relais, so daß ein Energie-Austausch geschehen kann.

2.4 Das Gebet des Kranken mit dem Geistheiler

Für die Linderung der Beschwerden oder gar eine Heilung ist es besser, wenn der Kranke selber auch „glauben“ kann, zumindest es für möglich hält, daß es höhere Kräfte und Energien gibt. Wenn dann der Kranke und der Geistheiler zusammen sich diesen „höheren Frequenzen“ widmen, sich einstimmen, dann geschieht Linderung oder gar Heilung leichter, schneller und besser.

Ist es nicht in der modernen, westlichen Medizin auch der Heilung eines Kranken förderlich, wenn der Kranke mit dem Arzt zusammenarbeitet, sich „einschwingt“ in die Frequenz des Therapeuten und ihm vertraut, an ihn glaubt und auf ihn hofft? Ist es nicht auch der Glaube an eine „höhere Macht“, der Glaube an den „Gott in Weiß“ oder die moderne Medizin? So wendet man im Grunde auf der Ebene der Geistheilung genau die gleichen Methoden an, man hofft, man glaubt, man bittet - allerdings kommen hier Demut und Ehrfurcht hinzu, im Wissen um die Allmacht des Schöpfers.

2.5 Das Gruppen-Gebet

In den außereuropäischen Kulturen findet häufig eine große Versammlung der Angehörigen, der Sippe, ja eventuell des ganzen Dorfes statt, um gemeinsam Lieder des Glaubens, der Hoffnung und der Liebe anzustimmen und somit zu den Geistern oder Göttern zu beten. Gemeinsam geht's leichter; ein stärkerer Ruf wird eher gehört!

Findet gemeinsames Singen im Gebet nur in fremden Kulturkreisen statt? Nein, gerade in den letzten Jahren wurde und wird immer häufiger gemeinsam in und mit großen Gruppen in den Kirchen für den einen oder anderen Menschen gebetet. Ja, in den medizinischen Fachschriften wird immer häufiger berichtet, daß „Beten auf der Intensivstation" hilft! Dies war statistisch durchaus signifikant. Dabei stellte sich auch noch heraus, daß die Heilungen am stärksten waren, wenn der Priester oder Geistheiler nicht nur alleine, sondern zusammen mit dem Kranken um Hilfe gebeten hatte. Ja, in den Untersuchungen wurde sogar festgestellt, daß die Heilungsrate deutlich höher lag, wenn die Patienten auch nur über Fernsehen oder Video an Gebeten in den Kirchen zuschauend teilgenommen hatten!

Natürlich darf man dabei keine Wunder erwarten, denn dem Geistheiler ist es nur allzu klar und bewußt, daß „Wunder-Heilungen" nicht vorkommen und ganz schnelle und plötzliche Heilungen selten sind. Dazu bedarf es einer sehr starken, tiefen inneren Ansprache, eines starken Glaubens; vor allem aber muß der Patient dafür reif sein, d.h. sein „Schicksal" muß es „erlauben", man kann auch sagen, er muß „es sich verdient haben". Denn alles im Universum läuft nach einer Gesetzmäßigkeit ab, und so kann das sog. Karma, das Gesetz von Ursache und Wirkung, nur greifen, wenn dem Gesetz Genüge getan wurde. Dies bedeutet, daß eine Heilung nur eintreten kann, wenn das Gesetz nicht zu stark verletzt wurde. Es gibt für den Geistheiler keinen Zweifel, daß jeder Mensch sein „Gesetz, wonach er angetreten" (Goethe), erfüllen muß.

3. Geistheilung im europäischen Bereich

3.1 Gibt es strukturelle Unterschiede zwischen der außereuropäischen und der europäischen Geistheilung?

Prinzipiell finden wir kaum einen Unterschied zwischen der außereuropäischen und der europäischen Geistheilung und letztlich sogar der schulmedizinischen Heilung: Man glaubt, daß einem geholfen wird, man hofft sehr stark und sieht im Heiler einen Gott. Während bei der Geistheilung der Gott direkt angerufen wird, erhebt man in der sog. wissenschaftlichen Medizin den Arzt zum Gott, oder man überträgt sogar den Glauben auf die modernen Maschinen und die moderne Technik; das Ganze nennt man dann „Fortschritts-Glauben". Aber kurz vor dem Tod wird selbst in den Universitäts-Kliniken der Pfarrer gerufen. Und dann finden wir wieder das gleiche Schema: Entweder betet, erbittet der Pfarrer - in diesem Fall also als Geistheiler - nur alleine, oder der sterbende Patient stimmt mit ein. Und ohne Zweifel hilft dies oft, die Phase vor dem Tod besser zu überwinden, der Patient wird „heiler".

DER KOLLEGE AUF DER SCHULTER

3.2 Geistheilung als Profession

Seit einigen Jahren gibt es fast überall in Europa immer mehr Menschen, die sich nebenberuflich oder gar hauptberuflich der Geistheilung widmen und dies auch in Seminaren lehren. In Deutschland haben sich schon seit vielen Jahrzehnten Menschen zu Gruppen zusammengefunden, um sich gemeinsam der Geistheilung zu widmen. Dabei wurde und wird hauptsächlich das Gebet eingesetzt (z.B. die Gruppe um Frau Ziemer u.a.m.).

Besonders in England, aber auch in Italien, werden heute Geistheiler bereits in vielen Krankenhäusern und Kliniken voll integriert: Man erlaubt ihnen, dort zu arbeiten, zusammen bzw. neben den anderen Therapeuten. Dies bedeutet Hoffnung, daß wir wirklich wieder zu einer echten humanen, holistischen, also Ganzheits-Medizin kommen werden. Der Mensch wird sich wieder besinnen, daß wir aus Körper, Seele und Geist bestehen. Die Ärzte werden wieder zu wirklichen Priester-Ärzten werden, die auf allen drei Ebenen arbeiten und nicht reine Materie-Schreiner oder -Klempner sind.

3.3 Der Geistheiler als Werkzeug, als „Rohr Gottes“

Jeder gute Geistheiler weiß, daß er selber nichts vermag. Arbeitet er mit Magie, so ist er auch nur derjenige, der die „Geister“, also die Energien herbeizitiert. Die eigentliche Arbeit aber muß durch die Energie, den Geist, erfolgen. Wenn der Geistheiler mit dem Gebet arbeitet, so ruft er letztlich auch dabei nur die Hilfe der Götter, bzw. des Gottes herbei. Er selbst tut nichts, außer daß er sich bereitstellt, sich zur

Verfügung stellt, daß durch ihn als eine Art Medium sich göttliche Energie ergießen kann. Er ist also nur ein Werkzeug, ein Rohr, das möglichst sauber sein sollte, damit die Energie ungehindert und ohne auf Widerstand zu stoßen und damit an Wirkung zu verlieren, fließen kann. Er ist also der Brückenbauer, der „pontifex", der nur ohne sein Ego, ohne seine eigenen Wünsche, Vorstellungen und Erwartungen, ganz ruhig und gelassen, sich für den Dienst am Menschen und zur Ehre Gottes zur Verfügung stellt. Er soll nichts mehr wollen oder tun; er soll neutral, in der Mitte sein, und nur Geist, Energie, Gott vermitteln, ohne zu missionieren, damit der Kranke eine Chance hat, zur Einsicht zu gelangen.

3.4 Wer kann Geistheiler werden?

Geistheiler kann man nur werden, wenn man eine wirkliche „Religio" hat, eine wirkliche Rückbindung bei allem, was man denkt, fühlt und lebt! So wie Goethe kurz vor seinem Tod gesagt haben soll: „Dem Christentum des Wortes wird folgen das Christentum der Tat", so muß der Geistheiler ein Mensch sein, der sein eigenes Leben „in Ordnung gebracht" hat, und sich ständig, und unaufhörlich bemüht, es auch so zu halten. Ebenso, wie man den Körper täglich wäscht, so muß der Geistheiler täglich auf den drei Ebenen von Körper, Seele und Geist eine Reinigung vornehmen, denn Mensch-Sein bedeutet, Fehler haben, nicht vollkommen sein, aber ständig unaufhörlich um Vollkommenheit ringen. Die Meditation, also „das in die Mitte Gehen", ist sicherlich eine der wichtigsten Möglichkeiten, um diesen Weg eines Geistheilers erfolgreich zu gehen.

3.5 Vorbereitungen zur Geistheilung

Für die Geistheilung trifft zur Vorbereitung alles das zu, was im Kapitel über die „Heil-Meditation“ (in diesem Band) gesagt wird. Mittel der Vorbereitung zu einer Geistheilung sind also z.B. Ruhe, Ausstattung des Raumes, frische Luft, Weihrauch oder ätherische Öle für den Raum, Öle am Patienten und Heiler, Blumen oder anderer Schmuck und auch ruhige, harmonische Musik.

Sicherlich ist es hilfreich, wenn sich der Geistheiler selber auch noch vorbereitet, bevor er an den Patienten direkt herantritt. Dazu gehört die Ruhe, die Sammlung auf das Vorhaben, also Konzentration, die Einstimmung und auch schon eventuell ein vorbereitendes Gebet um Hilfe, daß er seinen Auftrag, seine Aufgabe gut und zum Besten des Patienten erfüllen kann. Ebenso wie bei der Heil-Meditation gilt für den Geistheiler, daß er unbedingt seine Konzentrations-Kraft entwickeln muß. Ohne Konzentration keine Meditation und keine Geistheilung, denn sonst stören die umherirrenden Gedanken den Energiefluß.

3.6 Geistheilung „vor Ort“ oder „auf Entfernung“ Geistheilung in Raum und Zeit

3.6.1 „Handauflegen“

Recht oft wird während einer Geistheilung „die Hand aufgelegt“: Der Geistheiler legt eine oder beide Hände entweder auf eine bestimmte erkrankte Stelle des Patientenkörpers oder er legt die Hände z.B. auf Teile des Körpers, die den sog. Chakren entsprechen. Chakren sind Energie-Zentren, an denen der Mensch feinstoffliche Energien aufnimmt, z. T.

THERA MAYER

auch abgibt , oder wo die Energien verteilt werden. Den einzelnen Hauptchakren entsprechen in unserem Körper Drüsen und/oder Nervengeflechte (Plexus), wie z.B. Gonaden, Pancreas, Solar-Plexus oder Milz, Herz-Plexus, Schilddrüse, Hypophyse und Epiphyse.

Der Geistheiler erbittet dann einen Energie-Austausch, eine Energie-Zufuhr und/oder eine Energie-Umverteilung im materiellen und/oder feinstofflichen Körper des Patienten. Hierbei kann man sich vorstellen, daß um den materiellen Körper gewisse Energiefelder zu finden sind, die wir z.B. auch elektromagnetische Felder nennen können. In den Lehren der Alten, im Osten wie im Westen, heißt es, daß wir Menschen verschiedene feinstoffliche Körper haben. Dies können wir durchaus wissenschaftlich akzeptieren - auch wenn wir noch nicht alles messen können -, denn heute können wir bereits mit modernsten Geräten magnetische Felder des Körpers messen, was vor wenigen Jahren noch völlig unmöglich war. Kann es nicht sein, daß wir in der Zukunft auch noch all die anderen Kraftfelder messen können, die in den Lehren der Geistheiler schon vor vielen Jahrhunderten erwähnt werden? Durch die Korrektur dieser feinstofflichen Energien wird dann auch die emotionale Situation des Patienten positiv beeinflußt und stabilisiert, balanciert. Letztlich wirkt dies alles beruhigend, stabilisierend auf die Ebene der Gedanken des Patienten, auf sein Nervensystem ein. Die Hilfe erfolgt also auf der Bewußtseins-Ebene, der Ebene der Gedanken und Gefühle.

3.6.2 Geistheilung „auf Entfernung“

Die Geistheilung arbeitet mit sehr hohen Frequenzen, mit „Geistern“, mit Energien, die noch nicht wissenschaftlich untersucht bzw. bewiesen werden können. Aber Heilung ist nicht davon abhängig, ob ich etwas messen oder wissenschaftlich beweisen kann! In diesem hohen Frequenz- und Energiebereich bin ich nicht mehr so sehr von Zeit und Raum abhängig wie im Bereich der Materie. Gedanken sind unvorstellbar schnell. Informationen können heute mit für uns Menschen unvorstellbar hoher Geschwindigkeit übermittelt werden; denken wir nur an die modernen Computer, die viele Milliarden Bits, Informationseinheiten pro Sekunde, bearbeiten können. Außerdem ist es möglich, Gedanken, Frequenzen und sehr feinstoffliche Energien über jede Distanz zu senden. Auch hierbei können wir an die Funksignale denken, die wir z.B. von den Voyager-Raumsonden aus dem Weltraum erhalten, über viele Milliarden Kilometer Entfernung. Rundfunk- und Fernseh-Signale übermitteln wir mit ein bis zwei Sekunden Zeitverzögerung rund um die Erde, warum sollte dann nicht eine Heilungs-Energie und -Information ebenso schnell mit den Gedanken übermittelt werden können? Wenn wir bedenken, daß ja die Geistheilung eben mit „Geistern“ oder, in unseren Kulturkreisen, mit Gott zu tun hat, wie soll dann eine Beschränkung von Raum und Zeit wirken? Den Gedanken sind keine Grenzen gesetzt. Alles, was ich denken kann, muß vorher auf einer anderen Wirklichkeitsebene oder Dimension bereits existieren, denn sonst könnte ich niemals den Gedanken bekommen! Wie könnte Zeit und Raum für die „Götter“, für Gott, gelten? Dies bedeutet, daß Heilung prinzipiell nicht an diese Dimensionen gebunden ist.

Wenn also die Konzentrationskraft und das „Sich-leer-machen“ des Geistheilers, das „Sich-lösen“ vom Ego mit all den Wünschen und Vorstellungen, stark genug entwickelt ist, kann er leicht auf den oben genannten Wegen der Magie und des Gebetes bzw. der Meditation Heilung für Kranke herbeiführen oder erbitten, die sich nicht am selben Ort befinden müssen. Je besser der Geistheiler ausgebildet ist, je stärker seine Konzentrationskraft ist, je weniger stark sein Ego ist, je höher seine Bewußtseinsentwicklung bereits fortgeschritten ist, um so besser wird er „Geister anrufen“, d.h. die Energie herbeizitieren bzw. erbitten können. Gleiches gilt natürlich auch für den Kranken. Und gemeinsam, oder gar noch in einer Gruppe von Menschen mit ähnlich hohen Fähigkeiten, wird Geistheilung noch wirksamer sein können.

Dies alles gilt ja analog für die moderne Medizin. Ärzte oder Therapeuten sind bei weitem nicht alle gleich. Nicht nur, daß die Ausbildung verschieden ist, sondern vor allem gibt es dort ja auch sehr unterschiedliche Fähigkeiten, unterschiedliches „Vermögen“ darin, was der einzelne zu tun, zu fühlen und intuitiv zu ergreifen vermag. Und selbst bei der modernen Apparate-Medizin ist das Ergebnis oft eine Frage der Frequenzen und Energien. Mit einem guten Ultraschallgerät kann ich bei weitem mehr erkennen und sehen als mit einem schlechten. Mit einem guten Gerät kann ich Nierensteine besser und leichter und schneller zertrümmern als mit einem schlechten, d.h. wenn nicht die richtige Frequenz und Energie gewählt wurde. Für diffizile Operationen am Auge oder in der sonstigen Chirurgie benötige ich einen Laser mit der optimalen Frequenz und Energie. In der Geistheilung arbeitet man mit dem gleichen Prinzip, nur auf noch höheren Ebenen, mit höheren Frequenzen und noch feinstofflicheren Energien. Da wir dies noch nicht alles wissenschaftlich beweisen können, muß man noch vieles glauben. Dies führt uns wieder in den Bereich der Religio. Aber eben dies bewirkt ja auch, daß der Geistheiler einsieht und versteht, daß wir Menschen eigentlich nichts selber machen können, und somit entwickelt sich dann Ehrfurcht und Demut. Eben diese Tugenden, diese Ethik und Moral, fehlen in der wissenschaftlichen Medizin.

4. Anzahl und Dauer der Therapie-Sitzung in der Geistheilung

Die Anzahl und Dauer der einzelnen Therapie-Sitzungen ist, wie bei allen anderen Therapie-Arten, nicht allgemein verbindlich zu bestimmen. Bei schwerkranken Menschen, und wenn das Kranksein schon lange besteht, ist sicherlich mehr Zeit und eine höhere Anzahl von Sitzungen erforderlich als bei einem Leicht-Kranken. In der Praxis findet man so einzelne Sitzungen von zehn, fünfzehn oder zwanzig bis dreißig Minuten; in schweren Fällen mag es auch eine Stunde dauern. Dies gilt auch für Gruppen von Geistheilern oder auch, wenn eine ganze Gruppe von Kranken angesprochen, therapiert werden soll. Aber, wie schon betont: Die Dauer hängt auch von der Bewußtseinslage des Patienten und des Geistheilers ab.

5. Kranksein und Schicksal

Kranksein hat aus der Sicht des Geistheilers stets auch eine wichtige Funktion zu erfüllen. Es kann als eine „Warnlampe" gesehen werden und als Korrektur, wenn der Mensch „sein Gesetz nicht erfüllt hat". Dann ist es auch nicht besonders sinnvoll, so schnell wie möglich nur die Warnlampe herauszudrehen, das Unkraut an der Oberfläche abzuschneiden, also nur das Symptom zu beseitigen. Bei keinem Auto, keinem Kühlschrank und keiner Maschine würde man so vorgehen. Beim Menschen aber bemüht sich die gesamte Medizin nur, so schnell wie möglich die Symptome zu eliminieren, damit die Warnlampe nicht mehr brennt.

Der Geistheiler geht nicht diesen Weg. Er bemüht sich, größere Zusammenhänge zu sehen, und bezieht somit Körper, Seele und Geist mit ein; die Informationsquelle, aus der unser Körper ständig gespeist wird, muß korrigiert, das, was ihm fehlt zum Ganzsein, ergänzt werden. Wenn es das Schicksal, die Gesetzmäßigkeit von Ursache und Wirkung, das Karma, erfordert, kann der Geistheiler auch in Demut und Ehrfurcht akzeptieren, daß eine echte, wirkliche Heilung, ein „Wieder-Ganz-Werden" nicht immer möglich ist. Dann aber bleibt dem Geistheiler noch die wunderbare Aufgabe oder Möglichkeit, für den Kranken um Gnade zu bitten. Dies kann eventuell noch eine Linderung der Beschwerden bewirken, so daß der kranke Mensch dann leichter vom irdischen Dasein loslassen kann und eher bereit ist, sein Gesetz, sein Schicksal zu tragen.

Schwarz nimmt alles Licht auf.

6. Zusammenfasssung

Geistheilung will und kann nicht wissenschaftlich bewiesen werden, da sie durchaus in den wahren religiösen Bereich eintritt, der nicht mit Geräten meßbar ist. Aber Heilung ist völlig unabhängig von der Wissenschaftlichkeit! Wahre Religio - und wir meinen nicht Kirchen - bedeutet für den Geistheiler, daß wir uns stets bewußt sein sollten, daß Kranksein niemals ein rein materielles Problem ist. Vielmehr ist Kranksein immer auf den drei Ebenen von Körper, Seele und Geist zu finden. Damit sollte aber auch die Heilung diese drei Ebenen mit einbeziehen.

„Seele" bedeutet für den Geistheiler Bewußtsein und/oder Information. Dies ist nicht mit Apparaten direkt meßbar. Der Geistheiler ist bemüht, Korrekturen auf der Informationsebene stattfinden zu lassen. Wenn dann auf dieser Ebene ein Fehler ausgebessert wird, erreicht dies auch den Körper, denn keine Organisation ohne Information! „Geist" bedeutet für den Geistheiler in den außereuropäischen Kulturbereichen oft „Geister", hier bei uns im europäischen Bereich aber Energie, Leben, Gott! Somit wendet sich der Geistheiler in den fremden Kulturen mit magischen Prozessen an die Geister, damit sie mit ihren Energien helfen. Bei uns bemüht sich der Geistheiler mit dem Gebet die höchste Energiequelle, Gott, anzusprechen, so daß dann diese hohe Energie durch ihn als reines Werkzeug, das keinerlei Widerstand haben sollte, in den Patienten fließen kann. Kranksein bedeutet ja eine Umverteilung von Energie oder auch ein Fehlen von Energie. Somit soll durch den Geistheiler Energie übertragen werden, so daß dann eine Korrektur im Kranken erfolgen kann.

Kranksein hat aber auch eine wichtige Warnfunktion; der Mensch soll aufmerken, daß er auch in seinem Dasein auf der Ebene von Körper, Seele und Geist etwas ändern soll, eine Korrektur durchführen soll. Dies bedeutet, daß der Mensch „das Gesetz, wonach er angetreten“ (Goethe) erfüllen sollte. Wenn er diese Einsicht nicht besitzt oder gar nicht besitzen will, kann der Geistheiler auch nicht wirklich helfen, dann kann Heilung nicht erfolgen! Dann bleibt dem Geistheiler nur noch übrig, für den Kranken, den Uneinsichtigen, um Gnade zu bitten.

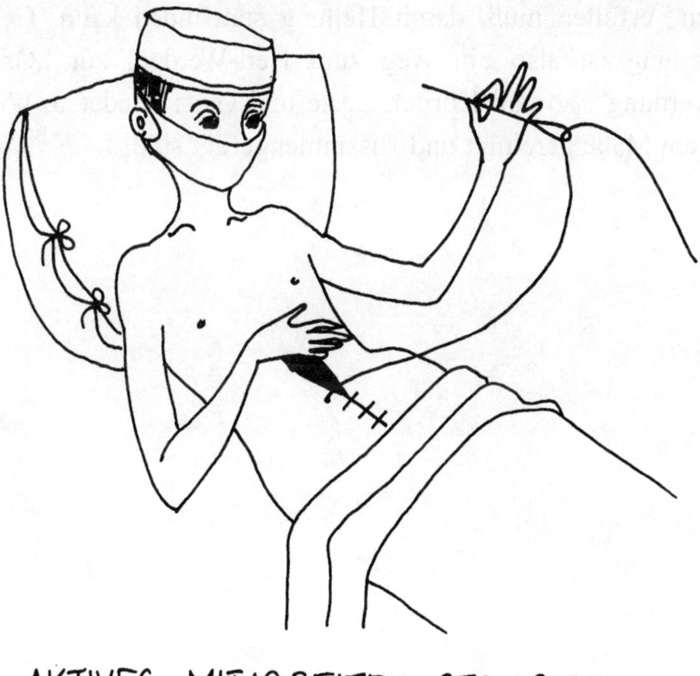

AKTIVES MITARBEITEN DES PATIENTEN

Geistheilung ist also keineswegs ein bequemer, leichter Weg, nach dem Motto: „Wenn alles nicht geholfen hat, dann leg' ich mich auf die Liege, laß' mir die Hand auflegen und alle Beschwerden sind weg". Im Gegenteil, die Geistheilung findet nicht so viele Anhänger, weil die Menschen sich nicht ändern wollen, deshalb auch nicht einsehen mögen, daß Kranksein und damit auch die Therapie auf allen Ebenen des Mensch-Seins erfolgt bzw. erfolgen sollte. Somit erfordert es auch eine spezielle Ausbildung und Bewußtseinserweiterung, um Geistheiler zu werden. Und wie auf allen Gebieten gibt es dort fähige und weniger fähige Menschen. Die Heilung hängt aber hauptsächlich vom Bewußtsein und Glauben des Kranken selber ab, der unbedingt „das Gesetz, wonach er angetreten" erfüllen muß, damit Heilung stattfinden kann. Geistheilung ist also ein Weg zum Heil-Werden, zur „Ganz-Werdung", so daß Körper, Seele und Geist wieder in höchstem Maße gereinigt und zusammengefügt sind!

5. ALCHEMIE - DER EVOLUTIONSPROZESS

Alchemie, ein Begriff, der entweder sofort Ablehnung und Unverständnis oder aber Interesse erweckt. Ist sie nur ein Vorgänger der heutigen Chemie, damit total überholt und unwichtig?

Nun, wenn so große Geister wie Goethe oder C.G. Jung sich damit auseinandergesetzt haben, könnte es doch vielleicht lohnend sein, ein wenig hineinzuschauen in diese „Chemie des Alls".

Zum besseren Verständnis der philosophischen Grundlage dieser „All-Wissenschaft" sei die „Hermetische Philosophie" angeführt.

Diese läßt sich nicht mit einem der herkömmlichen philosophischen Systeme vergleichen, schon allein deswegen, da sie nicht auf einen Menschen zurückgeführt wird, sondern auf Hermes Trismegistos, der mit dem ägyptischen Gott Thoth identisch sein soll.

Zudem handelt es sich nicht um ein bloßes Gedankengebäude, mit dem wir versuchen können, die Welt rational zu erklären.

Wie wir von dem Begriff „hermetisch - verschlossen" schon erahnen können, scheint es sich um etwas Verborgenes, Verschlossenes zu handeln. Könnte dies nicht auch erklären, daß so wenige Menschen, vor allem so wenige akademisch ausgebildete Mitmenschen, dieses System kennen?

Warum ist diese Philosophie allgemein so wenig bekannt? Gehört sie nicht auch zu der sogenannten Geheimwissenschaft, ebenso wie die Alchemie?

Um die Alchemie und deren philosophische Grundlage richtig

verstehen zu können, wollen wir uns erst einmal die Struktur der modernen Wissenschaft, vor allem der Naturwissenschaft, anschauen.

Messen, was meßbar ist - und was nicht meßbar ist, meßbar machen. Dies ist ein Grundaxiom, eine Basis der modernen Naturwissenschaft. Somit mag die Naturwissenschaft nichts, was sich nicht messen, d.h. aber, vergleichen, wägen oder rechnen und anfassen läßt. Denken wir noch einmal an die Worte Goethes:

"Daran erkenn' ich den gelehrten Herrn: Was ihr nicht tastet, steht euch meilenfern. Was ihr nicht faßt, das fehlt euch ganz und gar, was ihr nicht rechnet, glaubt ihr, sei nicht wahr, was ihr nicht wägt, hat für euch kein Gewicht, was ihr nicht münzt, das meint ihr, gelte nicht".

Aber wie einengend ist doch diese Sichtweise. Wissen wir nicht alle, daß es noch ungeheuer viel geben muß, was wir heute noch nicht sehen, hören, anfassen und messen können?! Hätten die Herren der Wissenschaft vor 200 Jahren nicht jeden ausgelacht, ihn zum Scharlatan abgestempelt, wenn nicht gar als Ketzer verbrannt, wenn er behauptet hätte, daß wir in einigen Jahren bunte Bilder vom anderen Ende der Welt über den Weltraum in wenigen Sekunden nach Europa übertragen können?

Ist der Flug der Fledermäuse auch heute noch fast ein Wunder, die mit ungeheurer Geschwindigkeit - im Ultraschall-Bereich - im Dunkeln Strahlen, Wellen aussenden, die Reflexion messen und sich so orientieren? Hätte man es nicht vor ca. 50 Jahren für unmöglich gehalten, vier Milliarden Informationseinheiten auf ein paar Millimeter eines Chips aufbringen zu können?

Und dennoch wird z.B. auch heute noch die Homöopathie von der sogenannten Wissenschaft abgelehnt, da sie sich noch nicht exakt messen läßt, obgleich im Bereich der Hormone im menschlichen Körper ähnlich hohe Verdünnungen absolut wirksam sind, oder z.B. auch bei Impfungen oder bei Allergie-Tests.

"Daß nicht sein kann, was nicht sein darf". Und wer bestimmt, was sein darf? Diejenigen, die die Macht haben, also die Professoren in Verbindung mit den Politikern. Und das Volk, der Einzelne, läßt geschehen, plappert nur nach wie ein Schaf, handelt nur auf Befehl wie ein Roboter, unbewußt und abhängig.

Als wissenschaftliche Wahrheit gilt das, was die Summe der Meinungen der heute lebenden Wissenschaftler ausmacht, - so sagte ein großer Geist der Wissenschaft. Aber was ist, wenn sich diese alle irren?

Werden nicht alle paar Jahre die sogenannten wissenschaftlichen Wahrheiten oder Weisheiten völlig umgestürzt und verworfen?

Vor einigen Jahren galten bestimmte Rheuma-Medikamente als das Non-plus-Ultra der modernen Medizin. Therapeuten, die mit naturheilkundlichen Methoden arbeiten, konnten feststellen, daß diese chemischen Medikamente nahezu tödliche Nebenwirkungen haben. Aber von den offiziellen Stellen wurden diese Therapeuten als Scharlatane hingestellt.

Wenige Jahre später hat man dann diese Medikamente vom Markt genommen, da tatsächlich Patienten an den Nebenwirkungen gestorben sind.

So geht es oft mit Außenseitern. Erst will man sie verbieten, dann verlacht man sie, dann aber tut man so, als ob dieses

Wissen schon lange Eigentum der offiziellen wissenschaftlichen Stellen gewesen sei.

Nun, wenn wir irgend etwas nicht messen oder rechnerisch erfassen oder erklären können, entsteht leicht Angst in uns, Angst vor dem Unberechenbaren, dem Mystischen, dem eventuell Mächtigeren.

Der Verstand in uns ist deshalb der Mörder der Wahrheit; er will alles erklären und einordnen, damit er alles „handeln", handhaben kann, damit er der Boß bleibt. So wird in der Wissenschaft einfach die Theorie erweitert, um bisher noch nicht erklärbare Phänomene doch einfügen zu können. Man atmet dann wieder auf und ist erleichtert und kann wieder schlafen. Auf diese Weise versucht man sogar, das zu erklären, was man Gott nennt. Denn sonst müßte man eingestehen, daß der Mensch doch nicht der Mächtigste ist. Dann aber müßte man sich fürchten oder demütig und ehrfurchtsvoll und bewundernd die Schöpung lieben.

Wie erstaunt waren die Wissenschaftler, als jetzt jemand Bakterien fand, die das für den Menschen absolut tödliche Gas CO_2 dringend für ihr eigenes Leben brauchen. Dieses Gas galt bisher als absolut lebensfeindlich.

Galt bisher die Urknall-Theorie in der Astrophysik als wohl einzig richtige Erklärung für die Entstehung unseres Universums, so wurde doch jetzt kräftig an dieser Theorie gerüttelt, als man die „Große Mauer (the great wall)"fand. Heute scheint nun sogar die gegenteilige Theorie möglich zu sein.

Seriöse Wissenschaftler lehnen grundsätzlich keine Theorie und kein Phänomen ab, bevor sie es nicht wenigstens - wenn auch nur mit ihren Methoden - selbst untersucht, ausprobiert und angewandt haben. Also verhalten sich recht viele

Wissenschaftler unseriös, wenn sie einfach etwas ablehnen, nur, weil es nicht in ihre bisherige Theorie paßt, oder weil es vielleicht nicht genügend Profit und Macht gibt. So wird unliebsame Konkurrenz rechtzeitig ausgeschaltet.

Ein weiser Mensch lehnt nichts und niemanden ab! Er bemüht sich um alles, was der Menschheit wirklich förderlich ist und niemandem schadet!

Die Ablehnung von allem Widersprüchlichen ist in der Wissenschaft recht groß. Widerspruch erzeugt schnell Angst, da er nicht mit meinem bisherigen Wissen vereinbar erscheint.

Wir haben ständig mit lebendigen Wesen zu tun und erleben so öfter widersprüchliche Dinge. Dazu sagt Hegel: „Etwas ist nur insofern lebendig, als es den Widerspruch in sich hat“. Und von der Kraft des Lebendigen sagt er, daß es jene Kraft ist, „den Widerspruch erstens zu erkennen, und zweitens ihn auszuhalten“.

In der Wissenschaft soll möglichst alles eindeutig sein, man erfindet sogar neue Begriffe wie „ein-eindeutig“. Widersprüche aber müssen eliminiert, hinausgeworfen und abgelehnt werden. Wie wurde doch derjenige verlacht und verspottet, der das Licht einmal als etwas materielles, korpuskuläres und andererseits als ein reines Wellenphänomen erklärte.

Wie oft aber erlebt man gerade beim Umgang mit Menschen den Widerspruch, besonders dann, wenn er, der Mensch, seine persönlichen Gefühle und subjektiven Eindrücke schildert! Aber Subjektives soll möglichst aus der Wissenschaft herausgehalten werden, man möchte nur intersubjektive, die man objektive Daten nennt, gelten lassen. Also hinaus mit dem Menschen aus der wissenschaftlichen Welt!

Aber der Mensch läßt sich niemals eliminieren, denn er ist doch zumindest immer als Beobachter dabei. Schon Plato hat uns dies aufgezeigt und andere bekannte Wissenschaftler haben es bestärkt.

Dennoch versuchen die meisten Mächtigen der Wissenschaft nach wie vor, widersprüchliche Phänomene sofort zu eliminieren und diejenigen Menschen, die eben solche Phänomene aufdecken oder aufzeigen, zu vernichten.
Die Mächtigen fürchten um ihre Macht und dazu gehört auch das Geld, denn Geld bedeutet vor allem Macht!

Man akzeptiert nur das, was nützlich und zweckmäßig für die eigene Macht ist! „Gib' dem Volk Brot und Spiele, dann muckt es nicht auf, dann bleiben die Menschen unmündig und begehren nicht auf. Dann hast Du Schafe und Roboter, die nach Deinem Willen reagieren. Also biete ihnen nicht die Wahrheit, erzieh' sie nicht zum selbständigen, mündigen Bürger, unterdrücke jeden, der eventuell die Wahrheit an das Tageslicht bringen möchte," - nur so läßt sich Macht konzentrieren.

Wie stark aber ist zur Zeit die Macht unter ganz wenigen Menschen aufgeteilt, und wie stark sind zur Zeit alle Konzentrationsbestrebungen.

Es sollten also nur wirkliche Philosophen regieren, d.h. solche Menschen, die sich um die Wahrheit wirklich bemühen, also um das Unvergängliche, das sich niemals ändert!

Dies ist einer der wesentlichsten Aspekte und Unterschiede zwischen den bisher bekannten Philosophie-Systemen der Wissenschaft und der Hermetischen Philosophie. Der Hermetiker, also derjenige, der die hermetische Philosophie nicht nur kennt, sondern auch lebt - und darunter verstehen wir den Alchemisten - ist bemüht, sich die Welt anzuschauen, wie sie ist, und nicht wie er sie sich wünscht!

Hiermit kommen wir dann zu einigen wichtigen Punkten, die als Voraussetzungen gelten, um Hermetiker, um Alchemist werden zu können, also, um tiefere Einblicke in die Natur und den Menschen zu gewinnen.

Dabei stellt er nicht nur die Frage nach der Funktion, also wie etwas zusammengesetzt ist und funktioniert, sondern vor allem auch nach dem Inhalt, also dem „warum es so ist, wie es ist".

Welches sind nun diese Voraussetzungen? Erstens ist es sehr wichtig, nicht fixiert zu sein, d.h. total loszulassen von allen alten Vorstellungen, Gedanken und Meinungen.

Dies ist sehr schwierig, aber auch sehr wichtig. Es soll nicht bedeuten, daß man nun alles bisher Gelernte, Gehörte und Gelesene vergessen oder gar nicht mehr als richtig oder wichtig anerkennen sollte, vielmehr soll es eine Einstellung deutlich machen, die es uns ermöglicht, offen zu sein für alles. Denn nur, wenn ich wach bin, mir selbst keine Grenzen setze in Gedanken und Erkenntnissen, habe ich die bessere Möglichkeit zu lernen, die Dinge anzuschauen, wie sie sind und nichts zu übersehen.

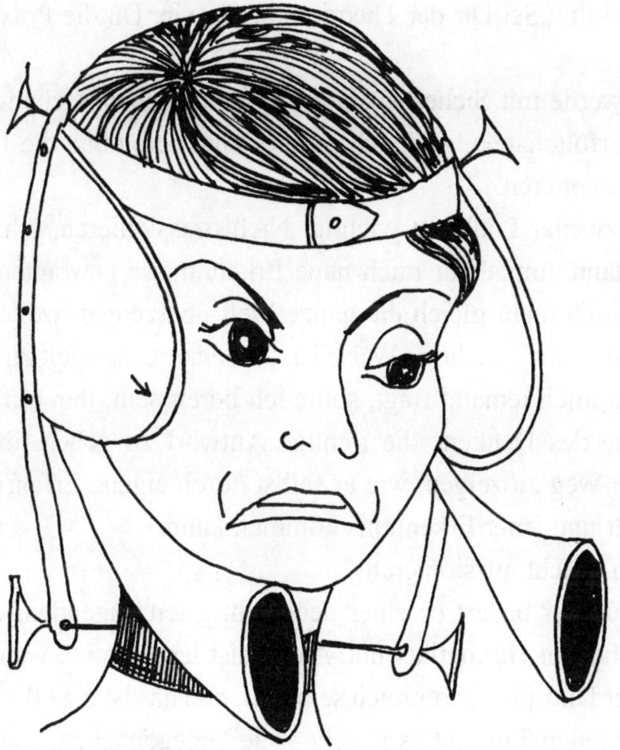

NICHT FIXIERT SEIN

Also
- nicht fixiert sein
- alles für möglich halten
- loslassen von jedem „das ist unmöglich, das gibt es nicht, das kann nicht sein!“

Um alte alchemistische Schriften zu verstehen, ja besonders auch, um die Hermetische Philosophie zu verstehen und sie leben zu können, ist es ganz wichtig, ohne jede Fixierung an die Theorie der Alten, der Hermetiker und Alchemisten heranzugehen.

Hier gilt: „Sei Dir der Theorie bewußt, ehe Du die Praxis ausübst“.

Ich werde mit Sicherheit in der laborantischen Alchemie keinen Erfolg haben, wenn ich nicht einmal bereit bin, die Theorie zu akzeptieren.

Ein zweiter Punkt ist wichtig: Nicht missionieren, d.h. wenn ich dann einmal für mich neue Erkenntnisse gewonnen habe, sollte ich nicht gleich die ganze Welt überzeugen wollen, daß dies die einzig richtige Weise ist, zu denken, die Welt zu sehen. Wenn mich jemand fragt, sollte ich bereit sein, ihm auf seiner Ebene des Denkens die richtige Antwort zu geben, ihm nur einen Weg zu zeigen, wie er selbst durch eigene Erfahrung zu dieser und jener Erkenntnis kommen kann.

Also - nicht missionieren!

Dazu aber bedarf es einer der wichtigsten Tugenden, die ein angehender Hermetiker und Alchemist lernen muß, wenn er in dieser Disziplin erfolgreich sein will, und das ist die GEDULD!

Und jeden Tag gibt es ja sehr viele Gelegenheiten, sich darin zu üben. Aber es ist wichtig, daß man überhaupt selbst erst einmal merkt, wie oft man immer wieder ungeduldig ist.

Also - lerne Geduld!

Geduld haben bedeutet gleichzeitig, Ruhe zu bewahren. Damit ist nicht nur äußere Ruhe gemeint, also Entspannung und Mußezeiten, sondern vor allem geht es darum, innerlich möglichst in jeder Situation ruhig zu bleiben. Es könnte hierbei jemand auf die Idee kommen und sagen, man müsse Gleichgültigkeit lernen. Dies ist nicht gemeint, vielmehr geht es darum, Gleichmut zu üben. Worin besteht der Unterschied?

Nun, bei der Gleichgültigkeit zeige ich Desinteresse, ich bleibe damit an den anderen Menschen oder Dingen uninteressiert. Ich stelle damit auch keine wesentliche Beziehung zwischen der Umwelt und mir her.

Im Gleichmut jedoch gelingt es mir vor allem, stets in meiner

Mitte, in meinem inneren Gleichgewicht zu bleiben, obgleich ich ganz bewußt mich mit der Umwelt auseinander- bzw. in Beziehung setze. Und hiermit sind wir bei einem zentralen Begriff, der in der Hermetischen Philosophie eine eminent wichtige Bedeutung hat, nämlich der Bewußtseinserweiterung.
Also - werde wach, bleibe wach und beobachte Dich und Deine Umwelt, sowie Deine Innenwelt, ständig ohne Wertung!

Dies erscheint sehr vielen, wenn nicht gar den meisten Menschen, als ein fast unmöglicher Lernprozeß. Und sicherlich ist es ein recht schwieriger Weg, aber es ist durchaus möglich und nötig, daß wir uns zumindest bemühen, diesen Weg zu beginnen. „Wer ewig strebend sich bemüht", der wird auch - wenn er viel Geduld aufbringt, losläßt von allen Fixierungen - neue Erkenntnisse, neue Erfahrungen und neues Wissen erlangen. Damit werden sich neue Ebenen des Bewußtseins öffnen.

Aus hermetischer Sicht bedeutet Wissen, etwas erfahren zu haben.
Also - Wissen gleich Erfahrung.

Nur, was ich selbst erfahren habe, weiß ich, alles andere muß ich glauben. Und weil die meisten Menschen verschiedene Ebenen des Bewußtseins erfahren haben, müssen sie auch noch mit- und untereinander sprechen bzw. diskutieren. Dis-cutere bedeutet aber soviel wie zerschneiden.
Die Wahrheit, also das, was unzertrennbar und unveränderbar ist, wird so in die Teile der einzelnen Erfahrung zerlegt. Und jeder meint, daß sein Wissen richtig sei, und so beginnt er, entweder zu streiten oder zu missionieren.
Solange ich jemanden zitieren muß, mich auf ihn berufen muß

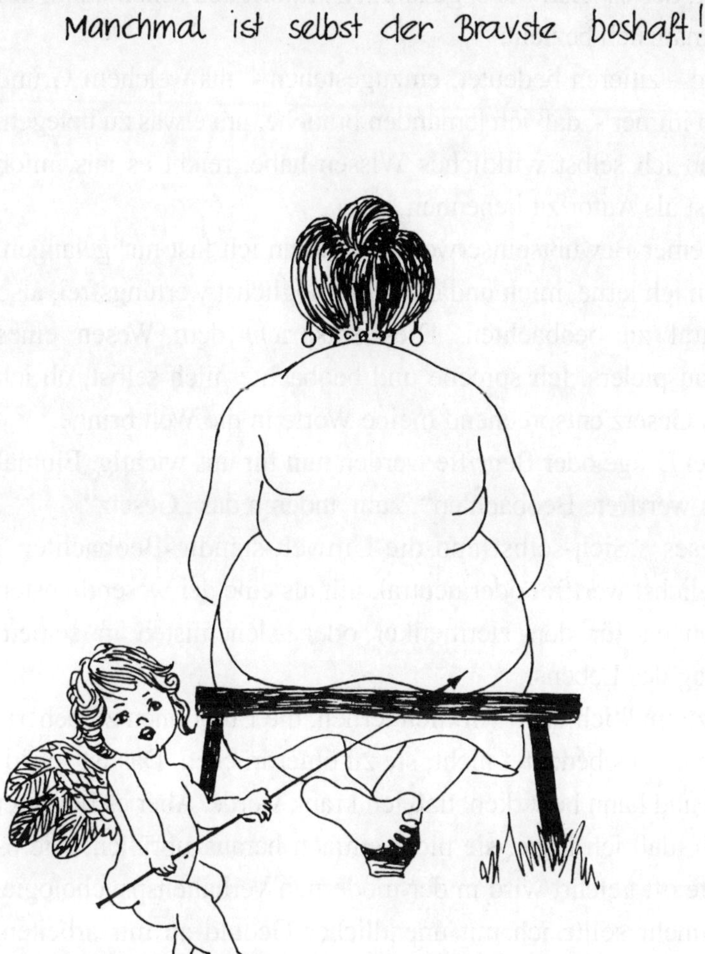

nach dem Motto „ja aber, der sagt doch auch, und jener schreibt doch oder in jenem Buch steht aber“, weiß ich es offenbar selbst noch nicht. Schauen wir uns unter diesem Aspekt einmal sogenannte wissenschaftliche Veröffentlichungen an, dann finden wir dort oft seitenweise Angaben zu Zitaten oder sogenannten Quellen, die zitiert werden. Ja, es gilt als absolut notwendig, ein großes Literaturverzeichnis anzufügen, damit jeder, der es liest, die sogenannten Autoritäten sehen kann, auf die man sich bezieht.

Also - zitieren bedeutet, einzugestehen - aus welchem Grund auch immer -, daß ich jemanden brauche, um etwas zu belegen. Wenn ich selbst wirkliches Wissen habe, reicht es aus, mich selbst als Autor zu benennen.

Zu einer Bewußtseinserweiterung kann ich fast nur gelangen, wenn ich lerne, mich und die Welt möglichst wertungsfrei, also neutral zu beobachten. Dies entspricht dem Wesen eines Schauspielers. Ich spreche und beobachte mich selbst, ob ich dem Gesetz entsprechend meine Worte in die Welt bringe.

Zwei Dinge oder Begriffe werden nun für uns wichtig. Einmal „das wertfreie Beobachten", zum anderen das „Gesetz".

Dieses „Sich-selbst-und-die-Umwelt-ständig-Beobachten", möglichst wertfrei oder neutral, gilt als eine der wesentlichsten Übungen für den Hermetiker oder Alchemisten in seinem Alltag des Lebens.

Dazu muß ich dann wirklich lernen, die Emotionen zu beherrschen. Dies bedeutet nicht, sie zu unterdrücken. Das ist schädlich und kann bewirken, daß ich krank werde. Aber es bedeutet auch, daß ich lerne, sie nicht einfach herauszubrüllen, wie es heute oft gelehrt wird in der modernen Verhaltenspsychologie. Vielmehr sollte ich mit unendlicher Geduld an mir arbeiten, daß mich keine zu starken Emotionen leiten bzw. beherrschen.

Die meisten Menschen sind nicht nur von äußerlichen Dingen abhängig, durch die sie sich beherrschen lassen, sondern von den in ihnen aufsteigenden sehr starken Emotionen.

Was aber soll ich denn nur machen, wenn die Emotionen, die Gefühle wie Angst und Zorn in mir aufsteigen?

Nur durch geduldiges Lernen, Dich selbst zu beobachten, als

ob Du neben Dir stehst wie ein neutraler weiser Mensch, wirst Du üben können, überhaupt zu merken, daß Du Dich wieder aufgeregt hast, daß Du zornig oder traurig warst. Durch weiteres geduldiges Üben in all den kleinen und großen, den leichten und schwierigen Situationen des Alltags, gelingt es Dir dann immer mehr, den Abstand zwischen der Emotion und dem Registrieren der Emotion zu verkürzen.

Letztendlich bist Du dann in der Lage, rechtzeitig, bevor das Gefühl aufsteigt, dies zu bemerken. Inzwischen hast Du ja schon gelernt, neutraler Beobachter zu bleiben, also kannst Du Dir immer besser klar machen, daß diese Energie, die da als Angst, Zorn oder Eifersucht aufsteigen will, besser als positive, aufbauende Energie zu verwerten ist, da sie sonst entweder einem anderen Menschen oder Dir selber schadet.

Dies aber entspräche nicht der „GOLDENEN REGEL“, die da besagt: „Was Du willst, das man Dir tu’, das füg’ erst mal einem anderen zu“.

Die meisten Menschen werden eine ähnliche Regel kennen, nämlich: Was Du nicht willst, das man Dir tu’, das füg’ auch keinem anderen zu.

Doch dies ist n i c h t die Goldene Regel.

Denke einmal über die richtige Goldene Regel nach. - Sie ist für uns Menschen viel schwieriger zu verwirklichen als die nur ähnlich lautende, die oben als zweite aufgeführt wurde.

Fast alle Menschen sagen: „Wenn die anderen nett zu mir sind, bin ich auch nett zu ihnen“. Damit warten alle sechseinhalb Milliarden heute lebenden Menschen auf den anderen, den es dann nicht gibt.

Also - Sei Du zuerst nett!

Auch, wenn ein anderer Mensch Dich gereizt hat, seelisch oder körperlich, vergiß nicht, wenn niemand je Dich reizt, kannst Du niemals Dich selbst wirklich kennenlernen. Nur unter maximalen Reiz-Situationen, in denen wir Menschen ja üben dürfen, lernen wir wirkliche Selbsterkenntnis.

Hast Du noch nicht erlebt, daß Du über Dich selbst gestaunt hast, wie Du auf diesen oder jenen Reiz reagiert oder geantwortet hast? Wenn Du dann nach einigen Tagen, Wochen, Monaten oder Jahren noch einmal über die Situation nachgedacht und sie nachempfunden hast, ging es Dir nicht auch so, daß Du dann mehr oder weniger schon weise - eben wie der neutrale Beobachter - gelächelt hast?

Ist es nicht ein Zeichen von Schwäche, zurückzuschlagen, aggressiv zu reagieren, Intrigen zu spinnen, schlecht über andere zu sprechen oder zu denken?

Der Weise hat es nicht nötig, negativ zu denken oder sich anderweitig destruktiv zu verhalten, weil er die Gesetze kennt. Welche Gesetze?

Die Hermetischen Gesetze oder Prinzipien! Es ist hier nicht die Zeit und der Platz, ganz genau auf diese einzugehen, aber ein kurzer Einblick ist nötig, um das Wesen der Alchemie zu verstehen.

Aus hermetischer Sicht bedeutet Alchemie soviel wie EVOLUTION, also Entwicklung. Und sicherlich können wir zustimmen: Ich bin weiter entwickelt, wenn es mir gelingt, auf alles gelassen, ruhig und in Gleichmut zu reagieren, nicht destruktiv, sondern aufbauend zu denken, zu sprechen und danach zu handeln, sowohl für andere Menschen als auch für mich selbst! Es gilt also, meine Gedanken und Emotionen von

negativen zu positiven weiterzuentwickeln, oder wie wir mit einem Begriff der Alchemie sagen „zu transformieren“.
Ein Transformator hilft uns in der Elektrotechnik, den Strom von einem höheren auf niederes Niveau oder umgekehrt zu heben bzw. zu senken. Dies gilt analog, ähnlich, auch für uns Menschen auf der Bewußtseinsebene.

Wir sollten durch Übung lernen, ständig unsere Gedanken und Emotionen auf das höhere, gesetzmäßige Niveau zu heben. Die einfachste Richtlinie für den All-Tag sei die oben erwähnte GOLDENE REGEL.
Alles, was mir im All-Tag geschieht, kann also nützlich und gut für mich sein, wenn ich bereit bin, nach dieser Regel zu lernen und zu leben.
Genauer und sicherlich auch verständlicher, aber auch schwieriger zu lernen und zu leben, sind die SIEBEN HERMETISCHEN PRINZIPIEN.
So heißt es:
“Wer sie kennt mit vollem Verständnis, besitzt den magischen Schlüssel, bei dessen Berührung alle Tore des Tempels sich öffnen“.

Aus hermetischer Sicht bedeutet „Verständnis“ nicht nur eine rein intellektuelle Beschäftigung, ein rationales Erfassen, ein Auswendig-Lernen, sondern ein Verstehen, wie und warum es so ist wie es ist, um dadurch auf die nächsthöhere Evolutionsstufe des Bewußtseins zu gelangen, die WEISHEIT bedeutet. Aus dieser Sicht der Hermetik bedeutet Weisheit „verständnisvolle Anwendung von Wissen“. Und dies ist ein sehr weiter Schritt, den wir alle aus dem Alltag kennen. Wenn ich oft bei einer Handreichung wie etwa einer Operation oder einer

Reparatur zugeschaut habe, meine ich, nun könne ich dies auch selber machen. Wie erstaunt bin ich aber, wenn ich merken muß, daß es doch nicht so einfach ist, selber „Hand anzulegen". Wenn oben von einer „Berührung" gesprochen wird, heißt dies, Tat oder tun. Es geht hierbei keinesfalls um eine rein verstandesmäßige Erkenntnis, sondern es geht um die tatsächliche Anwendung. Nun, nur sieben Prinzipien zu lernen, zu verstehen und sie verständnisvoll anwenden zu können, das kann doch nicht so schwer sein, oder? Die Tatsache, daß nur ganz wenige Menschen jemals Hermetische Philosophie und damit die Alchemie mit Erfolg gelebt haben, beweist, daß es sich hierbei offensichtlich um einen schwierigen Weg handelt.

Weiter bleibt noch die Frage offen, welcher Tempel denn gemeint ist, dessen Tore sich dann angeblich öffnen? Müssen wir uns auf die Wanderschaft begeben, die ganze Welt bereisen, um irgendwo in fernen Landen einen, ja, den bestimmten Tempel zu finden?

Geht es hierbei um einen rein symbolischen Tempel? Ist damit nur ein jenseitiger Zustand gemeint, den wir eventuell nach unserem irdischen Ableben erfahren? Ja, ist dies vielleicht alles nur ein Märchen, denn dort begegnen wir doch recht häufig der Zahl „sieben", einem „Schlüssel" und auch Gebäuden wie Tempeln, Schlössern oder Burgen? Kennen wir nicht dort auch „magische Operationen, Verwandlungen"? Schon, aber begegnet uns nicht auch im All-Tag immer wieder die „Sieben"? Sieben Tage der Woche - warum hat unsere Woche ausgerechnet sieben Tage? Wir kennen dies, ja, wir leben ständig damit, aber wir reflektieren nicht nach dem „Warum". Vielmehr ahmen wir nur wie Schafe alles nach, bzw. bewegen uns wie Roboter durch die Welt.

Sieben Höhlen haben wir Menschen im Kopf, sieben Weltmeere werden angegeben, es soll sieben „ Weltwunder“ geben, u.a.m.. Nun, wenn dieser Hermes Trismegistos, dieser Thoth, ein Weiser war, dann können dies alles keine Angaben für Märchen und Mythen sein.

Dann muß dies alles einen realen Bezug für unser aller Dasein haben. Und so ist es auch! Somit behauptet der Autor dieser Zeilen, daß WIR SELBST DIESER TEMPEL SIND. Und dies ist ganz praktisch, ganz real und nicht nur symbolisch gemeint! Hier sollen genauere Anleitungen und Anregungen zum besseren Verständnis der Alchemie gegeben werden:

Das erste Prinzip heißt: Das Universum ist geistig, das All ist Geist.

Was kann ich selbst nun ganz praktisch aus diesem Prinzip lernen und erfahren? Ist nicht vielmehr die Welt um mich herum recht materiell, wieso also geistig? Kann ich nicht mich selber und die Umwelt anfassen?

Nun, haben wir schon einmal gehört, daß alles nur „Maya“ sein soll, Schein, Trug? Wenn wir uns klarmachen, daß wir die Welt nur mit Hilfe unserer Sinnesorgane wahrnehmen können, und daß doch der Frequenzbereich, mit dem unsere Sinne arbeiten, sehr klein, eng und eingeschränkt ist, können wir recht leicht akzeptieren, daß wir nur einen Miniaturausschnitt aus dem Gesamtbereich der Frequenzen erhalten, also wahrnehmen.

Mit Hilfe von Transformatoren, Geräten, haben wir uns inzwischen einen weiteren Frequenzbereich zugängig gemacht, wir können heute Ultraschall messen, Infrarot nutzen und bis in den Gigaherz-Bereich hineinhören. Aber, wir brauchen die

Transformation!
Dieses Wort - dem wir in der Alchemie auf Schritt und Tritt begegnen, sagt wörtlich, etwas wird in eine andere Form hinübergebracht, nämlich in eine, die wir selber dann mit unserem beschränkten Sinnesapparat wahrnehmen können.

Mit einem sogenannten Volksempfänger, einem Radio-Apparat, den wir für wenig Geld kaufen können, und der nur einen ganz kleinen Teil aus dem Mittelwellen-Band für uns hörbar macht, kann man eben höhere, andere Frequenzen nicht empfangen. Dazu brauche ich einen besseren Tansformator und eventuell auch eine bessere Antenne.
Wenn ich selbst mehr empfangen möchte, muß ich mich dafür bereitmachen, mich verfeinern in meinem Frequenzband, mich schwingungsfähiger aufbereiten und damit ruhiger werden, damit ich nichts „überhöre"!
Dies bedeutet auch, ich muß dann wacher, bewußter sein und mich weniger stark von meinen Emotionen in eine so starke Eigenschwingung bringen lassen, daß mich die anderen Frequenzen nicht mehr erreichen können.

Ähnlich, wie ja ständig in meinem Zimmer Radio- und Fernsehwellen um mich herum schwingen, könnten doch auch noch viele andere Frequenzen dabei sein, die ich nur noch nicht wahrnehme! So könnten sogar Wellen da sein mit ganz hohen Frequenzen, die von einer mir noch unbekannten Quelle gesandt werden, um mich und mein Tun in Gedanken, Worten und Taten zu „fotografieren" oder auch, um mich und meine Gehirnwellen zu beeinflussen.
Nur, weil ich Angst davor habe, denke ich ungern solche Gedanken und weise sie einfach als Blödsinn zurück.

Zeigt mir nicht das Nikolaus-Symbol, daß dieses Prinzip so dumm nicht sein kann? Wird mir da nicht ständig vor Augen geführt, daß alles was wir denken, fühlen und tun, in der Akasha-Chronik oder, wie wir heute vielleicht anschaulicher sagen würden, in dem „großen Computer“ gespeichert ist?!

Jeder Physiker weiß, daß wir Menschen permanent von kleinsten Teilchen, z.B. den Neutrinos, durchstrahlt, durchschossen werden, ohne daß wir es merken.

Nun, je schneller etwas schwingt, um so mehr kann es durchdringen; dies würde bedeuten, wenn ich meine eigene Schwingungszahl erhöhen könnte, gelänge es mir leichter oder eher, durch Personen oder Dinge hindurchzuschauen oder gar Materie zu durchdringen.

Damit würde ich auch meine eigenen Grenzen öffnen, ich wäre durchlässiger, nicht mehr so ich-bezogen.

Wenn dies immer mehr Mitmenschen tun würden, könnten wir nicht mehr so stark einander „anecken“, anstoßen.

Physikalisch gesehen besteht die Welt der Materie nur aus Energie. Materie ist nur verdichtete Energie, die mit einer langsameren Frequenz schwingt als z. B. Worte, Farben oder gar Gedanken.

Vom physikalischen Denkmodell her besteht ein vierstöckiges Haus aus Atomen mit einem Atomkern und zahlreichen Elektronen, die mit einer ungeheuren Geschwindigkeit um den Kern in einer Art Kreisbewegung sausen. Und dabei besteht noch zwischen dem Kern und der Elektronenbahn ein im Verhältnis riesengroßer Zwischenraum. Man könnte also dieses Haus auf die Größe einer Zigarettenschachtel zusammenpressen, - nur hätte diese Schachtel einen Nachteil, sie wäre noch so schwer wie vorher.

Also noch eimnal: Materie ist nur verdichtete Energie.

Nun, dann können wir aber einfach die Frequenz der Energiewellen verdoppeln, und zwar immer weiter, immer höher, infinitesimal, d.h. unendlich, so daß wir es im Grunde uns nicht vorstellen können, kein Bild davon machen können. Diese unendlich hohe Schwingung könnte dann auch alles durchdringen, sie wäre dann so unendlich schnell, daß sie überall gleichzeitig wahrnehmbar wäre.

Nun, dies entspräche dann auch dem Prinzip, das wir im christlichen Bereich Gott nennen. Für uns nicht faßbar, ja, nicht vorstellbar, selbst ein Bild können wir uns davon nicht machen!

Jede Schwingung, die langsamer ist, wäre dann nicht mehr in der All-Einheit, in Gott, sie wäre „herabgefallen" in der Frequenz, sie wäre „abgesondert" aus dem hohen Frequenzband.

Wir Menschen und unsere materielle Welt sind nach diesem Denkmodell also in einer sehr weiten Entfernung von dieser höchsten Schwingung, wir sind im Vergleich sehr träge und langsam.

So läßt sich auch das Wort „Sünde" leichter als ein „Abgesondert-Sein" verstehen, und selbst die sogenannte Erbsünde verliert hier auch den moralisierenden, bestrafenden und mit Schuld-Ängsten belastenden Charakter. Mensch-Sein bedeutet somit also: abgesondert sein, begrenzt sein.

Läßt sich so nicht auch diese Ur-Angst besser verstehen, die wir Menschen in uns fühlen, die gleichzeitig eine Ur-Sehnsucht ist, die Sehnsucht nach Wiedereingliederung in die Ur-

Geborgenheit, ja, in die Einheit und Vollkommenheit?

Wenn wir diesen Weg dorthin antreten wollen, was können wir tun? Es geht um die „Schwingungs- bzw. Frequenz-Erhöhung“; letztlich müssen wir eine Verfeinerung erreichen. Alles Leichte, Feine, ja Ätherische kann schneller und höher schwingen als das allzu Träge, Faule, Unreine, Grobe.

Und dies gilt als einer der obersten Grundsätze in der Alchemie, nämlich:

“TRENNE DAS REINE VOM UNREINEN, DAS FEINE VOM GROBEN!“

Dies ist die Suche nach der QUINTA ESSENTIA, der Quintessenz in jedem Stoff, aber auch in uns Menschen!

Um dies besser verstehen zu können, ist es hilfreich, sich ein weiteres Prinzip der Alchemie anzuschauen, das später ganz praktisch im Labor verwirklicht wird.

In der Hermetik, der Alchemie, sagen wir: ALLES BESTEHT AUS DREI WESENTLICHEN BESTANDTEILEN, nämlich aus KÖRPER, SEELE, GEIST!

Zudem arbeiten die Alchemisten nach einem Dreier-Schritt, nämlich: SEPARATIO, PURIFICATIO UND COHABATIO :

Dies bedeutet in deutscher Sprache: Trennung, Reinigung und Vereinigung!

Also müßten wir diese drei wesentlichen Bestandteile, K-S-G, erst trennen, dann reinigen, um sie wieder zusammenfügen zu können. Dazu benötigen wir Kenntnisse darüber, was denn eigentlich die Seele und der Geist bei uns Menschen ist, wohingegen wir ja keinerlei Probleme haben zu erkennen, was der Körper ist.

In der Hermetik definieren wir: SEELE = BEWUSSTSEIN = INFORMATION.

Und GEIST ist für den Hermetiker gleich LEBEN = ENERGIE = GOTT.

Es gibt nur EINEN GOTT, EIN LEBEN, EINE ENERGIE; diese Energie durchdringt Alles, ist in Allem als Lebenskraft vorhanden, nichts existiert außerhalb von ihr bzw. von ihm.
Und natürlich ist diese Energie zu hoch in ihrer Schwingung und ihrer energetischen Kraft, als daß je ein Mensch sie direkt schauen oder aushalten könnte. Jede uns bekannte und noch unbekannte Form einer Energie ist nur ein Träger dieser heruntertransformierten höchsten Energie oder Kraft. Diese Energie oder Lebenskraft hält den Körper und die Seele zusammen, d.h. die Seele würde und müßte den Körper verlassen, wenn die Energie fehlt. Aber der Körper kann auch ohne die Seele, also das Bewußtsein, bzw. ohne die Information nicht existieren. Ohne INFORMATION (= SEELE = BEWUSSTSEIN) ist keine ORGANISATlON möglich. Ohne ständige Information würde unser Körper ein amorpher Haufen werden, also ohne jede Gestalt bleiben. Ohne den Körper aber könnte weder die Seele noch die Energie alleine hier auf Erden für uns sichtbar sein.

Für unsere Welt von Zeit und Raum brauchen wir als Menschen unbedingt diese Vereinigung von Körper, Seele und Geist.
Möchten wir nun durch einen alchemistischen Prozeß eine Verfeinerung, damit also einen Wiederaufstieg zu höheren Schwingungsebenen erreichen, dann ist als erstes eine

Separatio, eine Trennung von K-S-G nötig. Wie soll dies aussehen, was muß ich ganz praktisch als Mensch tun? Hier sind wir bei dem, was wir oben schon kennengelernt haben, nämlich zu lernen, sich ständig selbst zu beobachten, den Unterschied zwischen mir als Bewußtseinsträger und meinem Körper mehr und mehr zu erfahren, zu spüren. Hier wird noch deutlicher, daß diese Philosophie kein rein intellektueller Prozeß, sondern ein echter Bewußtseinsprozeß, eine innere Erfahrung ist. Damit wird aber auch klarer, daß man dies, zumindest bisher, nicht in Schulen oder Universitäten lernen kann und daß niemand es für mich tun kann. Und hier sind wir bei einem entscheidenden, weiteren Punkt in der Alchemie, nämlich: DU MUSST ALLES ALLEINE MACHEN.

Es geht letztlich darum, zu lernen, die Überidentifikation mit meinem Körper aufzugeben, zu erfahren, daß ich nicht mein Körper bin, sondern er nur ein - wenn auch sehr wichtiger - Träger für mich und damit für mein Bewußtsein ist.

Die Separatio, die Trennung erfolgt also, indem ich mehr und mehr lerne zu unterscheiden, was ich für meinen Körper und was für mein Bewußtsein und was für den Geist tue . Ich sollte bei allem was ich denke, fühle und handle diese „Scheide-Kunst“ einsetzen und mir bewußt werden, wie fein und schwierig vor allem die Übergänge, die Grenzbereiche sind. Wie soll ich aber wissen, was ich für die „Seele“, das Bewußtsein, tun kann, wenn ich nicht einmal unterscheide zwischen Körper und Seele?

SELBSTERKENNTNIS ist der ganz wichtige Aspekt dabei. Schau dich ständig an, beobachte dich, um ein „Scheidekünstler" zu werden. Der zweite Schritt ist die Purificatio, die Reinigung. Was bedeutet dies für mich im All-Tag? Nun, den Körper reinigen die meisten Menschen recht häufig, obgleich man oft überrascht ist, daß manche Körperteile nicht gereinigt werden. Reinigung beinhaltet noch viel mehr. Dazu zählt vor allem auch die Art der Nahrung, wie ich diese zu mir nehme, die Kleidung, der gesamte Ausscheidungsprozeß und die Entgiftung. Auch hier ist noch viel mehr zu beachten, als weitläufig bekannt ist. Es fehlen aus hermetischer Sicht noch viele Hinweise für Menschen, die an sich ernsthaft arbeiten wollen.

Auf diesem Sektor werden zum Teil bewußt oder auch unbewußt viele falsche Angaben von offiziellen Stellen verbreitet, aus welchen Gründen auch immer.
Die Faulheit und Trägheit von uns Menschen ist eines der größten Übel auf dem Weg der Evolution. Zur Reinigung des Körpers können mir die Methoden der Naturheilkunde im Bereich der Diagnostik und Therapie noch viel weiter helfen. Diese Methoden sind feiner, empfindlicher, und so können wir viel eher Toxine in unserem Körper finden, als mit anderen Methoden der sogenannten Schul-Medizin.

Auch hier muß man etwas wagen, einen anderen Weg gehen als die Masse der Menschen. Wer wagt, gewinnt, auch wenn man dabei angefeindet, verlacht und verspottet wird. So heißt es für den Alchemisten: „Schau dort hin, wo die Masse der Menschen nicht hinschaut, beschäftige Dich mit dem, was die Masse verachtet oder verlacht. Oft ist dort „Gold" verborgen".

Welche Reinigung läßt sich denn für die Seele, das Bewußtsein, empfehlen? Schauen wir uns einmal an, wie wir ständig unsere Gedanken und Gefühle beschmutzen. Alle Formen der Lügen, jedes Schlecht-Reden über andere Menschen, jede Intrige, jedes Fluchen, Hassen und Schimpfen, ja, jeder Gedanke, der gegen mich selber oder andere Wesen in negativer Form gerichtet wird, beschmutzt mein Bewußtsein.

Jede starke Emotion trägt zur Verschmutzung meiner Gefühlswelt bei. Wenn wir also etwas für unsere Umwelt tun wollen, sollten wir als erstes etwas für unsere eigene Gedanken- und Gefühlswelt tun, und zwar JEDER FÜR SICH! Dies sind die Schwingungen, die mich umgeben, der Zorn, der mich wie ein Hurrikan umbraust, die schwarzen Gedanken-Wolken, die an meinem Gedanken-Horizont aufziehen, der „Rede = Regenschwall, den ich ausschütte, so daß andere Menschen „naß im Regen stehen". Es ist die Ausdünstung meiner negativen Gedanken und Worte, der Lügen und Intrigen sowie der Ausreden, hinter denen ich mich verstecke wie im Nebel. Es sind Gedanken-, Blick- und Wortblitze, die ich gegen die anderen Menschen schleudere, es ist der grollende Donner meines Unwillens, meiner bösen Worte und Reden, der den mitmenschlichen Sommer durch einen gefühlskalten Herbst ablöst. Dann zieht eine frostige Kälte im Winter der Beziehungen auf, die Unehrlichkeit mir selbst und den anderen gegenüber deckt wie Schnee die Landschaft der Kommunikation zu, bis ein mutiger Anstoß aus dem tiefen Inneren, dort wo der Samen des Guten im Menschen ruht, wie ein Schneeglöckchen im Frühling des guten Willens hervorbricht!

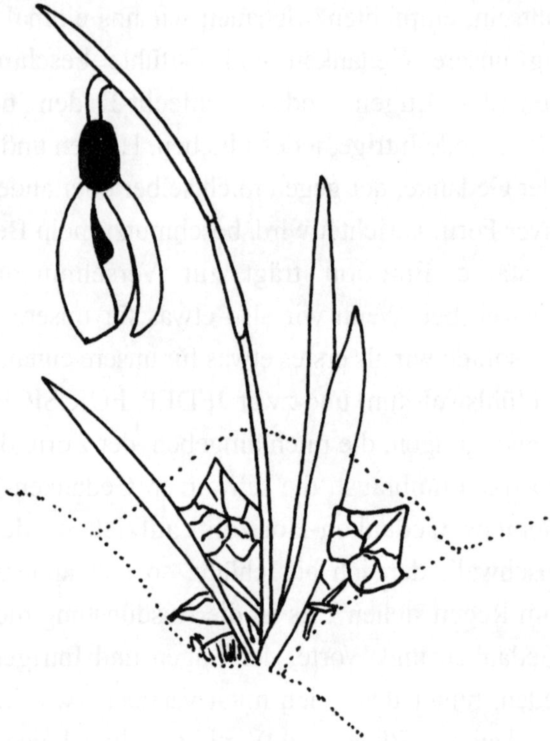

Wieviel Zeit verbringt der einzelne Mensch mit der Reinigung und Pflege, ja, der Verschönerung des Körpers, und wie wenig opfert er für die tägliche Waschung der Seele, des Bewußtseins?!

Milliarden bezahlen die Menschen, vor allem die Frauen, für die Pflege des Körpers besonders mit Hilfe der Kosmetik. Unzählige Millionen werden jährlich für Reisen in ferne Länder ausgegeben, wenig aber für die Entdeckung der inneren Welt. Unzählige chemische Textilreinigungen sind in den letzten Jahren wie Pilze aus dem Boden geschossen, wo sind die Stätten der Bewußtseinsreinigung?!

REINIGUNG DES HERZENS

Und nun zur Vereinigung, zur Cohabatio. Welche Anstrengungen haben wir Menschen nicht schon unternommen von der Jugendzeit bis ins höhere Alter, um eine Vereinigung mit einem Menschen zu erreichen, dies besonders auch im sexuellen Bereich. Ist nicht die Geschichte der Menschheit voll von Ereignissen, die Zerstörung bewirkten, die von Machtmißbrauch geprägt waren und ihren Ursprung in sexueller Bedürfnisbefriedigung und wilder Lust fanden?! Welche Bemühungen, wieviel Zeit und vor allem auch Geld wurde und wird dafür bezahlt, um diese körperliche Vereinigung zu erleben, zu spüren. Ja, wieviel Menschen wurden schon dafür gefoltert und gemordet.

Welch Aufwand wurde und wird für die Vereinigung in der Hochzeit, der Ehe betrieben, oftmals unbewußt, unehrlich oder auch mit der Absicht eines Handels? Aber hat dies nicht alles einen tieferen symbolischen Charakter? Würde es sich nicht lohnen, ebensoviel Energie, Mühe und finanzielle Mittel zu opfern, um eine Vereinigung von Körper, Seele und Geist zu erreichen, um in eine „Hoch-Zeit", eine „Hohe-Zeit" der Bewußtseins-Sphären einzutreten. Ja, wäre denn nicht eine Vereinigung mit den höchsten Frequenzen und Schwingungen viel mehr erstrebenswert, denn es würde einen Wieder-Eintritt in Gott bedeuten, eine wirkliche „Hohe-Zeit", „höher" geht es doch gar nicht!?

Das erste Hermetische Prinzip besagt, daß in Wirklichkeit alles nur Energie ist, daß wir herabgefallen sind in die träge Schwingung und in die Form der Materie und daß wir wieder aufsteigen sollen zu den höheren Frequenzen. Bildlich ist es die Schlange, die herabkriecht am Baum, hinunter in den Staub der Erde. Und nun gilt es, diese wieder am Baum der Erkenntnis aufzurichten, alles Materielle und vor allem natürlich uns selbst zu erlösen!

Wenn ich nach der Idee des ersten Hermetischen Prinzips als Therapeut arbeiten will, dann muß ich das Kranksein schon auf der höheren Schwingungsebene diagnostizieren und vor allem therapieren. Jede Therapie, die auf der materiellen Ebene steckenbleibt, ist dann nicht besonders sinnvoll. Vielmehr ist auf lange Sicht gesehen dringend eine Bewußtseinsveränderung im Menschen nötig, die im Grunde einen kosmischen Erlösungsprozeß auf der individuellen Ebene nachvollzieht.

Jeder Mensch therapiert bei jeder Begegnung den anderen durch Blicke, Worte und Taten, leider nur zu oft negativ. Wir Menschen sollten aus der Sicht des Hermetikers deshalb ständig bewußt alle Gedanken, Worte und Taten nur als positive Therapie ansehen bzw. uns ewig bemühen, durch alles, was wir denken, fühlen, sprechen und tun, dem anderen Menschen zu helfen, einen Erlösungsprozeß einzuleiten. Dadurch helfen wir uns auch selbst und fädeln uns auf die Ebene der Erlösung ein. Leider ist dies den meisten Menschen noch nicht klar genug gemacht worden. Dies sollte aber keinen, der diese Prinzipien erahnt, abhalten, sich zu bemühen danach zu leben. Und auch in mir selbst wird sich immer stärker der andere, der negative Pol melden, der mich versuchen will, um mich wieder in das alte Gleis zurückzubringen.

ERKENNEN, AKZEPTIEREN und TRANSFORMIEREN - dies ist der Weg bzw. das Geheimnis!

Also mit dem alchemistischen Prinzip der Trennung, Reinigung und Wiedervereinigung der drei wesentlichen Bestandteile (Körper, Seele und Geist), lebe ich auch nach dem ersten Hermetischen Prinzip (das Universum ist geistig) und leite mit dieser Schwingungserhöhung den Erlösungsvorgang ein.

Um die Alchemie im Labor, aber auch auf der mentalen Ebene verstehen zu können, sollten wir uns das zweite Hermetische Prinzip anschauen:

„Wie oben, so unten", oder wie Paracelsus es formulierte: „Mikrokosmos gleich Makrokosmos".

Nun, worin liegt die Verbindlichkeit und Konsequenz des „Wie oben, so unten"? Schauen wir uns die Abbildung auf Seite 383 an, die das erste Hermetische Prinzip symbolisch darstellt. Wenden wir hierauf das zweite Prinzip an, dann bedeutet dies, daß wir selbst auf der untersten Ebene, also der materiellen Ebene, das höchste Prinzip, die höchste Schwingung analog, gleichnishaft finden und erkennen können.

Das bedeutet - das zweite Prinzip also - daß wir alle Gesetzmäßigkeiten auf allen Ebenen wiederfinden, und hierbei kann es keine Ausnahmen geben, es gilt für alle Stufen und Ebenen.

Wir nennen dies das „Senkrechte Denken“, das Analog-Denken.

An Beispielen wollen wir uns dies verdeutlichen:

Nehmen wir an, der Mensch ist der Makrokosmos und unsere Körperzelle ist der Mikrokosmos. Der Mensch hat Bewußtsein, dann muß analog auch die einzelne Zelle ein Bewußtsein haben. Dann muß auch ein Tier Bewußtsein besitzen. Und wer wollte es abstreiten, da wir doch Tiere bis hin zu den Flöhen dressieren können. Dann muß aber auch eine Pflanze eine bestimmte Form von Bewußtsein haben. Und dies wird durch viele Versuche immer mehr belegt.

Aber dann müssen auch Steine und Metalle ein Bewußtsein haben, die doch in der Wissenschaft als tote Materie gelten. Doch wie soll sich ein Edelstein, ein Metall ohne „Information“ organisieren? Täglich reinigen und verschönern wir den Körper, täglich ernähren wir den Körper, und täglich sorgen wir für Entgiftung bzw. Ausscheidung auf der körperlichen Ebene. Was aber tun wir täglich für die seelische, also Bewußtseins-Ebene?

Warum sorgen wir nicht genauso für eine tägliche Reinigung, Ernährung und Entgiftung mit Hilfe der Ausscheidung, wobei doch die Ebene des Bewußtseins mit Sicherheit zuerst da ist, bevor sich materiell etwas zeigt?!

Auf der seelischen Ebene meinen wir, wir könnten uns und andere ständig beschmutzen, ohne dadurch Schaden zu nehmen. In Wirklichkeit aber sind diese Schäden viel größer als wir ahnen, und es wird höchste Zeit, daß wir schon den kleinen Kindern auf dieser Ebene helfen und eine Schulung und Erziehung anbieten. Aber auch den Erwachsenen - also denen, die eigentlich „erwacht“ sein sollten, die sich bereits „ent-

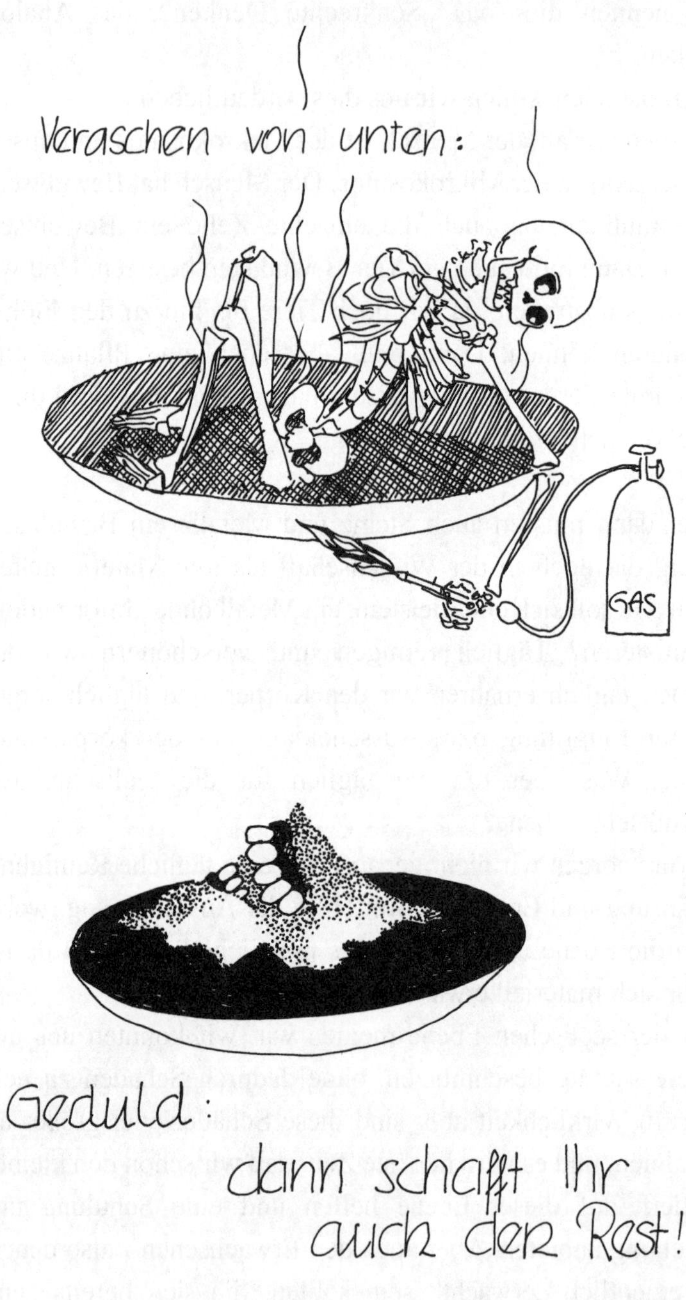
Veraschen von unten:
GAS
Geduld:
dann schafft Ihr
auch der Rest!

wickelt“, also sich aus ihren „Verwicklungen“ gelöst haben müßten - sollte dringend eine lebenslange Schulung auf diesem Gebiet empfohlen werden. Und diese Reinigung, Ernährung und Entgiftung bzw. Ausscheidung sollte ebenfalls so natürlich in den alltäglichen Ablauf eingebaut sein, wie dies auf der körperlichen Ebene üblich ist.

Schauen wir dem angehenden Alchemisten zu, der auf der einfachsten Ebene mit seiner laborantischen Arbeit beginnt, und dies ist die PFLANZENWELT!

Bei den Pflanzen ist für den Alchemisten der Träger des KÖRPERS die Asche. Und die Asche gewinnt er, indem er entweder die frische oder die getrocknete Pflanze dem Feuer aussetzt, sie verbrennt, oder die Reste der Pflanze benutzt, die nach anderen Prozessen übrigbleiben.

Beginnt man nun, indem man die frische Pflanze ganz verbrennt, so wird man feststellen, daß dies mit einer Qualm- bzw. Rauchentwicklung einhergeht. Zudem riecht es. Fährt man immer weiter fort, das Feuer zu schüren, gewinnt man zunächst eine dunkle Masse, die in hellere, graue Asche übergeht. Eines lernen wir hier bei diesem ganz einfachen Prozeß:

DIE GRÖSSTE KUNST IN DER ALCHEMIE IST DER „RECHTE UMGANG MIT DEM FEUER“!

Ist die Temperatur zu hoch, zu groß, zu stark, verbrennt mein Stoff, mit dem ich arbeite; ist sie, die Temperatur, zu niedrig, erreiche ich den Zustand oft nicht, den ich möchte; heize ich zu schnell und zu stark ein, kann es sein, daß ich den Zustand der Materie nicht finde, den ich brauche, daß ich ihn übergehe, daß die Zustände zu schnell wechseln, und ich bestimmte Daseinsformen einfach übersehe.

Fällt uns hier nicht sofort der Vergleich mit der Küche ein? Muß nicht die Hausfrau oder der Koch genau diese Punkte bei

der Regulierung des Feuers beachten? Brennt das Essen nicht ganz leicht an, wenn ich zu stark einheize? Merkt man nicht, wenn man sich ein Ei kochen will, daß auch genau die Zeit eingehalten werden muß, nicht nur die Temperatur, sonst ist das Ei nicht weich, sondern zu hart?! Andererseits erfordern z. B. manche Gemüse eine längere und höhere „Feuerung", sonst kann ich etwa die Kartoffeln kaum essen, weil sie zu hart sind.

Bei dem Begriff „Feuer" geht es um das „Prinzip Feuer" - um das ELEMENT. Wir arbeiten auf den verschiedenen Ebenen nicht immer mit dem gleichen Feuer, aber immer mit einem der „Analog-Repräsentanten" des Elementes „Feuer".

Welches „Feuer" benutzt beispielsweise der Magen? Es ist die Säure, die eine so durchaus zerstörende Kraft wie das Feuer hat. Wenn zuviel oder zu wenig Säure vorhanden ist, erhalten wir ein falsches oder schlechtes Ergebnis, ebenso, wie es bei dem „richtigen" Feuer der Fall ist. Die Säure ist also ein Analog-Repräsentant des Feuers.

Nun, wie oben, so unten. Was ist denn das „Feuer" auf der mentalen Ebene, in der mentalen Alchemie? Es sind die Emotionen. Haben wir z.B. zu starken Zorn, Haß oder Angst, dann „verbrennen" wir innerlich. Bei ganz gleichgültigen oder sturen Menschen hingegen fehlt aber jeder Antrieb, so daß energetisch keinerlei Prozeß abläuft. Zum falschen Zeitpunkt zu viele Emotionen zu haben, kann im zwischenmenschlichen Verhalten Zerstörungen anrichten. Es ist also sehr wichtig, immer mein „inneres Feuer" richtig zu dosieren, damit wir nicht „zu heiß" werden. Spürt man nicht sogar die Hitze rein körperlich bei einem stark zornigen Menschen? Wird nicht durch zu starke oder freudige Emotionen sogar die Körpertemperatur erhöht? Kocht man nicht vor Wut? Spricht man nicht von „hitzigen" oder „kalten" Menschen? Hat nicht „das Feuer der Liebe ihn ergriffen"? Ist er nicht „durch die Hölle (wo es ja auch sehr warm sein soll) der Angst gegangen"?!

In der Pflanzenalchemie sprechen wir beim ÄTHERISCHEN ÖL vom Träger der Seele. Das Öl wird durch Wasserdampf-destillation gewonnen. Dies ist ein laborantischer Vorgang, bei dem die Pflanze in Wasser eingelegt wird; dann wird das Wasser so stark erhitzt, daß es verdampft. Dabei reißt es das ätherische Öl mit hoch, so daß es aufgefangen werden kann.

Werden nicht auch die Menschen von den Emotionen (Feuer) der anderen Menschen mitgerissen wie das Öl vom Wasserdampf, wenn nur „genügend eingeheizt“ wird?!

Das ätherische Öl gilt als Träger des Bewußtseins. Je reiner das Öl, desto besser kann es Träger-Funktion ausüben. Dunkles, undurchsichtiges Öl zeigt an, daß da dunkle, nicht transparente Kräfte gebunden sind, die meist nicht flüchtig, sondern recht träge und schmierig bleiben. Hier erinnern wir uns an das erste Hermetische Prinzip. Das hochflüchtige Öl deutet natürlich eine viel höhere Schwingungsebene an, als das Öl, das wir Menschen aus der Erde holen, um Benzin und andere Produkte daraus zu raffinieren. Mit dem dunklen Öl, den dunklen, undurchsichtigen Kräften, läßt sich spielend leicht Geld und Reichtum gewinnen. Mit den hellen, hochflüchtigen, ätherischen Kräften nicht, da sie sehr schwer zu gewinnen sind - materiell und auf der Bewußtseinsebene. Reines Bewußtsein, also nicht getrübt durch unsere Wünsche, Vorstellungen, Urteile und Vorurteile, zu erreichen, erfordert sehr viel Übung. Dazu muß man alle dunklen Kräfte, alles „schmierige“, hinter sich, bzw. unten im Kolben lassen.

In der Welt der Pflanzen gilt weiter, daß die Farbe und der Geruch die „Seele“ der Pflanze anzeigt und das Individuum, eben die spezielle Art der Pflanze, ausmacht. Das Bewußtsein manifestiert sich dann z.B. als Maiglöckchen oder Rose. Ähn-

lich analog können wir es auch bei den Menschen sehen. Hier zeigt mir der Geruch das Individuelle an. So können z.B. Hunde exakt einen Menschen am Geruch erkennen, den sie erst einige Zeit vorher das erste Mal gerochen haben. Kennen wir nicht auch den Körpergeruch eines Menschen, mit dem wir schon lange zusammenleben?
Andere Menschen können wir vielleicht nicht „riechen".

Auch die Farbe, sowohl direkt die Körperfarbe, als dann auch um so mehr die Farben, die ein Mensch z.B. für seine Kleidung gewählt hat, deuten auf dieses Individuum hin. Kennen wir diese nicht auch in der Tierwelt, in der z.B. die sexuellen und visuellen Lockstoffe über viele hundert Meter hin vom Partnertier erkannt werden? Ganz allgemein finden wir in der Welt der Erscheinungsformen das Individuelle erst durch die Farbe und den Geruch, also durch die Markenzeichen des Bewußtseins, heraus. Ohne Farbe sieht die Welt grau und schwarz aus.

Reines ätherisches Öl ist nicht lange in der sichtbaren Welt zu sehen, da es sich schnell auflöst und verdampft. Sagen wir nicht auch, wenn wir jemanden nicht mögen: „Verdufte, ich will Dich nicht mehr sehen".

Wenn der Mensch sich so weit entwickelt hat, daß er hochätherisch, d.h. ohne eigene Wünsche ist, kann er sich auflösen und in d a s Bewußtsein eingehen. Damit bleibt er für den normalen Menschen unsichtbar.

Der Träger des Geistes in der Pflanzenwelt ist der Alkohol. Dieser wird durch Gärung gewonnen. Dazu benötigen wir die Pflanze und Wasser. Um das Ganze zu erleichtern, fügen wir Zucker und ein wenig Hefe hinzu. Dieses Gemisch stellen wir an einen nicht zu kalten und nicht zu warmen Ort. Dann wird nach geraumer Zeit Gas in Form von Blasen sichtbar, das uns Druck anzeigt. Ist diese Blasenbildung beendet, können wir versuchen, den Alkohol zu gewinnen, indem wir ihn exakt bei seinem Siedepunkt oder ein wenig darunter destillieren. Dies erfordert viel Geduld. Wenn wir mit einem Alkoholmeter den Gehalt, die Prozentzahl des Alkohols messen, werden wir in der Regel erstaunt sein, wie schwach er noch ist. Dann müssen wir den Alkohol reinigen, also immer mehr vom Wasser befreien, bis er ganz rein, also hundertprozentig ist. Dies wird immer schwieriger, je reiner, je höher-prozentig er bereits ist. Ganz reinen Alkohol, also einen ganz reinen Träger der Energie, des Lebens oder des Geistes zu bekommen ist recht schwierig. Reiner Alkohol ist nämlich sehr hygroskopisch, also wasser-anziehend, d.h. aber, er wird sehr leicht wieder „verunreinigt"; er verbindet sich ganz schnell wieder mit dem Unreinen.

Wie wir wissen, löst sich Öl ganz leicht in Alkohol auf, es verbindet sich gut damit. Wasser und Öl stoßen sich eher ab. Das Öl wird dadurch definiert, daß es auf dem Wasser schwimmt. Der Alkohol aber verbindet sich durchaus mit dem Wasser; also können wir den Alkohol als das Verbindende zwischen Wasser und Öl ansehen. Analog ist dann der Geist das Verbindende zwischen Körper und Seele.

Ohne den Geist, ohne die Lebenskraft, die Energie verläßt die Seele, das Bewußtsein, den Körper oder anders ausgedrückt: der Körper kann ohne die Seele, das Bewußtsein, nicht existieren.

Somit können wir Menschen uns mit Glühbirnen vergleichen, die unbedingt am Strom, der Energie, angeschlossen sein müssen, damit sie leuchten, leben können! Wir Menschen können diesen Energie-Träger, den Strom, nicht direkt aushalten; wir sterben, wir verbrennen, wenn wir direkten Kontakt damit haben. Ebenso verbrennen wir, wenn wir den Energie-Träger aus der Pflanzenwelt, den Alkohol, in reiner Form zu uns nehmen würden. Verdünnt macht er uns schon unbewußt, torkeln und lallen, unser Bewußtsein wird massiv getrübt (Öl löst sich in Alkohol auf)! Hoch verdünnt aber haben wir das Gefühl, daß uns der Alkohol sogar energetisch auflädt, uns mehr Lebens-Gefühl vermittelt, uns so durchdringt, daß wir die Wärme verspüren und uns schließlich alle Sorgen des Alltags vergessen läßt. Wir sind dann „glücklicher".

Somit können wir eines erkennen: Sobald der Mensch mehr vom Geist durchdrungen wird, sind für ihn das Materielle, all die üblichen Dinge und Sorgen nicht mehr so wichtig, es interessiert ihn nicht mehr so sehr, denn er ist „einfach glücklich". Und genau diesen Zustand, nämlich einfach glücklich und zufrieden zu sein, erlebt man, je mehr man sich dem Geist, dem universalen Leben, oder christlich ausgedrückt, je mehr man sich Gott hingibt, oder besser, je mehr man Gott erlaubt, daß er uns durchdringen darf.

Dies ist keine Frage des Suchens und Findens, denn wie wir oben schon geklärt haben, diese Ur-Energie, der Geist oder Gott ist überall schon da. Ich muß nur lernen, ihn in mir zuzulassen. Und analog unserem irdischen Leben: Wenn ich mich intensiv mit etwas beschäftige, wenn ich für etwas, was mich sehr interessiert, viel Geld, Zeit und Mühe aufwende, werde ich es schließlich erreichen.

Warum aber wenden wir Menschen nicht viel mehr Zeit, Geld und Mühe für diese universelle Kraft, Energie oder Gott auf? Ist dies doch die Ur-Energie, die alles durchdringt.

Hier auf der Erde, in der materiellen Welt, müssen wir alles, was uns Freude bereitet, was wir als lustvoll empfinden, ständig wiederholen, damit wir immer wieder daran Lust haben können. Je schöner und angenehmer wir etwas empfinden, um so häufiger wünschen wir es zu wiederholen. Die Iteration, die Wiederholung, ist typisch für Freude- oder Lustempfindung; denken wir dabei auch an die sexuelle Lust; auch die suchen wir immer und immer wieder, dabei sind es nur wenige Sekunden im Orgasmus, die die Menschen dazu verleiten, ungeheuren Aufwand und ungeheure Zerstörung dafür in Kauf zu nehmen.

Je mehr wir uns nun der reinen Energie, Lebenskraft oder Gott hinwenden, um so weniger werden wir davon abhängig im Sinne des Wunsches der ewigen Wiederholung, denn wir werden davon mehr und mehr durchdrungen, d.h. wir haben es in uns selbst. Damit aber sind wir nicht mehr abhängig von den Dingen in der Außenwelt. Und dies ist eines der schönsten Erlebnisse, denn dadurch werden wir ruhiger, bewußter und zufriedener. Diesen inneren Zustand, der der Harmonie näher kommt, können sich die meisten Menschen nicht einmal vorstellen, ja, sie sagen sogar: „Das wollen wir gar nicht, denn das ist bestimmt langweilig“ . Für die meisten Menschen ist also die Abwechslung sehr wichtig. Völlige Ruhe mögen sie nicht. Abwechslung ist aber immer an Raum und Zeit gebunden.

Wer sich weiter entwickeln will, wer diese Gebundenheit, diese Abhängigkeit von seinen Trieben, Emotionen und von allen äußeren Dingen überwinden möchte, wer die Polarität (dies ist das vierte Hermetische Prinzip), also auch Zeit und Raum, transformieren will, der muß sein Bewußtsein ändern. Zeit bedeutet für den Alchemisten die Dauer eines Bewußtseinszustandes. Wenn ich sehr interessiert bin, vergeht für mich die Zeit sehr schnell; wenn mich etwas langweilt, dann schaue ich fortwährend auf die Uhr und wünsche, die Zeit verginge schneller. Es hängt also – wie fast alles – besonders von meinem Bewußtseinszustand ab.

Das Kreuz von Zeit (Geschwindigkeit) und Raum ist gleichzeitig die Basis der Pyramide (Gipfelpunkt gleich Nullpunkt) und das Kreuz des Waagenrades: Mittelpunkt = Nullpunkt; ebenso finden wir dort die wichtigen Punkte des Horoskopes: Frühlings- und Herbst-Äquinoktie und Wendekreis von Krebs und Steinbock.

Wie die Abbildung (Bild vom Kreuz der Zeit und des Raumes) zeigt, müßte ich , wenn ich Zeit und Raum überwinden will, z.B. die Zeit gegen Null gehen lassen. Solange ich aber noch meine Aufmerksamkeit auf irgendetwas richte, solange ich noch Wünsche habe, ist dies nicht möglich. Geht aber die Zeit gegen Null, wird auch der Raum sich gegen Null verändern. Im Mittelpunkt (Hara, die Mitte) aber bin ich in Ruhe, ohne Polarität, neutral, die Gegensätze haben sich aufgehoben, alles wird eins!

Wenn es mir gelingt, eine der wichtigsten Polaritäten aufzuheben, nämlich die von ICH und DU, dann wird daraus das „Ichthu“ , damit das „Ichthys“ , der „Fisch“ im Griechischen, das „Nun“ des Hebräischen, damit aber das „Christos“!

Es ist die „Christos-Energie“, die die Gegensätze der Menschen verbindet! Und hierbei ist nicht so sehr der geschichtliche Aspekt wichtig, sondern das „Hier-und-Jetzt“ für jeden von uns! „Wäre Christos auch tausendmal in Bethlehem geboren und nicht in Dir, so wärst Du ewiglich verloren“! (Angelus Silesius).

Die große „Hohe Zeit“, die „Hoch-Zeit“ soll dann nach der Separatio (Trennung) und Purificatio (Reinigung) als Cohabatio, Wiedervereinigung, stattfinden. Dies ist für den Alchemisten der letzte und auch schwierigste Schritt im Labor. Die Asche, das Öl und der Alkohol sollen im idealen Verhältnis vereinigt werden. Dann kann daraus das „Opus Minor“, das „Kleine Werk“ werden. Auf diesen Stein (Pflanzenstein) kann ich „meine Kirche bauen“; dies ist der Ort und die Grundlage - auch der Ur-Baustein -, den ich benötige, an den ich mich begeben kann, wenn ich in die Meditation, in die Mitte, zu Gott will!

Alchemie ist der Weg in die Mitte, in die Evolution, der Weg zu Gott.

6. DER WEG ZUR MITTE

Meditation

„Dem Schweigen der Worte folgt das Schweigen der Wünsche und zum Schluß das Ruhen jeglicher Gedankentätigkeit!“

Dies ist sicherlich eine sehr gute Beschreibung dessen, was wir unter Meditation verstehen können.
Gleichzeitig wird uns dabei klar, daß wir meistens, wenn wir von Meditation sprechen, gar nicht meditieren, sondern Vorübungen zur Meditation ausführen.
Nun, dies ist ja keineswegs verwerflich oder schlimm. Uns geht es hier nur um die klare Erkenntnis, daß es nicht gar so einfach ist, zum Zustand wahrer Meditation zu gelangen.

Vom Wort Meditation her läßt sich ja ableiten, daß es um die „Mitte“ geht. Die Mitte eines „steady-state“ - eines Gleichgewichtes - das wie der Balken einer Waage stets im optimalen Mittelpunkt eingependelt sein soll.
Die meisten Menschen reagieren aber eher chaotisch.
Reize von innen oder außen treiben sie hin und her, so daß sie durch die häufigen Reize dann schnell aus dem anfangs gleichartigen Pendeln in ein chaotisches Pendeln geraten, das sie dann ganz aus dem Gleichgewicht wirft.
Somit werden sie unfähig, Reize auszuhalten oder so beantworten zu können, daß sie dabei noch sie selbst bleiben oder

auch noch von den Mitmenschen akzeptiert werden können. Meditation soll uns fähig machen, Mensch zu werden, d.h. auch frei zu werden von den Trieben.

Die meisten Menschen verhalten sich aus dieser Sicht wie Tiere. Un-bewußt, nur re-agierend, aber nicht agierend.

Die Emotionen treiben sie zu Reaktionen, die sie sehr oft hinterher bedauern, wenn sie sich dann wieder langsam in ihre Mitte eingependelt haben.

Mensch-Sein bedeutet frei zu sein, d.h. daß ich selber in jeder Sekunde tun und vor allem „lassen“ kann, was ich will.

Ich könnte mich z.B. furchtbar aufregen, ich kann es aber auch lassen.

Dies bedeutet in der Mitte zu sein.

Ich könnte z.B. eine Zigarette anzünden, ich kann es aber auch lassen.

Ich könnte Alkohol trinken, ich kann es aber auch lassen.

Ich könnte jetzt, da ich eine schöne Frau oder einen gut gebauten Mann sehe, mit ihr oder ihm Geschlechtsverkehr ausüben, ich kann es aber auch lassen, mir dies auch nur zu wünschen oder es mir vorzustellen.

Ich könnte vor Mitleid in Tränen ausbrechen, ich kann es aber auch lassen.

Ich könnte mich furchtbar aufregen über die Ungerechtigkeiten in dieser Welt, ich kann es aber auch lassen.

Ich könnte verrückt werden vor Wut, wenn ich sehe, wie die Menschen in Kriegen sich gegenseitig massakrieren, foltern und umbringen, ich kann es aber auch lassen.

Ich könnte mich furchtbar erregen, wenn ich nur daran denke, daß z.B. die katholische Kirche hunderttausende, bzw. Millionen von Menschen im Namen Gottes umgebracht hat, ich kann es aber auch lassen.

Ich könnte mich aufregen, wenn ich sehe, daß durch Profitmaximierung viele Menschen ausgebeutet werden und die Erde in bestimmten Bereichen zerstört wird, ich kann es aber auch lassen.

Ich könnte mich erregen, wenn ich sehe, daß es so viele reiche Menschen gibt, aber fast zwei Drittel der Menschheit in Armut verhungern und jedes Jahr alleine in der sogenannten EU viele hunderttausende Tonnen Lebensmittel vernichtet werden, was viele Millionen kostet, ich kann es aber auch lassen.

Ich könnte mich aufregen, daß stündlich Millionen Tiere zum Essen und aus Profitstreben getötet werden, ich kann es aber auch lassen.

Ich könnte mich aufregen, daß die Menschen so leicht von den Herrschenden, also den Politikern, den Wirtschaftsbossen und von den Kirchen zu manipulieren sind, ich kann es aber auch lassen.

Ich könnte mich aufregen, daß die Menschen schlafen und gar nicht merken, daß wir eigentlich auf der Erde sind, um zur Selbsterkenntnis zu gelangen, um zu lernen, um - wenn man es christlich ausdrückt - Gott zu ehren und den Menschen zu dienen, ich kann es aber auch lassen.

Ich könnte mich aufregen, wenn man sieht, wie die Menschen wie Schafe, wie Roboter, leben und manipuliert werden, wie hypnotisiert sind, nur re-agieren, nicht um die drei wichtigsten Fragen wissend: Woher, Warum und Wohin; wer sie eigentlich sind und was das ganze Dasein eigentlich soll, ich kann es aber auch lassen.

Ich könnte mich eigentlich auch aufregen, wenn ich daran denke, daß uns die christlichen Kirchen für dumm verkauft

haben, ich kann es aber auch lassen.
Ich könnte mich aufregen, diesen Kirchen täglich freiwillig Kirchensteuern gezahlt zu haben, also sie belohnt zu haben dafür, daß sie den Menschen verdummen, manipulieren und unterdrücken in seinenGedanken und Worten, ich kann es aber auch lassen.

Ich könnte mich aufregen...., ja man könnte seitenlang weiter aufzählen, worüber sich die Menschen täglich aufregen. Über den anderen Autofahrer, der zu schnell oder zu langsam fährt, über den Radfahrer, der ständig bei Rot über die Ampel fährt, über den Hund vom Nachbarn, der ständig in meinem Vorgarten sein „Häufchen" läßt, usw...

Wir sollten aber nicht vergessen, daß bei jeder Aufregung bestimmte Stoffe und Hormone in unserem Körper freigesetzt werden, die unsere Blutgefäße verengen, daß der Herzschlag beschleunigt wird, wir zu schwitzen beginnen und allgemein eine starke Verkrampfung und Verspannung einsetzt - nicht nur in unseren Muskeln, sondern auch in allen Zellen und im gesamten Zellsystem, also in den Organen!

Dadurch kommt es z.B. auch im Darm zu Gärungs- und Fäulnisprozessen, die dann unseren Körper vergiften.

Diese Toxine, Giftstoffe, lagern sich allmählich im Bindegewebe aller Organe ab. Dann wird der Mensch krank.

Welch Wunder! Wenn die Software, die Gedanken und Gefühle, also unser Bewußtsein, sich ständig in Alarmstimmung befindet, dann staut sich dort zu viel Energie, die dem Menschen an anderer Stelle fehlt.

Rein energetisch ist es also auch nicht gerade sinnvoll, sich ständig aufzuregen.

Man sehe nur die Gesichter der Menschen und die Körper-

haltung. Die meisten Menschen schauen muffig, traurig, grimmig, böse, sauer und gehen gebeugt, krumm, mit einem Buckel, den Blick zur Erde gesenkt.
Rein energetisch gesehen ist dies eine Verschwendung.
Die meisten Menschen haben sehr viele Ängste, die ja auch von allen möglichen Institutionen gefördert werden.

Versicherungen:
„Du mußt Dich gegen oder für alles versichern. Stell Dir doch vor, was Dir alles passieren kann. Du kannst als Fußgänger dafür verantwortlich sein, daß ein Tankwagen umkippt, das Öl in die Kanalisation läuft. Wer soll den Schaden, der in die Millionen gehen kann, bezahlen? Du wirst dann arm!"

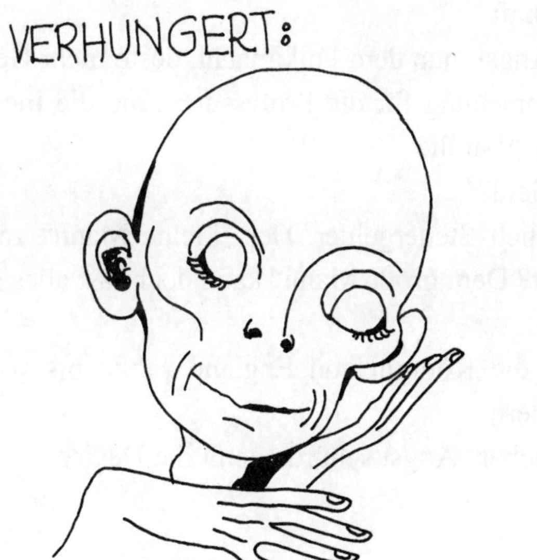

Banken:
„Man muß Geld anlegen, damit wir damit Geld verdienen können. Denke immer an die Altersversorgung. Die staatliche Rente reicht doch nicht. Spare für alle Fälle. Wenn Du sparst, können wir es zinsbringend verleihen".

Kirchen:
„Du mußt uns bezahlen, damit wir Dir den Platz im Himmel sichern. Hast Du etwa keine Angst vor der ewigen Verdammnis, der Hölle? Wenn Du einen Andersgläubigen heiratest, wirst Du ausgeschlossen!"
So war es früher zumindest und wenn es heute nicht mehr so ist, wie kann das sein?
Ändert sich plötzlich die Wahrheit oder etwa Gott?

Wissenschaft:
Je mehr Angst man dem Volk macht, desto mehr Gelder werden zur Forschung für die Professoren und die Industrie zur Verfügung gestellt.
Wessen Geld?
Nun, freilich Steuergelder. Der „kleine Mann" zahlt - wer denn sonst? Der „große Mann" kann doch fast alles steuerlich absetzen.
Ja selbst die Königin von England zahlte bis vor kurzem keine Steuern.
Angst machen, Angst schüren heißt die Devise.

Medizin:
Je mehr Angst man dem Patienten macht, um so zahmer wird er und nimmt dann brav die Medikamente, so daß die Pharma-Industrie besser leben kann.

Und selbst die Ärzte haben Angst. Denn wenn man nicht das Neueste verordnet, könnte ja die allmächtige Wissenschaft mich bestrafen und als dumm, nicht fortgebildet hinstellen.
„Oder wollen Sie einen Buckel haben“? So heißt es, wenn man ab den sogenannten Wechseljahren keine Hormone nimmt.
Heute sieht man bei fast jeder Frau die Hormonpflaster auf dem „Allerwertesten“.
Wem hilft es? Der Pharmaindustrie. Denn es ist immer noch nicht sicher, ob diese Hormone nicht sogar schaden! Eines ist wirklich sicher: Wenn es wirklich nötig wäre, hätte der liebe Gott in seiner Allweisheit uns die Hormone bereits in die Wiege mitgegeben.
Aber die Geräte, mit denen man die Knochendichte mißt, sind sehr teuer und müssen sich amortisieren.
Und Hormone sind teuer und damit läßt sich Geld verdienen!

Im Bereich der Medizin gibt es noch sehr viele weitere Beispiele, wie man mit Angst die Menschen in den Griff bekommt und Geld verdient.

Wieviele hundert Milliarden Mark wurden bereits in die Krebsforschung gesteckt, ohne wesentlichen Erfolg?!

Was wurde und wird den Menschen mit Aids nicht alles vorgelogen. Obwohl man weiß, daß die Medikamente, die man verschreibt, nicht helfen, sondern sogar schaden, werden sie weiterhin verordnet. Nun sogar in einer Kombination, denn dann läßt sich der Umsatz noch steigern.
Bei biologischen Mitteln werden Kombinationen verboten - bei chemischen aber ist es erlaubt.

Wieviele Menschen schlucken 3-5 verschiedene Tabletten mehrmals am Tag, obgleich niemand etwas über die Interaktionen weiß.
Umsatz um jeden Preis. Und seit vielen Jahrzehnten werden Ärzte, besonders Professoren, von der Industrie gekauft, denn wenn diese in einer bezahlten Studie ein Medikament als wirksam proklamieren, muß es ja gut sein.
Die „Wahrheit" bestimmen diejenigen, die die Macht, das Geld, haben.

Ebenso das „FCKW-Märchen": Hier, so schrieb es ein mutiger Publizist, geht es um das größte Wirtschaftskartell in der bisherigen Geschichte, denn hierbei wetteifert man um viele Millionen Forschungsgelder, die der Staat als Zuwendung für die Institute und die Industrie durch Steuern erheben soll. Die neuen Ersatzstoffe sind dreißig mal teurer!
Uns erzählt man, das FCKW würde die Ozonschicht dort oben zerstören. Aber FCKW's sind träge, kaum chemisch reagierende, ungiftige und nicht brennbare Verbindungen, die weder Ozon noch sonst irgendetwas zerstören. Die FCKW-Moleküle müßten erst aufbrechen und das darin enthaltene Chlor freisetzen. Doch wie soll ein Gas in die Stratosphäre gelangen, das schwerer als Luft ist und sofort zu Boden sinkt?
Die Jahresproduktion von FCKW wird derzeit auf 1,1 Millionen Tonnen geschätzt. Darin sind ca. 750 000 Tonnen Chlor enthalten. Doch mehr als 600 Millionen Tonnen Chlor werden jährlich durch Meerwasserverdunstung an die Atmosphäre abgegeben. Die aus Vulkanen aufsteigenden Gase enthalten auch ohne größere Eruptionen jährlich mehr als 36 Millionen Tonnen Chlorgas. Rund 8,4 Millionen Tonnen Chlorgas werden jährlich durch natürliche

Verbrennungsprozesse produziert.
Lügen und Angstmacherei um weitere Gewinne einzufahren?!

Rheuma-Mittel wurden als „der Stein der Weisen“ hingestellt. Diese hat z.B. auch der Verfasser dieses Buches als „Mordinstrumente“ bezeichnet. Nach drei Jahren der Anwendung und des Verkaufs wurde dieser „Stein der Weisen“ als todbringende Waffe verboten!

Jeder soll ewig leben. Halbtote werden in den Intensivstationen mit allen modernen Mitteln unbedingt am Leben erhalten. Krebskranke werden noch ein zweites und drittes Mal operiert, eine Niere soll noch entfernt werden, weil nun Metastasen auch sie befallen haben.
Alles wird Stück für Stück entfernt; Salami-Taktik.
Aber wer würde sich denn auch trauen, die „Lebensmaschine“ abzustellen?
Angst macht willfährig, untertänig, widerspruchslos und fügsam.

Medien wie Presse und Fernsehen: Wer die Medien besitzt, besitzt die Macht. Dies ist eine alte Weisheit und deshalb entbrennt auch der Kampf um die Medien so mächtig.
Warum wird denn nichts oder fast nichts Positives in den Medien berichtet?
Alle oder fast alle Versuche sind gescheitert, eine Zeitung unters Volk zu bringen, die sich fast nur mit positiven Themen beschäftigt, die über gute Dinge berichtet, die aufbauende Themen als Überschrift wählt. Wie wichtig wäre es, die Menschen täglich positiv zu stimulieren.

Aber wenn niemand mehr Angst hat, kann man all die oben erwähnten Dinge, wie Versicherungen usw. nicht mehr verkaufen. Niemand ist dann mehr manipulierbar, niemand blökt dann im Schafs-Chor mehr mit, was einer, der sich „Autorität" nennt, vorblökt.

Niemand ist dann mehr bereit, mehr Steuern zu zahlen für die, die sich daran bereichern.

Mafia und organisiertes Verbrechen: Auch diese internationalen Organisationen arbeiten nur mit Angst. „Willst Du nicht zahlen, zünden wir Dein Geschäft an oder schießen Dir oder einem Mitglied aus Deiner Familie ins Bein".

Kennen wir dies nicht in leicht anderer Formulierung: „Willst Du nicht mein - katholischer - Bruder sein, schlag' ich Dir den Schädel ein!"

Warum ist denn das organisierte Verbrechen so erfolgreich? Weil es nur mit der Angst arbeitet. Letztlich sind sie aber ehrlicher, weil offener und direkter, als alle oben aufgeführten „legalen" Organisationen!

Wie verfahren denn z.B. Großkonzerne? Sie kaufen einfach Zuliefererfirmen auf, damit sie dann die mitbewerbenden Firmen, die sie eigentlich haben möchten, beherrschen können. So beseitigt man unliebsame Konkurrenz.

Wie arbeiten Politiker, Staatsmänner? Haben nicht auch sie - und tun es auch heute noch - unliebsame Konkurrenten einfach beseitigen lassen!!?

Worauf basierte und basieren denn Staaten, wie das „Dritte Reich“, die „DDR“, die Sowjetunion, Kuba, China und viele afrikanische Staaten?
Nur mit der Angst wurde und wird das Volk „in Schach“ gehalten.
Jeder verrät jeden, um selbst zu überleben. Warum konnte denn das organisierte Verbrechen so stark werden? Ist da ein wirklich wesentlicher Unterschied zu all den anderen bereits erwähnten Organisationen?

Dies mag ein wenig überzogen klingen, wird der eine oder andere Leser glauben, doch bitte, das Grundprinzip ist dasselbe: Macht basierend auf Angst!
Das Wort „Angst“ läßt sich von dem lateinischen Wort „angustus“ ableiten. Dies bedeutet so viel wie „eng“.
Wenn ich nun jemandem sage: „Mach Dich eng“, dann wird er am ehesten die Embryonal-Haltung einnehmen, d.h. er ballt die Fäuste und zieht sich total zusammen, denn so schützt er sich am leichtesten.
Das Gegenteil wäre: Sich öffnen, sich total offen, mit ausgebreiteten Armen hinzustellen, so daß ich natürlich verletzbar bin.
Das macht aber nichts, denn „Ich liebe Euch alle“!

Die größte und letzte Angst des Menschen ist natürlich, zu sterben und vorher noch lange starke Schmerzen aushalten zu müssen.
Sterben bedeutet aber: das Ego aufgeben zu müssen. Und genau das ist unser aller Problem, das Ego.
Dies aber liegt wiederum nur daran, daß uns die Wissenschaft glauben gemacht hat, daß wir nichts „glauben“ müssen oder

brauchen, denn sie könne „Alles“ erklären!

Somit holte man die Gläubigen aus den Kirchen heraus in die Universitäten.

Und dies wurde dann der sogenannte Fortschritt, der aber auch ein Schritt fort vom Menschen, vom Ganzen, von Gott wurde.

So versucht man nun auch theoretisch noch Gott mit dem Verstand zu erklären, denn was ich logisch rational erklären kann, das habe ich in eine Schublade getan, eingeordnet und damit „im Griff“.

Somit wurde der Verstand zum Mörder Gottes!

Doch dies züchtet nur das Ego, nährt es und macht es immer fetter.

Damit aber wächst die Angst.

Wenn ich stattdessen an ein gesetzmäßiges Universum glaube, wie alle Urreligionen es lehren, wenn ich nur die meisten Mythen und Märchen in ihrer Symbolik ernst nehmen würde, wenn ich den „Nikolaus“ ernst nehmen könnte in seiner Symbol-Aussage-Kraft, daß wir alles, alle Gedanken, Worte und Taten selbst verantworten müssen, dann beginnt automatisch der Abbau des Egos.

Dann beginnt das Erwachen, das „Erwach(s)en-Werden“, dann beginnt der „göttliche Funke“ in uns zu erstarken und wir werden wirklich „Menschen“, freier, unabhängiger und selbständiger.

Genau dies aber versuchen die „Mächtigen“ in Politik, Wissenschaft, Wirtschaft und Religion, ja sogar in der Kunst zu verhindern.

Halte ja das Volk dumm, lass nicht zu, daß sie zu denken beginnen, daß sie wach werden, Erwachsene werden, denn dann sind sie nicht mehr manipulierbar.

Gib dem Volk „panem et circences", Brot und Spiele, dann kannst Du sie weiterhin einlullen mit Werbung, sie einschläfern mit Doktrinen, sie arbeiten lassen, mit Steuern ausbeuten, vereinheitlichen in ihrem Bewußtsein, angefangen bei der Mode, der Kosmetik... bis zu den Gedanken!

Hämmere ihnen nur täglich durch die Medien alle Parolen immer wieder ein, dann werden sie schon das glauben und tun, was wir, die Herrschenden, wollen.

Aber, so wird nun der eine oder andere sagen, wir haben doch eine Demokratie. Wo bitte?

Wer kann denn noch etwas bestimmen, wenn die Herrschenden alles und vor allem auch über sich selbst bestimmen?

Die Macht-Monopole werden immer riesiger. In der Politik, Wirtschaft, Kunst, Wissenschaft und in den Kirchen.

So hat noch jetzt vor kurzem der Vatikan einen neuen Orden gegründet, der „Legionäre Christi" heißt und bis zum Jahr 2000 Europa militant missionieren soll!

Und auch die anderen Kirchen versuchen verzweifelt, die Weltherrschaft zu erobern.

Und welch „Wunder", große, weltweite Organisationen (Geheimlogen) wie die „Bilderberger", die „Trilaterale Kommission", die „CFR" herrschen seit vielen Jahrzehnten im Untergrund und versuchen die Fäden dieser Welt in ihren Händen zu vereinen, um eine Weltregierung, eine Welt-Macht, in den Fängen des Kapitals aufzubauen.

Wieso berichtet darüber niemand; keine Zeitung dieser Welt?

Sollten diese „Herren" etwa die Macht über die Presse bereits total besitzen?

Merkt denn niemand, was z.B. auf der Rückseite der Ein-Dollar-Note der USA steht? Welche Symbole und Texte?

In lateinischer Sprache finden wir dort Sätze der Geheimloge der „Illuminaten“ aus dem Jahre 1776: Für eine neue Weltordnung - möge das Unternehmen gelingen.

Es sind dies Symbole einer herrschenden Klasse von Geheimlogen.

Mitglieder sind Inhaber von Banken, Wirtschaftsbosse und selbst Politiker. Genau die Personen, die das „Waschen von Geld“ angeblich verhindern wollen, aber in Wirklichkeit die totale Kontrolle auch über den letzten Geldschein anstreben.

Und Symbole haben eine Wirkung, auch wenn ich nicht daran glaube, oder sie auch nicht sehe oder nicht erkenne. Und all dies ist nur möglich, weil man das Volk, die Masse der sogenannten Menschen, weiterhin in Schafställe einsperrt, in Gatter einzäunt und sie somit hinlenken kann, wohin man will. Man hypnotisiert sie durch Doktrine und Materialismus, durch vergoldete Kochtöpfe, Kaviar, Lachs - durch das Schlaraffenland.

So sitzen alle da, sperren die Mäuler weit auf und merken nicht, daß das, was da hineinfliegt, genmanipulierte Information ist, die eben das erzeugt, wovor die Menschen Angst haben, nämlich Roboter.

Ebenso, wie die Frauen in den letzten 200 Jahren möglichst dumm gehalten wurden von den Herrschenden, den „Herren der Schöpfung“, wird seit vielen Jahrhunderten das ganze Volk verdummt.

Inzwischen aber erobern Frauen die Welt der Politik, der Wirtschaftsführung und sogar der Kirchen.

Hoffentlich sind dies aber nicht nur in Frauenkleidern versteckte machtbesessene Männer. Vielmehr sollte nun auch in

den Macht-Etagen das weibliche Prinzip verwirklicht werden, nicht nur von Frauen in Männerkleidern.

Sondern wir alle sollten das weibliche Prinzip in uns voll zur Geltung kommen lassen können, wenn es erforderlich ist, d.h.

wir alle sollten uns auch unterordnen, einfügen, nähren, ja, einfach lieben können.

Was ist nun Liebe, was bedeutet das?

Wenn wir einem Menschen sagen: „Ich liebe Dich", heißt das meistens: Ich will Dich haben, besitzen.
Dies mögen sicherlich die meisten Menschen nicht so gerne hören und werden auch laut gegen solch eine Erkenntnis protestieren.
Doch sie sollten sich an eine tiefenpsychologische Erkenntnis erinnern, die besagt, daß das, was ich am meisten von mir weise, eben genau zutrifft.

Lieben heißt:
- alles verzeihen
- nichts erwarten
- keine Forderungen stellen
- keine Unterschiede machen zwischen allen Menschen
- loslassen
- nur geben
- wo Liebe bewußt wird, bleibt sie für immer.

So können wir uns selbst ständig testen, wie ernst wir es meinen mit unserer sogenannten Liebe.
Wo Angst herrscht, findet sich keine Liebe. Lieben bedeutet keine Angst zu haben, loslassen.
Solange wir also Ängste haben, lieben wir nicht wirklich. Welch Wunder, daß auch die Liebe nicht in den Kindergärten, den Schulen, den Elternhäusern und den Universitäten gelehrt wird, denn dadurch würden wir für eine angstfreie Welt sorgen.

Das aber würde bedeuten, daß die Menschen eben nicht mehr so schnell und leicht Versicherungen abschließen, Bank-Spar-Konten anlegen, viel kaufen und ständig in die Kirche rennen, um dort noch einen Platz im Himmel zu erwerben.

Den Kindern Liebe lehren, würde bedeuten, Vorbild sein zu müssen.

Dies würde aber bedeuten, daß alle Menschen sich ändern müßten.

Dann kann ich nicht mehr ein Super-Spezialist, ein Professor mit drei Doktortiteln und Diplom-Ingenieur sein, aber jeden Tag meine Frau verprügeln.

Dann muß ich hart und konsequent täglich an mir arbeiten. Dann müßte ich in jeder Sekunde lernen, meine Aggressionen, Emotionen zu sehen und dies möglichst rechtzeitig. Lernen sie auch erst zu akzeptieren und dann aber zu transformieren in eine positive Energie.

Transformation ist das Geheimnis!

Nichts in dieser Welt entsteht bzw. hat nicht das Prinzip der Transformation in sich, bzw. unterliegt nicht diesem Prinzip. Und dies ist Alchemie, gleich Evolution!

Transformation heißt ja nichts weiter, als daß etwas von einer Form in eine andere umgewandelt wird.

In dieser Welt von Zeit und Raum, in dieser polaren Welt unterliegt aber doch alles dem Wandel, alles verändert seine Form, wird transformiert.

Alles, was wir essen und trinken erfährt in unserem Körper eine Transformation. Die Stoffe werden ab-und umgebaut. Und es ist verwunderlich, daß da die Forschung nicht mehr Augenmerk darauf legt, diese Transformationsvorgänge zu studieren.

Bei den radioaktiven Stoffen ist Transformation heute bekannt und wird ständig vollzogen.

Wenn es eine radioaktive Transformation gibt, muß es, nach dem 2. Hermetischen Prinzip - wie oben, so unten - auch nicht-radioaktiv möglich sein.

Wieso haben die sehr interessanten Versuche von dem Forscher Kervran, die er in seinem Buch „Biological Transmutations“ beschreibt, nicht mehr Anklang in der wissenschaftlichen Welt gefunden?

Weil nicht sein kann, was nicht sein darf?!

Kervran beschreibt einen Versuch, wobei er Hühner absolut kalkfrei ernährte und sichergestellt hat, daß die Hühner in keiner Form Kalk zu sich nehmen konnten, wie etwa aus dem Boden oder den Wänden.

Dann war ja zu erwarten, daß die Eierschalen immer dünner wurden. Und sieh, es kam auch so. Nun war man sehr gespannt, was denn passieren würde, wenn die Eierschalen hauchdünn und dann gar nicht mehr aufgebaut werden könnten.

Aber siehe, bevor es keine Eierschale gab, wendete sich das Blatt und die Eierschalen wurden wieder dicker und sehr stabil.

Wie ist das möglich? Kervran beschreibt in seinem Buch chemische Formeln, die man sehr leicht theoretisch, mathematisch nachvollziehen kann, daß nämlich aus Magnesium und Kalium durch Transformation auch Calcium gebildet werden kann.

Wie werden denn unsere Zähne gebildet? Sie haben eine Festigkeit wie Porzellan.

Um Porzellan zu brennen benötige ich mindestens 1000 Grad. Die Körpertemperatur beträgt aber nur 37 Grad. Transformation ist demnach das Geheimnis, und Transformation finden wir auch im bakteriellen Bereich.

Heute hat man Bakterien entdeckt, die offensichtlich sogar FCKW umwandeln können.

Es gibt Bakterien, die Erdöl umwandeln.

Wird nicht durch die Pflanzen Sonnenlicht umgewandelt?

Ja, werden nicht alle Kunststoffe auch durch chemische Transformation hergestellt?

Durch die moderne Gentechnik werden ebenfalls ständig Transformationen erreicht.

Ja, was machen denn die Bienen anderes als Transformation, indem sie uns Honig, Blütenpollen und Gelee Royal liefern? Transformation ist ein sehr wichtiger Vorgang, den die Alchemisten immer schon beobachteten, studierten, um ihn dann künstlich einzuleiten.

Eine wichtige Stufe, um zu weiteren Erkenntnissen dieser Art zu gelangen, ist die Gärung.

Entsteht nicht durch Gärung z.B. Alkohol? Und ist dies nicht eine Transformation?

Und wer oder was bewirkt diese Transformation bei der Gärung?

Die Hefen, also Organismen, die ein wenig über dem Pflanzenreich und noch nicht ganz im Tierreich leben.

Ebenso wie die Bakterien, von denen wir oben sprachen.

Bakterien haben wir auch in unvorstellbar hoher Anzahl als sogenannte Symbionten (also Wesen, die mit uns gemeinsam in unserem Körper leben). Dies finden wir in der Mundhöhle, im Magen, dem gesamten Darm, auf der Haut und auch im Blut.

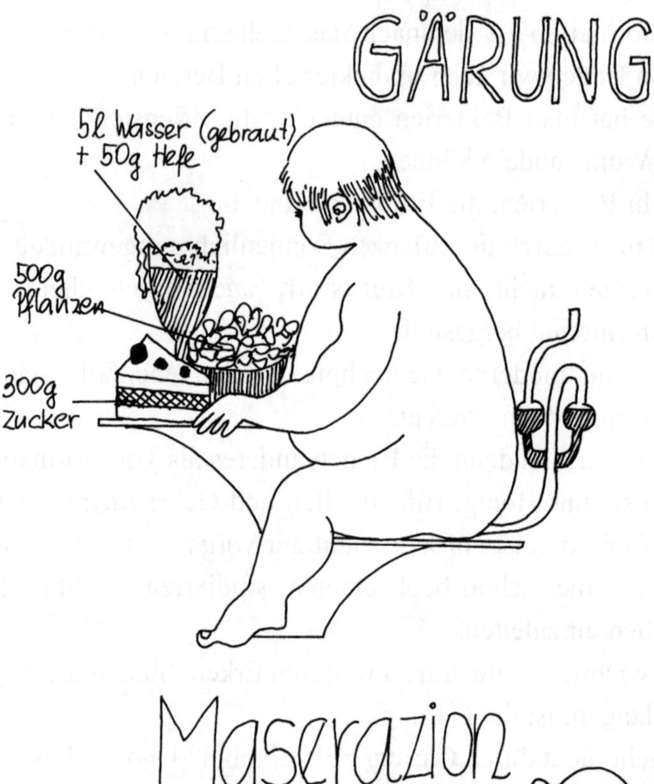
GÄRUNG
5l Wasser (gebraut)
+ 50g Hefe
500g
Pflanzen
300g
Zucker

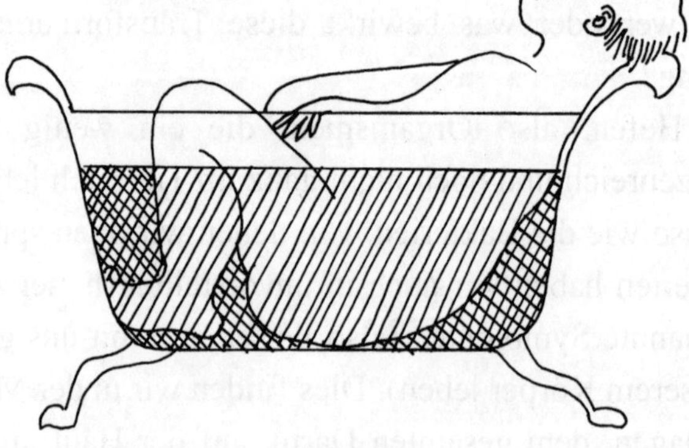
Maserazion

Letzteres wird die Wissenschaft zwar bezweifeln, aber was hat sie nicht schon alles bezweifelt, um dann nach einigen Jahren so zu tun, als ob sie es gefunden hätte.

In Deutschland hat ein Arzt schon 1932 diese bakterienähnlichen Wesen im Blut gefunden.

Der Autor dieses Buches z.B. zeigt sie fast täglich seit vielen Jahren allen Patienten in seiner Praxis auf einem Bildschirm. So groß, daß selbst ein weit- und kurzsichtiger Mensch sie erkennen kann.

Also überall Bakterien. Und diese bewirken auch Transformationen in unserem Körper! Auch hier finden ständig Gärungsprozesse statt.

Und sind es auch nicht die Gärungsprozesse im Volke, die dann eine Veränderung, eine Transformation herbeiführen und geführt haben?

War es nicht die Gärung in der ehemaligen DDR, durch die dann mit einer Eruption, die einer gewaltigen Gasblase im Gärkolben entspricht, der wunderbare Prozess der Transformation eingeleitet wurde?

Nun, auf der Ebene der Staatsgebilde haben wir schon oft in der Geschichte der Menschheit solche Gärungsprozesse gesehen, durch die dann auch gewaltige Umwälzungen stattfanden.

Für eine Gärung sind stets auch Fermente nötig, also Katalysatoren, die den Prozess einleiten, weiterführen und vollenden, ohne sich selbst zu verändern.

Solche Katalysatoren brauchen wir auch alle in unserer Eigenentwicklung vom Baby zum Kind, zum Jugendlichen zum Erwachsenen.

Wie oft müssen wir angestoßen werden, bis wir bereit sind, eine Veränderung zu akzeptieren oder gar in uns zu gestatten.

Nur nicht verändern, lieber ewig so bleiben, wie wir doch schon immer waren. Es war doch schon immer so.

Den meisten Menschen scheint es sehr schwer zu fallen, eine Veränderung in ihrer Umwelt zu akzeptieren, geschweige denn sogar eine Veränderung in sich selbst.

Ebenso wachen sehr viele Menschen morgens nicht gerne auf. Und wenn wir sie sanft oder mit einem kalten Lappen wecken wollen, murren sie uns nur unfreundlich oder garstig an, daß man sie doch lieber schlafen lassen soll.

Lieber Schlaf, lieber Schaf.

Wir Menschen haben Angst vor Veränderungen, vor Neuem, das wir noch nicht „handeln" können. Wir lullen uns lieber ein in alte Gewohnheiten, dann sind und bleiben wir der Boss.

Wir haben Angst vor Veränderungen, die meist mit einer neuen oder gar erhöhten Verantwortung einhergehen.

Verantwortung zu tragen aber, das ist unangenehm, das mögen die meisten Menschen nicht. Also lieber schlafen. Somit wollen also auch sehr viele Menschen gar nicht lernen, nicht wachsen, nicht „erwach(s)en".

Derjenige aber, der mit ungeheurem Fleiß, mit viel Mühe und Härte an sich selbst arbeitet, wird meistens noch von der Masse der Mitmenschen ausgelacht, verspottet, da sie ihn nicht verstehen.

Wie kann man auf die sogenannten angenehmen Dinge des Lebens wie Alkohol, Essen, Trinken, Sex, Fußball usw. verzichten, um zu höheren Erkenntnissen zu kommen?

Aber eben diese Erlebnisse, nämlich öffentlich noch gedemütigt, verspottet zu werden, um dann, wenn die Evolution auch den letzten Schläfer wachrüttelt, helfend eingreifen zu können, eben dies ist der einzige Weg, die einzige Übungsmöglichkeit, um wirklich innere Größe, Demut, Güte und wahre Liebe zu entwickeln.

Dem einstigen „Feind“ dann noch zum Überleben zu helfen, das bedeutet Größe und führt zur Weisheit.

Läuft und lief nicht dieser Vorgang wunderbar in Deutschland in den letzten 2 Jahren nach der Wiedervereinigung ab?

Waren nicht die Bewohner der einstigen DDR die Feinde der Kapitalisten?

Wurde nicht der Westen mit seinem sogenannten Imperialismus verdammt?

Und jetzt wendet man eben diesen Kapitalismus fast perfekt an, man fordert nur und sagt: Das steht uns zu.

Noch besser ist dies am Beispiel Russland zu sehen, die sich ja nun wirklich selbst als die größten Feinde der westlichen Welt, also auch der Deutschen, sahen.

Mußte Deutschland nicht den Russen 14 Milliarden Mark bezahlen, damit sie überhaupt überleben konnten? Die Soldaten, die einst das Ziel hatten, den Deutschen zu töten, bekamen Nahrungsmittel, damit sie nicht immer weiter auf den Müllhalden der westlichen Stadt Berlin nach Nahrungsresten suchen mußten. Und 25 Milliarden müssen noch für die massiven Verunreinigungen, die die sowjetischen Soldaten in Deutschland angerichtet haben, bezahlt werden. Dabei sollte die Bevölkerung im Westen Deutschlands nicht verzweifeln, sondern Großmut, Geduld und Güte, ja Liebe beweisen.

Geben, ohne zu verlangen, verhöhnt zu werden und dennoch Milde zu zeigen: Ein wunderbarer Weg zur Erleuchtung.

Und eben dies bringt den verwandelten, den transformierten Menschen hervor. Einen neuen Menschen, den es vorher noch nicht gab.

SICH SELBST BEOBACHTEN

SELBSTERKENNTNIS

Aber, so fragen sehr viele Menschen an dieser Stelle, wie soll ich dies im Alltag machen, wenn ich mich so richtig ärgere?

Es passiert so oft und immer wieder, daß ich mich furchtbar aufrege und ärgere. Ich will es meist gar nicht, aber diese Kraft in mir ist so stark, daß ich nicht dagegen ankomme. Was tun? Nun, erstens ist dies schon ein sehr gutes Stadium der Entwicklung, da dieser Mensch immerhin schon merkt, daß da eine fremde Kraft in ihm so stark ist und ihn total in diesem Moment beherrscht.

Sehr viele Menschen, wenn nicht sogar die meisten, merken dies gar nicht einmal. Völlig aggressiv stürmen sie durch diese Welt und ermorden sich gegenseitig.

Wenn nicht gerade körperlich, dann doch in Gedanken und mit heftigsten Emotionen.

Selbsterkenntnis, so heißt es im Volksmund, ist der erste Weg zur Besserung.

Und dies, es sei nebenbei schon bemerkt, ist auch der einzige Weg zur Vollkommenheit!

Nur die Menschen, die sich gar nicht ändern wollen, können wir nur mit Gelassenheit und Geduld anschauen, um selbst noch an ihnen zu üben.

Den Menschen, die schon bereit und reif sind, zu erkennen, daß da doch eine Veränderung, eine Wandlung nötig ist, mag folgendes Hilfsmittel, das sich sehr bewährt hat und doch recht einfach in der Anwendung ist, gegeben sein: Der formelhafte Satz, die Affirmation, das Mantra:

„Friede sei mit Dir!“

Immer und stets, wenn ich einen anderen Menschen sehe und begrüße, sollte ich ihm erst zwischen die Augenbrauen auf die

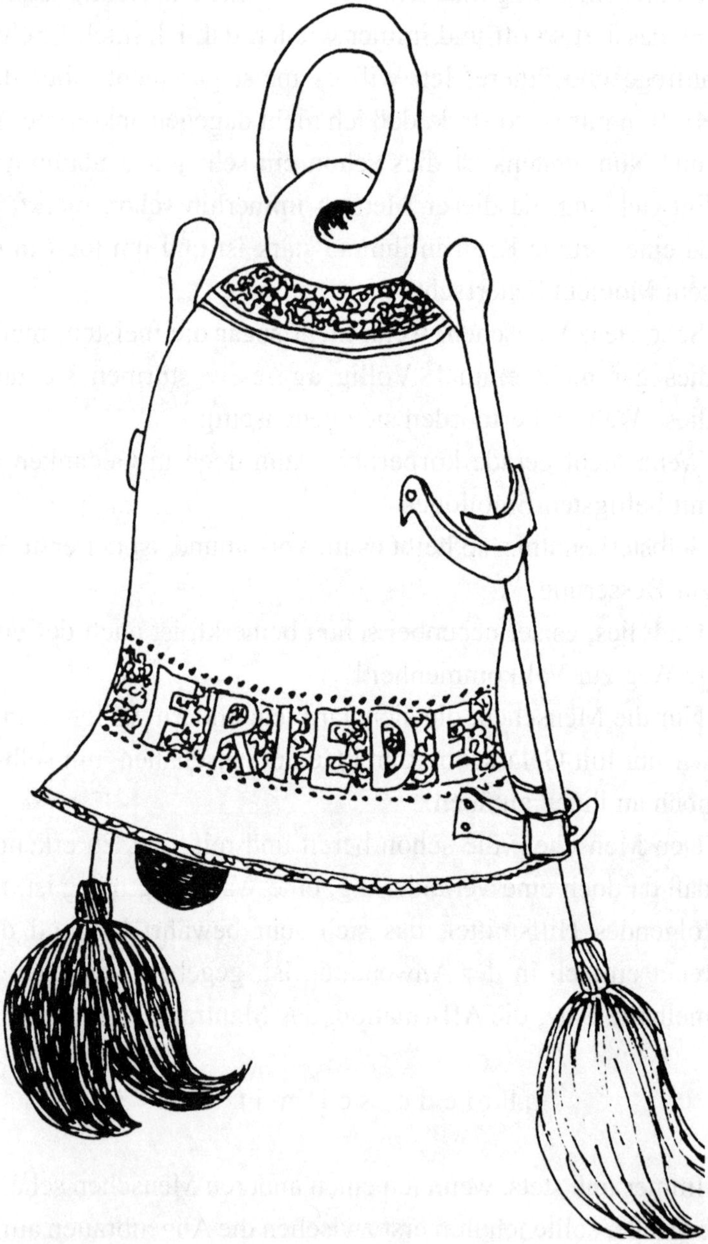
FRIEDE

Stirn schauen und denken: Friede sei mit Dir!

Niemals ein Wort zu einem Menschen sprechen, bevor ich nicht dieses Mantra, diesen kurzen Satz gedacht habe!

Wenn ich aber schon ein Schimpfwort gedacht oder gesprochen habe, sollte ich es sofort merken, und dann gleich hinterher denken: Pardon, Friede sei mit Dir!

Also, wenn ich mit meinem Auto fahre, und irgendjemand fährt nicht so, wie ich es gerne hätte, und ich schimpfe vor mich hin: „Du Idiot, fahr doch schneller“, dann sollte ich dies bemerken, daß es ja nur an meiner Beurteilung liegt und deshalb sollte ich sofort das „Friede sei mit Dir“ hinterherschicken.

Jedesmal also, wenn ich negativ von oder über irgendjemanden denke oder spreche, sollte ich wenigstens sofort hinterher dieses Mantra denken.

Auch wenn ich über Politiker oder andere „öffentliche Personen“ negativ denke oder spreche, immer gleich „den Frieden“ hinterhersenden.

Also, die Voraussetzung ist natürlich, daß ich überhaupt merke, daß ich negativ spreche oder denke.

Die meisten Menschen sind ja so voller Emotionen, daß sie es gar nicht merken, daß sie getrieben werden. Oder viele sagen sogar, wir wollen unsere Emotionen ja rauslassen, wir wollen so sein.

Nun, dann ist Transformation freilich nicht möglich.

Ich muß es erst einmal wollen, Meister über meine Emotionen zu werden.

Das Ziel heißt also: Keinerlei Emotionen!

Heißt das, daß ich auch keine Freude mehr empfinden soll? Nein, aber „ich“ bin derjenige, der bestimmt, wie viel, wie stark und wann die Emotionen in mir sind. Ich bin der Herr über mich selbst. Jedes „zu sehr“ ist nicht gut, so sagten schon die Weisen, die Alten der Griechen („Mäden agan“).

Ich beherrsche mich selbst! Mein göttliches Selbst in mir ist der Herr - sind nicht die Triebe. Auch nicht die Triebe der übermäßigen Freude und Lust.

Selbst-Disziplin heißt also das Ziel.

In dem Wort „Disziplin“ steckt auch das englische Wort „disciple“, das ja auch „Schüler“ bedeutet. Ich sollte also Schüler meines wahren, inneren göttlichen Selbst sein.

Dazu aber muß ich ruhig werden, innerlich ruhig, um die Stimme des „Inneren Meisters“ zu hören.

Innerlich ruhig heißt: Keine Emotionen. Denn im Wort „Emotion“ steckt „motion“, dies aber bedeutet im Englischen „Bewegung“.

So lange ich in innerer Bewegung, getrieben von meinen Gefühlen, Emotionen bin, kann ich aber nicht der inneren Stimme lauschen.

Das bedeutet aber nicht, daß ich nun faul herumsitze und nichts tue, keine Entschlüsse mehr fasse, keine Entscheidungen fälle, ein willenloser Spielball bin.

Im Gegenteil, durch die innere Ruhe, das Lauschen und Hören der inneren Stimme, des Inneren Meisters, des göttlichen Funkens, des unpersönlichen Selbst, das Unpersönliche in mir, werde ich immer besser in die Lage versetzt, auch im richtigen Moment den richtigen Gedanken, das richtige Wort, die richtige Entscheidung und somit auch die richtige Tat zu finden.

Dadurch werde ich also immer „unpersönlicher“, d.h. das menschliche Ego, das nur so wie ein Blatt im Wind herumgetrieben wurde, kann so transformiert werden, daß die Energie transformiert wird, also nicht verlorengeht, sondern nun zum bestimmenden Faktor selbst wird. Nichts in diesem Universum kann man zerstören, sagt die Physik.

Alles besteht, bzw. ist nur Energie in verschiedener Form. Auch meine negativen Gedanken und Gefühle sind Energie.

Diese sollte ich nun nicht hinunterschlucken, verdrängen, denn was wir verdrängen, das drängt als Krankheit wieder an die Oberfläche.

Aber wir sollten diese negative Form der Energie auch nicht hinausbrüllen, denn das schadet unserer Umwelt.

So sagen manche Menschen und benutzen das als Entschuldigung: Wenn ich es herausgebrüllt habe, ist es weg und danach geht es mir viel besser. Aber den Mitmenschen, den dieses Gebrüll getroffen hat, macht es betroffen, zerstört ihn.

Also, weder hinunterschlucken, noch herauslassen, sondern diese Energie transformieren. Aus der negativen, zerstörerischen eine positive, aufbauende Energie bilden.

Hier hilft uns sehr, was der Musiker Brahms uns mitteilte: „Bevor ich zu komponieren anfange, bitte ich meinen Schöpfer um die Inspiration, daß ich etwas schaffen möge, was die Menschheit aufrichtet und fördert".

Dieses Motto sollten wir uns ständig vor Augen halten, bei jedem Gedanken, Gefühl, Wort und bei jeder Tat.

Fördert dies und richtet es jemanden auf oder zerstört es nicht vielmehr, was ich da gerade denke, fühle und tue?

In anderen Worten wurde uns dies auch als „Goldene Regel" überliefert: „Was Du willst, das man Dir tu', das füg erst mal einem anderen zu".

Die meisten Menschen sagen, wenn die anderen nett und freundlich zu mir sind, bin ich auch nett zu ihnen.

Doch, wenn sechseinhalb Milliarden Menschen so denken,

dann warten alle Menschen auf den Anderen, den es dann aber nie geben kann.

Wie soll so eine Veränderung stattfinden?

Also, beginne Du zuerst, auch wenn der Andere auf sich warten läßt, auch wenn die anderen Dich auslachen und verhöhnen, Dich als Schwächling hinstellen.

Liebe ist niemals schwach, sondern im Gegenteil: Liebe besiegt letztendlich alles. Nicht durch Zerstörung, sondern durch „Ein-Sich-Öffnen", durch Integration, ein „In-Sich-Hereinlassen" und „In-Sich-Aufnehmen"!

Transformation ist also das Geheimnis, der Schlüssel.

Wenn wir täglich bei allem, was uns geschieht, diese Formel „Friede sei mit Dir" anwenden, werden wir nach einer gewissen Zeit wirklich in der Lage sein, Gleichmut, und nicht Gleichgültigkeit auszuüben und zu leben.

Dies hängt freilich davon ab, wie stark emotional wir bisher waren, wieviel Jahre unseres Lebens wir so unbewußt, getrieben von unseren Emotionen, verbracht haben.

Beim einen Menschen wird es auch schneller gehen, beim anderen langsamer.

Aber immer und bei jedem wird eine starke Veränderung stattfinden, wenn er nur lange mit viel Geduld und Ausdauer in dieser Form an sich arbeitet.

In der Regel kann man nach vier bis fünf oder sieben Monaten eine ganz deutliche Entwicklung in und bei sich erleben.

Geduld, mit uns selbst und auch mit den anderen Menschen, ist eine der allerwichtigsten Tugenden, die wir pflegen sollten.

Diese Formel, das vorher genannte Mantra, hilft uns zur Transformation aller negativen Gedanken und Gefühle.

Lehrer z.B., die mit einer ganzen Klasse von Schülern

Probleme haben, sollten, wenn sie den Klassenraum betreten, zuerst einmal einen Blick über alle Schüler werfen und dabei denken: „Friede sei mit Euch“.

Und dann, bevor man auch nur ein Wort mit einem einzelnen Schüler spricht, ihm immer auf die Stirn zwischen den Augenbrauen schauen und das Mantra denken.

Und so sollten alle Menschen im Alltag mit allen anderen Menschen verfahren.

Denn alles, was mir im Alltag geschieht, ist eigentlich nur dazu da, mir zur Selbsterkenntnis, zur Selbstbeherrschung zu verhelfen.

Ja, ich „darf“ an den anderen Menschen üben, um, wenn sie mich reizen sollten, jedes Mal von neuem in Ruhe und Gelassenheit zu reagieren.

Es liegt immer nur an mir, wie ich auf eine Tatsache in dieser Welt reagiere.

Wenn mir zehn Menschen sagen: „Du bist ein Idiot“, dann kann ich denen eine herunterhauen oder aber antworten: „Vielen Dank für diese interessante Information, ich denke gerne einmal darüber nach“.

So sollten und können wir alles, was uns geschieht, neutral als Information ansehen, aus der wir und mit der wir etwas lernen können.

Und mit Hilfe des Mantras wird es uns wirklich auch gelingen, innere Ruhe, Gelassenheit und Gleichmut in uns entstehen zu sehen.

Also, nicht unterdrücken, nicht herauslassen, sondern transformieren.

Und dann beginnt man immer mehr und mehr „neben sich zu stehen“, sich zu beobachten und über sich und die Welt zu lächeln, weise und in wirklichem inneren Frieden!

Bezeugen nicht die alten Gewohnheiten des Volkes all diese Weisheiten?

So begrüßen sich die Menschen in Bayern, in den Bergen, mit einem „Grüß Gott“, oder mit einem „Servus“.

Dies bedeutet, daß man sich früher noch im Klaren darüber war, daß tatsächlich jeder andere Mensch eine Emanation Gottes ist, ein Teil des Ganzen, wovon auch wir selbst ja nur ein Teil sind. Man ehrt mit diesem Gruß den Anderen, sich selbst, das göttliche Selbst in uns allen und Gott!

Man sollte sich dieser Ehrung wieder bewußt werden. Mit dem Gruß „Servus“, das ja von dem lateinischen „servare“ abgeleitet wird, und „dienen“ bedeutet, bezeugen wir also, daß wir dem Anderen dienen wollen, daß wir uns gegenseitig dienen möchten.

Fast alle Volksbräuche und Volksgewohnheiten sind metaphysischer Natur und haben ein tiefes, altes Wissen in sich.

Wir sollten also wieder lernen, zu dienen, und zwar mit allem, was wir tun.

Jeder Mensch mit seinem Beruf, mit seiner Tätigkeit, mit seinen Fähigkeiten und mit seinem „Vermögen“. Nicht nur finanziell gesehen, sondern mit allem, was er vermag.

Und je mehr nun ein Mensch vermag, kann, je fähiger er ist, um so mehr ist er eigentlich dazu da, dem, den Anderen zu dienen.

Der Höchste im Volke, der König, war, bzw. sollte der erste Diener des Volkes sein.

Doch, was wurde und wird daraus gemacht?

Der Weiter-Entwickelte, der Bewußtere, der Obere, der Höhere ist eigentlich immer dazu verpflichtet, dem Unteren, dem Unbewußteren, dem Niederen zu dienen und zu helfen, damit auch er sich entwickelt.

Freilich gilt dies auch umgekehrt. Der, bzw. das Niedere hat dem Höheren zu dienen.

Dienen, um zu verdienen. Und dazu gehört Demut.

Zur Demut aber wiederum braucht man Mut.

Und bis man Demut wirklich gelernt hat, bedarf es vieler, sehr vieler Situationen, in denen man Demütigungen aushalten lernen muß, ohne in Rachegedanken zu verfallen, aber auch ohne zu resignieren.

Erst wenn man wiederholt sogar öffentlich und womöglich von Freunden und Verwandten oder Bekannten gedemütigt wurde und dies lächelnd mit einem „Friede sei mit Dir" auszuhalten gelernt hat, kann man sich selbst auf die Schulter klopfen und sagen: „Gut so, Du bist auf dem richtigen Weg".

Aggressiv zu sein, bedeutet schwach sein. Aggressiv sein, bedeutet Macht zu demonstrieren. Wenn ich aber wirklich Macht habe, brauche ich sie nicht mehr zu zeigen und zu demonstrieren.

Wir alle sind doch ständig dabei, Macht nach außen zu demonstrieren, weil wir sie eben halt noch nicht wirklich haben.

Ein Weiser hat es gar nicht mehr nötig, irgend etwas nach außen zu demonstrieren. Ein Weiser kann sich deshalb auch freiwillig demütig unterordnen.

Jede Ego-Verlängerung nach außen bedeutet im Grunde immer Schwäche.

Ja, jede Ego-Stärkung ist in Wirklichkeit eine Schwäche, eine Schwächung des Unpersönlichen, des göttlichen Anteils in uns.

Wenn ich mich „herausputze", schön mache, schminke, mit einem tollen Auto und einem Prunk-Haus in die Außenwelt trete, zeige ich im Grunde Schwäche.

Allein in einem Jahr haben die bundesdeutschen Frauen z.B. für Kosmetik 156 Milliarden Mark ausgegeben.

Und wenn wir noch hinzuzählen, was wir alle an Kleidung, Schuhen, für die Haare, an Schmuck und sonstigen Ego-Verlängerungsmitteln ausgeben, wieviel Zeit und Mühe wir dazu verwenden, dann müssen wir doch feststellen, daß das sehr viel Geld, also Energie, Zeit und Mühe erfordert.

Ist nicht alles in der Außenwelt nur Kosmetik?

Brauchen wir diese Kosmetik nicht nur, weil wir in der Innenwelt nicht stark genug sind, weil wir schwach sind?

Was tun wir denn täglich für die Innenwelt, für die „Innere Kosmetik"?

Für unseren Körper tun wir vieles: Essen, trinken, kleiden, waschen und schminken.

Was tun wir täglich für unsere Seele, für unser Bewußtsein außer: Ärger, Sorgen, Kummer, Neid, Haß, Aufregung.

Da doch der Gedanke immer zuerst ist, bevor irgendetwas in die materielle Manifestation tritt, wäre es doch viel sinnvoller, täglich und immer mehr im Sinne einer Vorsorge für unser Bewußtsein zu tun als für den Körper.

Unser Körper wird täglich ernährt, unsere Seele, unser Bewußtsein wird täglich überwiegend durch die negativen Gedanken und Emotionen zerstört.

Welch Wunder, daß so viele Menschen krank werden oder krank sind.

Welch Wunder, daß das Gesundheitswesen nicht mehr zu finanzieren ist.

Aber welch Wunder auch, daß niemand wirklich aufwacht und den Mut hat, zu zeigen, daß diese Art des Denkens, der Gefühle und des Handelns uns in den Untergang führen muß.

So, wie Du denkst, so bist Du!

In Zeiten materieller Not, z.B. in der Nachkriegszeit, hatte niemand die Zeit negativ zu denken, anderen zu schaden. Es ging erst einmal ums Überleben. Man dachte positiv, man dachte nur noch an den Aufbau.

Heute aber, in Zeiten des Überflusses, denken die meisten Menschen nur noch total egoistisch, im Sinne der Egodominanz und nicht im Sinne des Mit- und Füreinander, im Sinne des „Grüß Gott“, des „Servus“, des „Friede sei mit Dir“!

Wäre es nicht viel sinnvoller, naheliegender, gerade in Zeiten des Friedens, sich zu freuen, positiv zu denken und sich ganz dem Wohle aller Menschen zu widmen?

Nun, was können wir denn tun für die „Innere Kosmetik“?

Den Weg nach innen gehen, nach innen horchen, sich verinnerlichen, lernen die „innere Stimme“ zu hören, den „Inneren Meister“ zu hören.

Doch dies ist meist nicht eine Angelegenheit von einigen Wochen oder Monaten. Dazu gehört unendlich viel Geduld, denn im Grunde müssen wir ja in der Regel viele Jahre nachholen, in denen wir halt gar nicht ruhig nach innen gelauscht haben, sondern in denen wir nur nach außen gelebt und uns nur für die äußeren, materiellen Dinge interessiert haben.

Stellen wir uns vor, wir hätten ebenso viele Jahre unseren Körper nicht gewaschen.

Auch dies baut massive negative Energiefelder auf, in denen wir alle leben und die wir aushalten müssen.

Und dazu kommen dann noch die vielen Kriegs- und Schlachtfelder, wo stündlich in der ganzen Welt Menschen gefoltert, gemartert, vergewaltigt und gequält werden.

Welch Wunder, daß man sich z.B. in einer Großstadt mit all den Verbrechen und negativen Gedanken, Emotionen und

Taten nicht besonders wohlfühlt.

Aber die meisten Menschen führen dies nur auf den Gestank der Autoabgase zurück; darauf, daß nicht genug frische Luft in der Stadt sei.

SCHWARZFAHRER

Doch sie wollen gar nicht darüber nachdenken, sie wollen es nicht sehen und spüren, daß es hauptsächlich die Menschen selbst sind, die die „dicke Luft“, die negativen Energiefelder mit ihren Gedanken, Gefühlen und Taten produzieren.

Alle Gedanken, Emotionen, Worte, die nur oft genug wiederholt werden, verstärken die entsprechenden Energiefelder und werden so nach genügender Wiederholung und Verstärkung materialisiert.

Wir Menschen bauen uns unsere materielle Umwelt nur durch die ständige Wiederholung und Verdichtung unserer Gedanken-, Gefühls- und Wort-Energiefelder auf.

Es wird Zeit, dies zu erkennen, denn nur so kann auch die materielle Welt geändert werden.

Bevor sich etwas materialisieren kann, ist zuerst immer die Idee!

Somit sind wir alle ständig schöpferisch tätig. Wir alle sind permanent kleine Götter, die erschaffen. Leider aber sind es meistens nur negative Geschöpfe, die wir erschaffen.

Warum sehen dies die Menschen nicht, obgleich es doch eigentlich sonnenklar ist.

Warum bessern sich die Menschen nicht, warum werden diese Weisheiten, diese Erkenntnisse nicht gelehrt und vor allem gelebt?

Weil wir zu wenig für die innere Kosmetik, die Pflege der Seele, des Bewußtseins tun.

Denn erst, wenn man nach innen schaut, sich selbst anschaut, merkt man, welche Energien man sich ständig produziert.

Sich selbst überhaupt erst einmal zu sehen, zu erkennen, das tut freilich weh.

Wir sollten täglich bestimmte kleine Übungen, Waschungen und Reinigungs-Rituale vornehmen, um die negativen Energiefelder wieder zu neutralisieren. Oder noch besser wäre es, sie zu positiven Energiefeldern zu transformieren.

Welche Übungen sind es nun, die uns helfen können?

Was können wir ganz praktisch tun, um uns zu verbessern, um positive „Wesen“, Energiefelder zu erschaffen und die alten negativen umzuwandeln?

Fast jedes Problem läßt sich durch „Dienen, Kreativ-Sein und Meditation“ lösen.

Über das Dienen, das vor dem Verdienen kommen sollte, sprachen wir bereits.

Wir sollten uns bemühen, alles, was wir denken, sprechen und tun als Dienst an den Mitmenschen anzusehen - „wer ewig strebend sich bemüht, den können wir erlösen“.

Und das Schöne daran ist, daß wir uns damit selbst helfen, denn die positiven Energiefelder, die wir aufbauen, schützen uns gleichzeitig auch vor anderen negativen Energiefeldern und Schwingungen. Denn nur gleiche Frequenzen können ja die Felder um uns erreichen und verstärken.

So wird auch der alte Spruch noch verständlicher: „Licht ist das beste Schutzmittel. Licht verdrängt die Dunkelheit“ oder „Ein gutes Gewissen ist ein sanftes Ruhekissen“.

Und leider sehen wir nicht, daß wir uns immer selbst schaden, wenn wir auch nur einen negativen Gedanken, ein negatives Wort oder eine Tat ausführen, also nicht dienen.

Der Dienst am Anderen ist gleichzeitig immer ein Dienst für sich selbst.

Dadurch erschaffen wir uns unsere eigene schöne Welt, schöne Wesen und schöne Energien. Dadurch fühlen wir uns auch immer nach einer guten Tat so wohl.

Erinnern wir uns stets an Brahms: Etwas zu erschaffen, in Gedanken, Worten und Werken, das die Menschheit aufrichtet und fördert.

Wir können diese alte Weisheit auch am Symbol, am Bild des Nikolaus erkennen. Alles was wir denken, sprechen und tun ist im großen Buch der Welt, heute würden wir sagen, im Computer Gottes, notiert und gespeichert.

Und für alles müssen wir die Konsequenzen tragen. Für das

Gute gibt es Schokolade, für das Böse Knecht Ruprecht.

Nur leider nehmen wir all dies nicht wörtlich, nicht ernst, nicht verbindlich für uns. Wir meinen, dies sei nur für die kleinen Kinder.

Wir merken gar nicht, daß wir alle noch diese kleinen Kinder sind, die noch so wenig von der Welt verstehen, die noch völlig hilflos umhertappen, die noch an die Hand des „Vaters" genommen werden sollten, da sie diese Höhen, diese hohen Frequenzen selbst noch nicht wahrnehmen können.

Dies nennt man dann auch in der Metaphysik das Resonanz-Gesetz oder im Volksmund: Wie Du in den Wald hineinrufst, so schallt es heraus.

Nun zum zweiten, dem Kreativ-Sein.

Wir alle sind überwiegend einseitig erzogen, denn uns wurde und wird eingehämmert: „Du mußt vernünftig, rational, logisch und analytisch denken".

Und dies haben wir nun gute zweihundert Jahre auch getan. Gut so, aber nun reicht es aber auch.

Wir haben uns nämlich durch die Wissenschaft zum einseitigen Menschen erziehen, ja verführen lassen. Wir haben erlaubt, daß man uns mit der Wissenschaft von der wahren Religio entfernt hat.

Wir haben erlaubt, daß man uns weismachen wollte, sie könnten uns alles erklären, auch das, was die Christen „Gott" nennen.

Wir haben nun fast alles analysiert, erkundet und erforscht. Den Mikro- und den Makro-Kosmos und nun geht es aber nicht mehr weiter.

In der Mikrowelt sind wir an so kleine Bausteine, wie die Neutrinos, gelangt, daß wir vorläufig wohl kaum noch in diese „Welt" weiter hinabsteigen werden.

Im Makrokosmos sind wir mit den Voyager-Weltraum-Sonden auch an die Grenzen gelangt. Denn weiter hinaus, jenseits unseres Sonnensystems kommen wir vorläufig auch nicht mehr.

Doch sind wir damit in unserem „Mensch-Sein“, in unserem Selbst-Verständnis, in unseren Alltags-Problemen weitergekommen, sind wir glücklicher?

Haben wir ein besseres Verständnis von Gesundheit, Krankheit und vom Schicksal jedes einzelnen Menschen?

Können wir inzwischen die drei wesentlichsten Fragen beantworten:

- Woher komme ich
- Warum bin ich hier
- Wohin gehe ich?

Wissen wir, wer wir sind, warum wir so sind, wie wir sind?

Wissen wir über die Zusammenhänge in unserem Körper Bescheid, warum es so funktioniert, wie es ist?

Freilich haben wir inzwischen recht viel über die einzelnen Funktionen in unserem Körper und in dieser Welt erforscht. Aber die eigentlich wesentlichen Punkte sind immer noch völlig ungeklärt.

Viele Milliarden Mark wurden bisher schon z.B. in die Krebsforschung gesteckt, das Ergebnis ist allerdings sehr mager, sehr gering.

Immer noch arbeitet die Medizin mit vernichtenden Waffen. Denn die Chemo-Therapie, die Bestrahlung, so wichtig und hilfreich sie im Einzelfall, aber auch nur kurzfristig, sein mag, sind absolut zerstörende Methoden, die selbst nach einiger Zeit Krebs erzeugen.

Daran kann niemand vorbei!

Und wenn die Menschen meinen, sie könnten durch funktionale Maßnahmen, wie diese Arten der Therapie, das Schicksal der Menschheit verbessern, dann braucht man doch nur hinzuschauen: Ein neuer Erreger, ein neues Krankheitsbild wie Aids entsteht, ja selbst alte Probleme wie Pest und Cholera oder Tuberkulose häufen sich wieder, die wir eigentlich überwunden zu haben glaubten.

Glauben wir, wir könnten kosmische Gesetze durch funktionale Maßnahmen umgehen?

Denken wir immer daran: „Das Gesetz, wonach Du angetreten, Dir kannst Du nicht entfliehen".

Vom Wort „virus" läßt sich durch kabbalistische Techniken sehr leicht ableiten, woher diese kommen und warum diese entstehen. Im Lateinischen wird noch ein „t" ergänzt, dann entsteht daraus „virtus", und das bedeutet „Tugend".

Wenn wir uns nicht wieder auf die Tugenden besinnen, wird und muß das Universum, der Kosmos, Gott, korrigieren, da wir bestimmte Dinge einfach lernen müssen, da wir die Evolution nicht selbst bestimmen, sondern hier sind, um zur Selbsterkenntnis zu gelangen, die letztlich identisch mit der Gotteserkenntnis ist!

Wenn wir meinen, mit der Antibabypille, mit den modernen chirurgischen Methoden der Samenstrang- oder Eileiterunterbindung oder Ähnlichem könnten wir uns das Feld der sexuellen Freizügigkeit eröffnen, so wie wir wollen, dann ist das einfach ein Irrtum.

Denn dahinter steht ein sehr viel größeres Geheimnis, ein höherer Sinn als die meisten Menschen auch nur ahnen können.

Dazu später, an anderer Stelle mehr.

Also auch hier gilt: Wer nicht hören will, muß fühlen!

Es werden noch weitere Viren auftauchen, noch andere

Bakterien, die resistent gegen Antibiotika werden und sind. Es werden noch andere Energiefelder entstehen, die wir nicht so leicht „davonfegen“ können, nur, damit wir endlich wach werden. Erwachen aus dem Schlaf der Schafe, der Faulheit, des Lasters, der Lüste, um zu erkennen, daß Selbsterkenntnis, Selbstmeisterung, Selbst-Disziplin, der Weg zur Mitte unsere Aufgabe ist. Nun, zum Kreativ-Sein gehört eben nicht nur die Logik, die Ratio, der Verstand.

Mit dem Verstand alleine erkennt man eben nicht alles. Vor allem nicht das göttliche Selbst in uns.

Dazu braucht man halt die andere Hälfte, das Irrationale, die Inspiration, das weibliche Prinzip, das bildhafte, eidetische, das synthetische Prinzip.

Und dies wird auch immer mehr in Kursen und auf Kassetten gelehrt. Immer mehr Menschen haben den Mut, sich auf die innere Bildebene zu begeben, sich etwas auszudenken und dann die Phantasie arbeiten zu lassen, „es“ zuzulassen, so daß eine innere Bilderwelt entsteht und uns durch die Symbole unterrichtet und lehrt.

Symbole sind aber immer überdeterminiert, d.h. sie zeigen und lehren uns nicht immer eindeutig oder gar eineindeutig, wie es der Verstand gerne hätte.

Und dieser Unterricht ist gerechter, sozialer als alle anderen Arten von Unterricht.

Denn hier bekommt jeder nur und gerade das, was ihm zusteht, wofür er reif ist, aufnahmefähig ist, nämlich das, was seiner Resonanz entspricht und seinem Energiefeld gleicht.

Aber eben dies mögen die Intellektuellen, Professoren und sogenannten Gelehrten nicht, denn hierbei müssen sie oft feststellen, daß sie selbst bei solchen Übungen gar keine Bilder sehen.

Es tauchen keine Symbole auf und niemand lehrt sie dies, während vielleicht der ganz einfache Mensch, aus einer Bildübung sehr viel für seinen Alltag und für sein Leben gelernt hat.

Und dies mögen die Intellektuellen nicht, daß sie hier nicht mehr die großen Gelehrten, die Politiker, die Wirtschaftsbosse sind, sondern ganz kleine Anfänger, die noch gar nichts begreifen, die also auch keine inspirativen Eingaben erhalten.

Und wenn dies nach wenigen Tagen, Wochen oder gar Monaten „nichts gebracht hat", dann wird diese Art zu lernen, sich zu entwickeln, sein Bewußtsein zu erweitern, für dumm, kindisch, weibisch erklärt und als Phantasterei abgetan.

Dies sei für „Weltflüchter", für Kinder, für Phantasten und Spinner.

Sie ziehen sich dann wieder auf die Ebene des Verstandes, der Logik und der Ratio zurück.

Aber sie merken halt nicht, bzw. sie wollen es nicht merken oder zulassen, daß sie damit sich selbst der zweiten, sehr wichtigen, Informations-Ebene berauben.

Heute soll doch alles so sozial sein. Jeder soll doch möglichst alles bekommen und jeder soll die gleiche Chance haben. Die Schulen werden immer einfacher vom Lehrstoff her. Alles wird leichter und man fordert keine Leistung mehr, damit möglichst viele Menschen das Abitur machen können. Und die jungen Menschen möchten nichts mehr alleine erarbeiten. Alles soll möglichst vorgekaut schriftlich vorliegen.

Dies erzeugt aber nur Unfähigkeit, fördert Schwäche und Unzufriedenheit.

Die Benutzung der inneren Bilderwelt, der Symbole und Inspiration „schenkt" nur jedem das, was er sich verdient hat.

Wir haben bereits über Gedanken gesprochen und wissen, daß nicht „ich" es bin, der denkt, sondern vielmehr kommen die Gedanken zu mir.

Und je mehr ich mich bereit mache, ruhig bin, mich öffne, die Gedanken und Bilder dann auch zuzulassen, um so mehr und um so eher werde ich neue und die „richtigen" Gedanken und Bilder bekommen.

Wenn ich aber von vorneherein die innere Bilderwelt ablehne, wie soll ich dann diese inspirativen Informationen erhalten?

Diese Art der Lehre, der Belehrung gleicht unserer Situation in der Kindererziehung. Wenn ich meinen Kindern etwas beibringen möchte, sie belehren, sie lehren möchte, dann ist es unbedingt nötig, daß sie sich ruhig hinsetzen und zuhören, sich bereit machen und öffnen.

Wenn sie voller innerem Widerstand sind, werden sie nichts oder kaum etwas verstehen oder behalten, selbst, wenn der Lehrer sich maximale Mühe gibt.

Je größer der innere Widerstand ist, um so weniger ertragreich, fruchtbar wird der Unterricht sein. Ich muß eben den Worten des Lehrers „lauschen", d.h. meine eigenen Gedanken und Probleme für diese Zeit zurückstellen. Ich muß mich öffnen, es in mich hineinlassen und es zulassen.

Eine weitere wichtige Voraussetzung für gutes Lernen ist die Konzentration.

Konzentration aber heißt ja eben loslassen von allen eigenen, persönlichen Vorstellungen, Meinungen, Erinnerungen,

Sorgen usw. und ganz im Moment, im Augenblick bei dem zu sein, was der Lehrer gerade sagt.

Und das gleiche gilt, wenn ich dem „Inneren Lehrer" lauschen möchte.

Da wir es aber gar nicht gewohnt sind, da es uns auch nicht von Kindheit an gelehrt wurde, ist es für uns in der Regel noch viel schwerer, nach innen zu hören.

Dazu müssen wir noch viel ruhiger sein, die Konzentration muß noch viel größer sein als im Schulunterricht.

Somit ist also Konzentration die erste Stufe der Übung, die man erklimmen muß, wenn man später dann meditieren möchte.

Konzentration bedeutet, die Aufmerksamkeit auf einen Punkt zu fokussieren, wie mit einer Linse oder einem Brennglas, durch das man das Sonnenlicht so sammeln kann, daß es, auf einen Punkt konzentriert, so stark, so heiß werden kann, daß es ein Feuer entfacht.

So sollte die Kraft der Gedanken auch so stark fokussiert werden, daß das Licht aus der Gedankenwelt so stark wird, daß es in uns einen Funken anzünden kann, der dann überspringt. Ein Funken aus der Welt der Ideen, um in unserer Welt als Motor für die Entwicklung zu dienen.

Und wir alle wissen, wie schwer es ist, sich auch nur für wenige Minuten zu konzentrieren, wirklich nur einen Gedanken, ein Wort im „Sinn" zu haben.

Meist schweifen die Gedanken gleich wieder ab.

Aber es ist interessant, daß wir die volle Kraft der Konzentration dann erreichen können, wenn wir sehr starken Emotionen unterliegen.

OPTIKER FÜR DIE INNERE WELT:

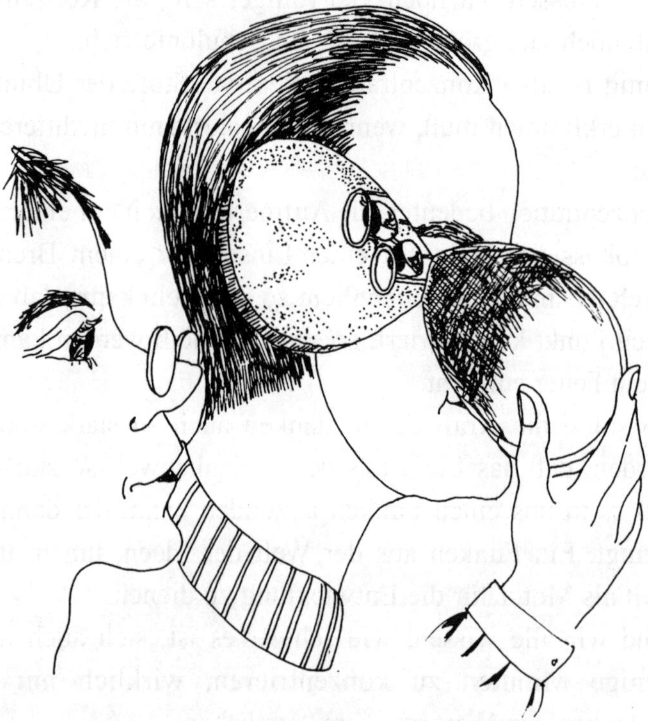

Leider kann ich nicht helfen:
Die Brille für die inneren Welten ist o.k.
aber wegen Nebels können Sie nichts sehen!

Wenn wir z.B. jemanden hassen, wenn wir eifersüchtig sind, wenn wir ganz starke Angst haben, aber auch wenn wir als Jugendliche so richtig verliebt sind, dann sehen wir nichts anderes mehr.

Alles andere wird völlig unwichtig und tritt in den Hintergrund. Ja wir sagen sogar, man sei dann „blind vor Haß, Angst oder Eifersucht".

Es existiert dann nichts anderes mehr. Man sieht, hört und fühlt nichts anderes mehr - man ist total fokussiert.

Je weniger emotional wir sind, um so schwieriger aber scheint es für uns zu sein, sich zu konzentrieren.

Aber wie wir sehen, werden wir ja „blind" durch die Emotionen. Wir sehen die Welt nur noch durch den Filter, den wir uns selbst durch die Emotionen setzen.

Dann gelingt es uns aber auch nicht mehr, die Welt so zu sehen, wie sie wirklich ist. Dann sind wir fern der Realität.

Und so ist es für die meisten Menschen sehr schwierig, sich von dem, was „doch schon immer so war", zu lösen und wertneutral zu prüfen, ob es denn für die gegenwärtige Zeit und den jetzigen Bewußtseinszustand immer noch so sein sollte.

Dazu bedarf es aber eines emotionslosen Gemütszustandes, einer inneren Neutralität. Nur so kann ich auch Neues prüfen, ob es nicht doch besser ist.

Jede Zeit hat ihre Qualität, so, wie die Griechen in ihrer Sprache den Ausdruck „chairos" hatten. Denn ihnen war klar, daß alles auf der Welt seinen Wert nur zu einer bestimmten Zeit hat, aber niemals für immer. Die innere Neutralität ist also unbedingte Voraussetzung für die Konzentrationsfähigkeit, das innere Gleichgewicht, das steady-state, die Balance, oder kurz: Harmonie.

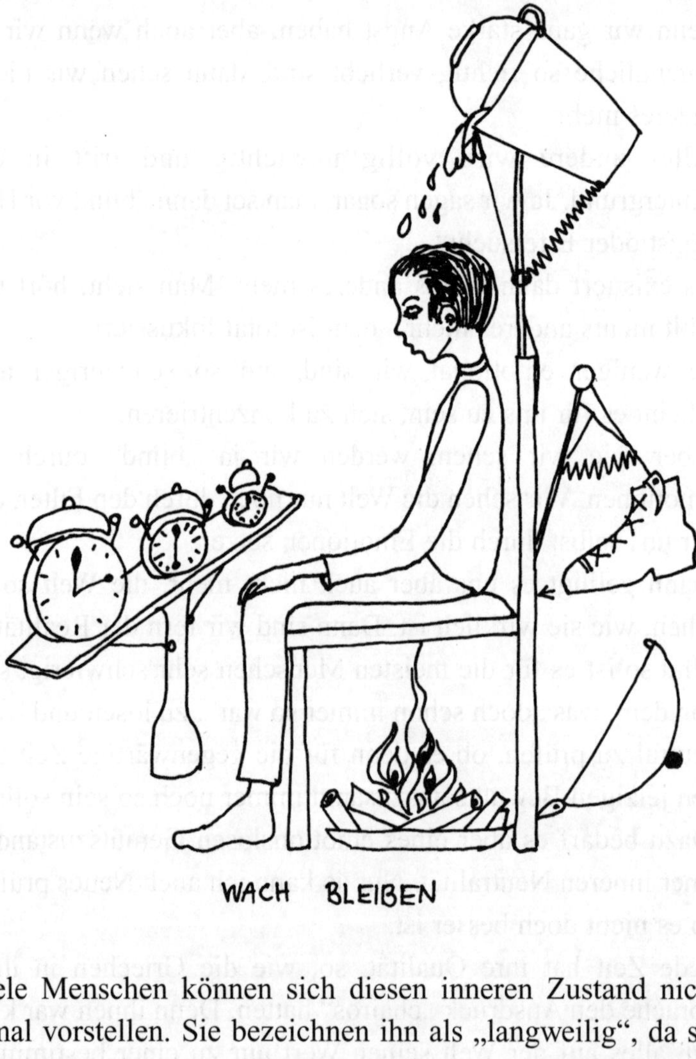

Viele Menschen können sich diesen inneren Zustand nicht inmal vorstellen. Sie bezeichnen ihn als „langweilig“, da sie offensichtlich in ihrem Leben immer nur von den Wogen der Emotionen hin und her gerissen wurden und werden, sodaß sie die Mitte nicht kennen.

Konzentration ist aber nur möglich, wenn ich stets in meiner Mitte bin, denn das Wort zeigt es uns schon: Kon-Zenter, zur Mitte, zum Zentrum, im Zentrum.

Und ebenso wie im Zentrum eines Hurrikans totale Ruhe herrscht, ebenso wie ein sich schnell drehendes Rad für uns den Eindruck erweckt, als sei das Zentrum des Rades ganz ruhig, ebenso finden wir auch im Zustand der höchsten Konzentration und Meditation, wenn wir also in unserer Mitte sind, Ruhe.

Dem Schweigen der Worte folgt das Schweigen der Wünsche und zum Schluß das Ruhen jeglicher Gedankentätigkeit.

Eines der größten Hindernisse für die Konzentration oder gar Meditation ist die Erinnerung.

Erst wenn wir in der Erinnerung nichts mehr haben, was uns belastet, wird es uns gelingen uns zu konzentrieren und dann auch in den Zustand wahrer Meditation zu gelangen .

Auch hier gilt die alte Volksweisheit: Ein gutes Gewissen ist ein sanftes Ruhekissen.

Nun, der innere Schweinehund, der negative Anteil von uns, versucht immer wieder uns aus dem Zustand der Meditation herauszuholen.

So wie es in Goethes Faust dem Mephisto von Gott erlaubt ist, den Menschen immer wieder zu verführen, so müssen wir im Alltag auch ständig damit rechnen immer wieder versucht zu werden, bis wir eines Tages die absolute Meisterschaft über uns errungen haben.

Ein starkes, hohes, frequent schwingendes Energiefeld kann von keiner langsameren Schwingung, keiner schwächeren Feldstärke mehr gestört werden.

Ich werde auch umso kreativer sein, je mehr ich mich konzentrieren kann, je mehr ich in einen meditativen Zustand übergehe, trotz der alltäglichen Reize von außen.

Denn wie bekannt, „gibt es nichts Neues unter der Sonne“, aber wir kommen nicht an diese Erkenntnisse heran, weil wir eben nicht neutral, nicht in der Mitte, nicht in Ruhe sind.

Unsere eigenen angelernten Meinungen halten uns stets davon ab, die Wirklichkeit anzuschauen, zu sehen, wie sie ist. „Das nicht sein kann, was nicht sein darf!"

Was ist denn die Wirklichkeit?

Halten denn nicht gerade die Intellektuellen, die Macher, die sogenannten Großen dieser Welt diejenigen für unreal, die meditieren?

Sprechen sie nicht von den Irrationalen, den Spinnern, den Flüchtern aus der Realität?

Nun, metaphysisch gesehen ist d a s wirklich, was sich niemals ändert.

Die Wahrheit ändert sich nicht und damit ist also auch nur „Gott" real. Alles andere ist irreal, hat sich von der Realität entfernt.

Alles, was der Geburt unterliegt und damit einen Höhepunkt und einen Untergang, einen Tod erfährt, ist nicht real, nicht wahr.

Nur das, was schon immer war, ist wahr!

Also alles, was der Dimension von Zeit und Raum unterliegt, kann nicht real, nicht wahr sein.

Aber die meisten Menschen kümmern sich fast nur um die Dinge in Zeit und Raum, also um irreale Dinge. Und ausgerechnet diese Materialisten werfen nun denjenigen, die sich um „Gott" kümmern, Irrealität vor.

Was interessieren mich die Dinge dieser Welt, die doch alle der Veränderung unterliegen?

Warum sind die Menschen z.B. auch so sehr von schönen weiblichen oder männlichen Körpern gebannt, die sich doch ohnehin alle verändern?

Warum weckt nicht viel mehr das unser Interesse, unsere Neugier, unser Verlangen, was sich niemals verändert, auch nicht im Menschen?

Was ist wahr? Ist das wahr, was Sie jetzt auf den ersten Blick auf dem beigefügten Bild sehen, nette Formen, aber sonst nichts? Könnten Sie nicht schwören, daß da nichts weiter drauf ist? Und jeder, der noch nie solch ein 3-D-Bild gesehen hat, würde zustimmen. Nur, da sie seit einiger Zeit weltweit bekannt wurden, kennen sie nun viele und wissen, daß da noch mehr zu sehen ist. Und genau das ist es. Wenn wir alle dasselbe erfahren haben, brauchen wir nicht mehr darüber zu sprechen oder gar zu diskutieren - also die Wahrheit zu zerschneiden.

Also, wenn Sie diese Art von Bildern noch nicht kennen, dann sollten Sie bitte nun folgendes tun: Halten Sie das Bild ganz nah vor Ihre Nase, so daß das Blatt die Nasenspitze berührt und schauen Sie dann ganz entspannt - und das ist sehr wichtig - ohne zu fokussieren auf das Bild, so, als ob Sie zum Horizont schauen würden. Das tun Sie bitte so ca. 15-20 Sekunden und entfernen dann das Bild ganz langsam von Ihrer Nasenspitze, aber immer noch so schauen, als ob Sie zum Horizont schauen. Mit etwas Geduld werden Sie nach einigen Minuten ein dreidimensionales Bild sehen. Dieser Anblick ist so überwältigend, daß man es kaum glauben kann. Sollte es nicht sofort klappen, haben Sie Geduld und üben Sie - es lohnt sich auf jeden Fall!

Eine zweite Methode ist, das Bild in einer Entfernung von ca. 20-30 cm vor sich zu halten, dabei leicht zu schielen und wieder so zu schauen, als würden Sie zum Horizont schauen - nicht fokussieren. Es kann sein, daß Sie das 3-D-Bild mit dieser Methode sehen. (Bild im Querformat betrachten!)

Schwarz nimmt alles Licht auf.

Nun, wenn Sie es gesehen haben, werden Sie vielleicht fragen, na und, was soll ich jetzt damit?

Aus metaphysischer Sicht interessiert uns ja alles hier auf der Erde nur symbolisch, um daraus etwas für unseren inneren Weg zu lernen. Was können wir hier lernen? Sicherlich, daß wir stets sehr vorsichtig sein sollten mit unseren Urteilen über das, was wir sehen. Niemand hätte es bisher für möglich gehalten, daß man in einem zweidimensionalen Bild so stark dreidimensional sehen kann, wie es jetzt mit Hilfe der computer-gestalteten Bildern möglich ist. Niemand hätte vorher glauben können, daß man zwei völlig verschiedene Welten in einem Bild erblicken kann. Und wenn es so auf einem Bild möglich ist, könnte es dann nicht auch sein, daß wir alle nur mit dem „verkehrten Blick" diese Welt sehen? Könnte es nicht sein, daß man mit einem anderen Blick auch andere Dinge sieht? Daß diese Welt noch ganz andere Dimensionen enthält, die wir bisher noch nicht erblickt haben?!

Wir wissen, wir brauchen uns nur einen Filter vor die Augen zu halten, dann sehen wir plötzlich Dinge, die wir vorher noch nicht gesehen haben. Auch mit den bekannten 3-D-Brillen können wir auf einmal völlig andere Dimensionen sehen.

Also seien wir doch bitte sehr vorsichtig, wenn uns jemand sagt, er könne bestimmte Wesenheiten sehen und hören. Nur, weil es die Masse der Menschen nicht kann, sagen wir schnell, der sei „ver-rückt". Ja, er ist in eine andere Frequenzstufe ge-rückt, die eben die Masse nicht sieht. Also ist er verrückt, aber wir sind einfach nicht fähig dazu. Nur deshalb sollten wir den anderen, der in diesem Fall mehr kann, nicht einsperren. Aber so war es schon immer und ist es auch heute noch: Wer mehr kann als die Masse, wird für anormal, verrückt erklärt, damit die Masse wieder ruhig weiter schlafen kann, damit die Masse ja nicht aufwacht und merkt, daß sie schläft. Gib dem Volk Brot und Spiele - panem et circenses!

Fähigkeiten, inneres Vermögen ist noch nie gefragt gewesen, im Gegenteil, man hat Menschen mit diesen Qualitäten immer schon gefoltert und verbrannt, denn sie waren zu gefährlich für die Oberen, für die Regierenden. Hunderte und tausende Menschen hat so vor allem die katholische Kirche umgebracht, und würde es am liebsten heute noch tun. Weg mit denen, die mehr Wissen im Sinne von Erfahrung haben, weg mit denen, die mehr sehen und hören, mehr können! Man erklärt sie zu Sektenangehörigen. Das Wort „Sekte" kommt von „secare", schneiden, es sind die, die sich von ihr, der sogenannten wahren Kirche, abgeschnitten haben. Diese sind des Teufels, und darum muß man sie umbringen. Wieso eigentlich? Gehört der Teufel nicht auch zum Universum, ist er nicht auch ein Teil des Ganzen, gehört er nicht zum Reiche Gottes, der doch alles, also auch den Teufel, umfasst? Der Teufel ist ebenso wenig ein Gegenspieler, eine Opposition zu Gott, wie die Dunkelheit zum Licht! Die Dunkelheit ist nur die „Verdünnung" des Lichtes, es fehlt an Lichtstärke. In dem Moment, in dem die Sonne morgens wieder stärker wird, muß die Dunkelheit weichen, ebenso wie der Teufel vor Gott weichen muß!

Und nur aus dem Grunde, daß sich Menschen von der Kirche absondern, ist es dreist, diese umzubringen, denn es bedeutet einen Eingriff in die Gesetzmäßigkeit und das sollten wir doch besser „Gott überlassen".

Ja, es ist sogar die größte Hybris, die allerhöchste Arroganz und die größte Egodominanz, wenn ich mir das Recht nehme, einen anderen Menschen umzubringen! Ich darf auf meiner

Seins-Ebene nur das vernichten, was ich selbst wieder noch besser, noch perfekter errichten kann - zum Wohle der Menschheit.

Niemals aber sollte ich etwas zerstören, ohne es perfekter wieder zum Leben zu bringen.

Überlassen wir doch bitte die Evolution des Universums Gott, der alles erschaffen hat, denn er alleine ist fähig und hat das Vermögen, was uns fehlt. Aber wir sollten sein Bild immer vor Augen haben und danach streben,uns selbst immer mehr zu vervollkommnen. Wer ewig strebend sich bemüht, den können wir erlösen!

Nun, was in uns Menschen verändert sich denn nicht?

Der Körper kann es nicht sein. Denn diese Erfahrung haben wir alle, daß sich auf dieser Ebene permanente Änderungen vollziehen.

Wir wissen aus der medizinischen Forschung, daß sich alle 128 Tage z.B. die roten Blutkörperchen erneuern und daß sich ca. alle sieben Jahre fast alle Zellen unseres Körpers erneuert haben.

Also permanente Veränderung am und im Körper. Aber ändert sich nicht auch das Bewußtsein der Menschen, also deren Seele?

Aus metaphysisch-alchemistischer Sicht ist Bewußtsein dasselbe wie Seele und Information.

Und das Bewußtsein von uns ändert sich doch ständig mit jeder neuen Information,die wir aufnehmen.

Wenn wir also sagen, wir sollten uns mehr um die Seele als um den Körper kümmern, so kann dies doch aus diesem Blickwinkel heraus auch nicht richtig sein.

Denn unser Informations-Zustand ändert sich viel schneller

als unsere Körperzellen. Allerdings bleibt bei vielen Menschen das Bewußtsein, meist wenn sie die Schule verlassen und vielleicht noch eine Berufsausbildung genossen haben, im Laufe ihres Lebens auf demselben Stand stehen.

Viele Menschen wollen ja dann gar nicht mehr lernen und sich verändern. Doch das Leben, die Evolution, das Universum, der Kosmos, Gott zwingen sie dazu, denn Evolution ist unaufhaltsam. Einer Informations- oder Bewußtseinserweiterung kann man nicht entgehen.

Und in unserer Zeit des sogenannten Wassermannzeitalters wird die Informationsflut nicht mehr linear verlaufen, sondern exponentiell. Dies läßt sich bereits seit einigen Jahrzehnten feststellen. Das heißt, in kürzerer Zeit kommt viel mehr neue Information auf uns zu, als es bisher üblich war. Diese bedeutet also auch, daß wir alle unser Bewußtsein schneller und öfter verändern müssen.

Ist nicht die Mauer in Berlin ganz plötzlich gefallen? Hat sich nicht der Kommunismus in der von den Ostblock-Ländern gelebten Form ganz schnell und plötzlich aufgelöst?

Mußten nicht die Menschen in diesen Ländern, auch der ehemaligen DDR, nicht ganz schnell und plötzlich ein völlig neues Bewußtsein annehmen?

Also das, was die Menschen Seele nennen, kann auch nicht unbedingt das sein, worum wir uns kümmern sollten, denn diese Seele ändert sich offensichtlich sehr schnell.

Was also sollen wir lieben lernen, worum sollen wir uns denn beim Menschen kümmern? Was ist beim Menschen von bleibendem Wert? Was ist wahr, was zumindest der Wahrheit, der Realität im oder am Menschen am nächsten kommt?

Nun, was ist denn am oder im Menschen am gott-ähnlichsten? Dies kennen die meisten Menschen nicht, ja sie erahnen es nicht einmal, denn man lehrte sie es auch nicht. Im Gegenteil, besonders die sogenannten christlichen Kirchen haben alles getan, um die Menschen davon fern zu halten, denn nur so konnten sie auch die Menschen weiter regieren, manipulieren, wie Schafe halten, die nur alles nachblöken.

Man lehrt sie heute noch, daß Gott außerhalb von ihnen sei, daß es Hybris sei, anzunehmen, Gott sei in uns. Wo soll er denn sonst sein? Ist er nicht überall?!

Wenn man aber immer schon dem Menschen den Weg gezeigt hätte, wie er selbst in sich das göttliche Prinzip, den göttlichen Funken erkennen und verstärken könnte, dann wären die Menschen zu selbständig geworden. Sie hätten ihr wahres inneres göttliches Selbst gefunden und damit die sogenannten „Brückenbauer“ nicht mehr nötig gehabt.

Die Institution der Kirchen hätte sich damit erübrigt und wäre überflüssig geworden.

Nur durch den „Satan“ im Menschen, durch die Unkenntnis der Wahrheit, hat die Institution der Kirche einen Sinn und überhaupt erst ihre Existenzberechtigung.

Wer sägt sich schon gerne selbst den Ast ab, auf dem er sitzt? Wer macht sich schon gerne selbst überflüssig?

Nun, die Metaphysik, die Alchemie bemühte und bemüht sich immer noch, den Menschen zur Unabhängigkeit zu führen, damit er lernt, innerlich total frei und unabhängig zu werden - also göttlich zu sein.

SCHWARZ und WEISS

Denn nur, wer sich dem Göttlichen nähert, wer erlaubt, daß sich das Göttliche in ihm immer mehr durchsetzt, durch ihn hindurchtönt, nur der ist frei.

Nur wer sich freiwillig „dem“ Gesetz, Gott, unterordnet und damit völlig zum Werkzeug und Resonanzboden für Gott wird, wird selbst immer göttlicher und damit freier, unabhängiger, wahrer und realer!

Also sollten wir uns darum kümmern und damit beschäftigen, daß das göttliche Prinzip in uns immer deutlicher, besser und leichter herrschen kann.

Wir sollten der Resonanzboden sein, auf dem „die erste Geige - die Stradivari“ meisterhaft ertönen kann.

Wie in dem Artikel „Alchemie“ in diesem Buch zu lesen ist, durchdringt ja immer nur das die Materie, die Welt der langsameren Schwingungen, was selbst höher, schneller schwingt und somit eine höhere Frequenz hat.

Also sollten wir alles tun, um schneller und höher zu schwingen, in die „höheren Gefilde“ aufzusteigen, in die höheren Regionen, in die höheren Energiefelder.

Wir sollten damit auch mehr den Kontakt mit Menschen suchen, die sich ebenfalls darum bemühen oder gar schon mehr Erfolg in ihren Bemühungen haben, also bereits in den höheren Ebenen leben.

Wir sollten auch alles tun, um in uns und in den anderen Menschen eben diese Frequenzen und Energiefelder zu erhöhen und zu verstärken.

Unser ganzes Leben sollte eben nur mit dieser Tätigkeit ausgefüllt sein. Wir sollten nur in diesem Bewußtsein leben, d.h. nur die Informationen suchen, die uns in diesem Bemühen weiterhelfen.

Es geht also darum, den göttlichen Kern, den göttlichen Funken in uns zu entwickeln.

Das heißt, die vielen Verwicklungen, in die wir von unseren Vorfahren, den Großeltern und Eltern, sowie durch unsere eigenen Vorurteile und vorgefasste Meinungen verstrickt wurden, zu lösen und wieder abzuwickeln.

Es ist sicherlich anfangs schwierig, hinter jedem Menschen, hinter jeder Persönlichkeit den eigentlichen Kern, das Unpersönliche zu entdecken, zu finden und zu erkennen.

Dazu bedarf es eines langen Trainings, einer harten Arbeit an sich, da ich in der Außenwelt nur das erkennen kann, was ich bereits in mir erkannt habe!

Wenn ich selbst noch so emotional, so egodominant auf meiner Persönlichkeit beharre, wie soll ich dann in den anderen Menschen und Kreaturen das Unpersönliche sehen?

Ich muß dazu also erst einmal in und um mich herum selbst solch hohe Frequenzen und Energiefelder aufbauen, damit ich dem Resonanzgesetz folgend eben diese Frequenzen und Energien auch in mir und um mich herum aushalten kann - sonst verbrenne ich!

Wir kennen dieses Phänomen vom Alkohol. Wer es nicht gewohnt ist, kann ganz hochprozentigen Alkohol nicht trinken, da es schmerzt und er verbrennt.

Ebenso können wir den Strom aus der Steckdose nicht aushalten, da diese Energie zu stark für uns ist.

Und ebenso kann ein sehr grobschlächtiger Mensch feinfühlige, im Bewußtsein sehr weit entwickelte Menschen nicht lange aushalten, es wird - so sagt er - zu langweilig für ihn, diesen zuzuhören.

Dies ist freilich nur eine Schutzbehauptung. In Wirklichkeit hält der „Satan Engelwesen nicht lange aus“. Dies zeigte erst vor kurzem ein praktischer Versuch in Sacramento, Californien.

Geschäftsleute ließen lautstark klassische Musik vor ihren Geschäften abspielen, und siehe, alle Fixer und Penner nahmen ihre sieben Sachen und suchten sich andere Plätze.

Was kann ich also ganz praktisch tun, um meine Energiefelder und Frequenz zu erhöhen und zu verstärken?

Das Wichtigste ist, wie schon erwähnt, die Emotionen total zu meistern. Also Meister zu werden über sich selbst. Und dazu sind all die Dinge des Alltags da, an denen wir üben dürfen.

Demzufolge gilt es alles zu meiden, was uns u n b e w u ß t macht, denn das Ziel heißt ja: Bewußtseins-Erweiterung und nicht Bewußtseins-Einschränkung. Dazu gehören:

1. Alkohol und Drogen

Jede Art von Alkohol und Drogen macht immer unbewußt, so daß ich nicht mehr „Herr-meiner-Selbst“ bin.

2. Zigaretten

Sie ziehen als starkes Krampfgift alle kleinen Blutgefäße zusammen. Also auch die Gefäße im Kopf und Gehirn, wodurch wir sicherlich nicht gerade das Prinzip des „Sich-Öffnens“, die Liebe, leben oder ganz entspannt im Hier und Jetzt leben können.

Nikotin zerstört nicht nur das vegetative Nervensystem, sondern allgemein alle Nerven, die ja von kleinsten Blutgefäßen versorgt werden.

Jeder kennt die nervösen, unruhigen, süchtigen Zigaretten-Raucher, die nun wirklich nicht Herr-Ihrer-Selbst sind.

3. Gewürze

Alle starken Gewürze, hier besonders Knoblauch, Zwiebel und viele andere Lauchgewächse, vor allem in rohem Zustand, sind nicht besonders sinnvoll.

Dies mag viele Menschen nun sehr stören, da doch gerade Knoblauch in den letzten Jahren, hinsichtlich der Verhinderung von Arterienverkalkung, angeblich große Siege errungen hat.

Nun, hier ist noch nicht der Raum und die Zeit, näher darauf einzugehen. Aber, wenn man wissen möchte, ob etwas stimmt oder nicht, muß man es einfach nur selbst ausprobieren.

Der Autor dieses Buches empfiehlt dringend, dies wegzulassen, wenn man sich bewußtseinsmäßig entwickeln will.

Aber z.B. auch aus der „Elementen-Lehre“ kann man ableiten, daß dies viel zu viel „Feuer“ ist und man gut daran tut, eine Ausgewogenheit anzustreben.

4. Kaffee und schwarzer Tee

Hier ist es besonders das Coffein und das Teein, das das vegetative Sonnengeflecht „angreift“.

Damit werden wir immer wieder „aus der Mitte gestoßen“. Weiß nicht jeder aus Erfahrung, daß sich bei Genuß dieser Stoffe der Puls beschleunigt, sich also der Herzschlag erhöht und die Schweißabsonderung gesteigert wird.

Es macht einen recht nervös, man zittert, die Atemfrequenz wird leicht erhöht und der Atem oberflächlicher. Sicherlich kann das nicht gerade bedeuten, daß ich in meiner Mitte bin.

5. Die Farbe Schwarz

Die soll ja möglichst auch der Kaffee haben - schwarz, dunkel und stark soll er sein - und auch der Tee heißt ja sogar „schwarzer Tee“.

Man muß sich nur alleine die Symbolik der Farbe anschauen: Schwarz, dunkel ist nicht gerade das Symbol der Freude, des Lichts, der Liebe Gottes. Schwarz gilt als das Symbol des Satans, des Egos. Schwarz nimmt alles Licht auf und gibt nichts wieder ab - es behält alles für sich.

Man schaue sich z.B. die Kleidung der jungen Menschen in der Pubertät an, also in der Zeit, in der sich das Ego so richtig entwickelt.

Man erkennt es auch an der Farbe der Autos der „feinen Leute“, der gehobenen Gesellschaftsschicht.

Auch bei einer Beerdigung zeigt die schwarze Farbe, daß man eigentlich nicht so sehr um den Verstorbenen trauert, als viel mehr um sich selbst, um das Ego, das nun alleine ist, verlassen wurde. Egodominanz!

Trugen nicht die Priester und Senatoren im Alten Rom oder Ägypten weiß?

Weiß, als Zeichen des Unpersönlichen, weiß, das alles Licht wieder abstrahlt, nichts für sich behält und selbstlos ist.

Heute sieht man Ärzte und Therapeuten, die meinen, sie seien sehr avantgardistisch, indem sie in Straßenkleidung in der Praxis während der Therapie arbeiten. Sie argumentieren, daß sie sich dem Patienten „anpassen", sie wollen sich nicht abheben.

Dies zeigt nur Unverständnis und Unwissenheit. Der Therapeut muß sich abheben vom Patienten, er muß eine „göttliche Autorität" sein. Ein Wesen, das nur widerspiegelt und dem Menschen aufzeigt, wo seine Unvollkommenheit ihn vom rechten Weg abgebracht hat. Ein Therapeut soll nichts aufnehmen, sondern nur wie ein Spiegel wirken - für jeden Menschen, ohne Unterschied, gleich wie die Sonne, das weiße Licht.

Allerdings brauchen dazu die Therapeuten erst einmal wieder eine richtige Ausbildung. Sie sollten wieder Priesterärzte werden, die selbst erst noch zusätzlich zu ihrer fachlichen Ausbildung einen Einweihungsweg gehen. Sie müssen selbst inneres Wissen durch innere Erfahrung sammeln.

6. Alles „tierische" Fleisch

Wer sich zum Menschen entwickeln möchte, wer noch mehr als das, nämlich den göttlichen, unpersönlichen Anteil und Kern in sich entwickeln möchte, sollte sich von allem tierischen Fleisch fernhalten.

Mit jedem Essen von Fleisch binde ich mich an die tierische Welt, nehme ich tierische Frequenzen in mich auf. Wie soll ich mich dabei entwickeln? Alleine schon, wenn man bedenkt, daß im Blut der Tiere vom Abtransport zur Schlachtbank nur noch destruktive, katabole Stoffwechselprozesse ablaufen, da das Tier instinktmäßig spürt, daß es sterben wird. Es werden nur noch Abwehr-Reaktionen stattfinden. Alle Stress-Hormone und Stoffe, die bei Angst-, Aggressions-, Abwehr-Instinkt-Reaktionen anfallen, treten vermehrt im Blut auf und diese ißt dann der Mensch.

Außerdem hilft dies sicherlich auch nicht, das Prinzip der Liebe zu leben.

Abgesehen davon, kann man nicht mehr töten, um zu essen, wenn man sich im Bewußtsein höher entwickeln will.

Und heute zeigen sogar immer mehr wissenschaftliche Studien, daß die Fließeigenschaften des Blutes der Vegetarier besser sind, daß Vegetarier sogar eine höhere Lebenserwartung haben.

Gibt es nicht auch die Volksweisheit, man solle nur das essen, was man selbst töten und zubereiten kann?

VEGETARISCH ERNÄHREN HILFT SCHAFEN NICHT ZUR ERLEUCHTUNG

7. Tierische Frischzell-Therapie

Es kann einfach nicht sinnvoll sein, sich tierisches Zellmaterial spritzen zu lassen, da dies auch bedeutet, sich tierische Frequenzen, Schwingungen einzuverleiben. Dadurch können, dem Resonanzgesetz folgend, nur die tierischen Elemente in mir verstärkt werden, niemals aber liebevolle, göttliche Frequenzen, zumal die Frischzellen aus Embryonen gewonnen werden. Diese entnimmt man den schwangeren Lämmern und Schafen, indem man den Muttertieren den Bauch aufschneidet und das fötale Gewebe dann durch einen Fleischwolf dreht.

LEIDER ZUVIEL ZELLMATERIAL GESPRITZT

8. Haltung und Züchtung von Kampfhunden

Auch dies bringt mich ständig mit den aggressiven und tierischen Schwingungen zusammen und verstärkt diese in mir. Wer es nicht glaubt, möge sich einmal die Menschen anschauen, die sich mit diesen Tieren „beschäftigen". Oder noch besser, er möge sich doch selbst einmal länger damit konfrontieren.

Keine Kampfhunde

9. Jagen und Schießen von Tieren

Symbolisch dürfte es doch wohl ganz eindeutig ein Zeichen von Aggression und nicht gerade von Liebe sein, wenn man Tiere hetzt, wie z.B. bei der Fuchsjagd oder noch besser, Tiere in der Savanne aus dem bequemen Hubschrauber heraus erlegt.

Hier kommen dann stets die Einwände, es müsse doch Jäger geben, damit sich das Wild nicht zu stark vermehrt und dann Schaden an den Bäumen und Pflanzen anrichtet.

Das mag zwar sein, aber ich habe die freie Entscheidung für mich zu fällen, was ich tue. In der Gesamtentwicklung der Menschheit gibt es sicherlich immer noch sehr viele Menschen, die vom Bewußtsein her noch nicht so weit sind und die noch gerne aus Spaß töten oder eben aus dem Grund, daß sie sich etwas zu Essen holen.

Sollen diese Menschen doch Tiere töten, doch wenn Du Dich weiterentwickeln möchtest, mußt Du es sicherlich nicht tun. Und wir müssen nur das verantworten, was wir selbst tun und getan haben.

Allerdings tragen wir auch, karmisch gesehen, eine Mitverantwortung in einer Gruppe. Dazu an anderer Stelle mehr.

10. Anschauen und Förderung von Tierkämpfen

Wer schon einmal diese Kämpfe, und die Menschen, die diese Kämpfe veranstalten, beobachtet hat, der wird wohl selbst gespürt haben, daß dies nicht gerade ein Fest der Liebe ist.

Neben den Stier- und Hahnenkämpfen, die schon blutig und grausam genug sind und massivste Aggressionen bei den beteiligten Menschen hervorrufen, gibt es z.B. noch ein Fest in Spanien, bei dem ein lebendiger Ziegenbock vom Kirchturm herabgeworfen wird.
Ist dies eine Schwingungserhöhung, ein göttlicher Vorgang?

Und heute kann und sollte man es auch nicht mehr mit alten Gebräuchen entschuldigen. Die Entwicklung der Menschen geht weiter. Wir leben nicht mehr zur Zeit oder vor der Zeit des Alten Testaments, des alten Brauchtums.

11. Anschauen von Kriminal-, Western und Horror-Filmen

Schon seit Jahrzehnten schauen sich die meisten Menschen permanent oben genannte Filme im Fernsehen an - heute vor allem als Videofilme. An jedem Wochenende kann man bis zu hundert und mehr Tote auf allen Kanälen im Fernsehen zählen.
Sicherlich fördert dies nicht gerade die Ethik, die Moral und das Schönheits- oder gar Mitgefühl unter den Menschen.
Im Gegenteil, es fördert die Phantasie der Mordlust. Noch nie gab es so viele und so häufig Verbrechen wie heute. Alle sieben Sekunden findet ein Verbrechen statt.
Und vor allem hat sich die Qualität derart verändert, daß die Verbrechen mit einer unvorstellbaren Brutalität ausgeführt werden.
Noch nie war das organisierte Verbrechen so stark, so gewaltig wie heute. Kein Staat der Welt kann noch seine Bürger vor dem Verbrechen beschützen.
Selbst in den Schulen ist der Großteil der Schüler bewaffnet.

Man kämpft mit Messern und Schlagstöcken u.ä. nicht nur untereinander, sondern inzwischen auch gegen die Lehrer.

In den USA z.B. geht an Schulen mit besonders hoher Kriminalität kaum noch ein Lehrer ohne Waffe in den Unterricht.

Immer noch gilt anscheinend der Westernheld als Vorbild, obgleich doch schon Jesus Christus gelehrt hat, daß man sich lieben soll. Wo sind die Vorbilder, wo die Lehrer, Politiker, Wissenschaftler und Künstler, ja die Priester, die als Vorbild leben und die Erziehung des Volkes in dieser Richtung voranbringen?

Wer veranlasst denn die Verbrechen, die Kriege?

Zur Zeit werden immer mehr Betrügereien von Politikern bekannt. Wie soll das einfache Volk Liebe lernen, wenn die Führenden Betrug und Mord vorleben und veranlassen?

Soeben stand in der Zeitung zu lesen, daß ein ehemaliger Gesundheitsminister zugegeben hat, daß über dreitausend Kinder von einer Verbrecherorganisation gekauft und kurz vor der Entnahme von Organen getötet wurden. Und er wußte davon!

Ständig steht in der Zeitung zu lesen, daß in Ländern der „Dritten Welt" völlig verstümmelte Leichen gefunden wurden. Sie werden von der Organmafia regelrecht ausgenommen.

Welch Wunder, wenn es immer noch Menschen gibt, die Horror-Videos und ähnliches erzeugen. Warum wird dies nicht rigoros verboten? Wenn schon keinerlei Ethik- und Moralgefühl in der Geschäftswelt herrscht, dann sollten die Regierenden, als die Weisen, solches absolut untersagen, denn dies würde eine Hilfe für die gesamte Menschheit bedeuten.

12. Kriege

Heutzutage werden Menschen auf die grausamste Art und Weise ermordet.

Schaut nicht die ganze Welt nur zu? Fördert nicht die ganze Welt diese Kriege, indem sie Waffen in die Kriegsgebiete liefert?

Man brauchte nur die Ersatzteil - Lieferungen für Kriegsgeräte zu stoppen und innerhalb kürzester Zeit wäre es nicht mehr möglich einen Krieg weiterzuführen.

Aber die wirtschaftlichen Interessen derer, die an der Zerstörung eines Landes und auch wieder am Aufbau desselben verdienen, sind einfach zu groß, und es wird mit der Sicherung von Arbeitsplätzen gerechtfertigt.

Wie will man sonst die Kriegsschauplätze auf der ganzen Welt erklären?

Über was soll man sich noch wundern, wenn offiziell bekannt wird, daß selbst der Vatikan nicht nur in die Geldwäsche von Mafiageldern verwickelt ist, sondern auch große Aktienpakete von kriegswaffenproduzierenden Firmen hält.

In Nordirland bombten sich Menschen gegenseitig in den Tod, nur weil der andere „den falschen Glauben" hat.

Die deutsche Regierung hat lange Jahre einen afrikanischen Herrscher mit Waffen und Geldmitteln unterstützt, der in der ganzen Welt als Menschenfresser berüchtigt war.

Wie ist das alles möglich? Warum steht hier das Volk nicht auf und sagt: SCHLUSS JETZT!

Nun, weil in den meisten Menschen selbst noch so viel Aggression und Kampf, so viele Emotionen vorherrschen, daß sie nur zustimmend am Fernseher hocken und dabei genüßlich Salzstangen kauen.

Wie oben beschrieben, helfen auch die Medien besonders mit, daß sich durch die permanente Veröffentlichung, also permanente Wiederholung dieser negativen Schwingungen, Bilder und Emotionen, negative Energiefelder aufbauen und verstärken.

Daher sollte ich diese Medien meiden, wenn ich selbst emotional noch nicht ausgeglichen bin und mich beim Anblick der Bilder und der täglichen negativen Ereignisse noch errege.

Würden immer mehr Menschen die besagten Zeitungen, Illustrierte, Fensehkanäle und Videos nicht mehr konsumieren, müßte man die Produktion einstellen.

Auch die gesamten Einschaltquoten des Fernsehens könnten so ganz leicht beeinflußt werden.

Aber mit dem „Satan" läßt sich eben leicht Geld verdienen - das ist eine alte Weisheit.

Solange jeden Morgen in den Familien der „Kleinkrieg" zwischen den Eheleuten, den Kindern und Eltern, dann auf der Straße und am Arbeitsplatz nicht beigelegt wird, welch Wunder, daß dann die Kriege zwischen einzelnen Volksstämmen nicht aufhören.

Mobbing ist „in". Am Arbeitsplatz kämpft jeder gegen jeden. In den USA hört man vermehrt, daß Angestellte Ihre Kollegen und Chefs erschießen.

Die Menschen sind mit sich selbst nicht zufrieden und deshalb genügt der kleinste Reiz, um sie zum Schießeisen greifen zu lassen.

Es wird höchste Zeit, daß weise Menschen aufstehen und wieder Ethik und Moral lehren und leben.

13. Umgang von und mit Menschen

Wenn ich mich in meinem Bewußtsein zu Gott hin entwickeln möchte, dann sollte ich mir schon überlegen, welche Freunde und Bekannte ich mir aussuche und zu welcher Party ich gehe.
Die negativen Schwingungen durch destruktive Gespräche muß ich mir doch nicht ständig anhören oder gar mitmachen, oder?
Wenn ich in meiner Wohnung öfter Menschen habe, die negativ und destruktiv denken und sprechen, dann lassen diese Menschen, wenn sie die Wohnung wieder verlassen, ihre Energiefelder zurück. Diese bleiben in meiner Wohnung. Denken wir nur an die Schlachthöfe und Psychiatrien. Häuser, in denen so lange und so viele negative Kraftfelder aufgebaut wurden, halten entsprechende Schwingungen in den Mauern, Gardinen und somit gesamten Räumen fest. Analog, wie sich dort auch Staub ansammelt, wo die Oberflächen rauh sind.
Früher nannte man diese Energiefelder halt Dämonen, Kobolde usw. Wo ist der Unterschied? Sie belasten und besetzen mich und ich fühle mich dadurch unwohl und werde dadurch auch immer wieder auf diese Ebene hinuntergezogen.

Solche Räume sollten, wenn sie auf diese Art verschmutzt und beschmutzt wurden, auch gereinigt werden. Analog, wie wir ja auch unsere Räume vom sichtbaren Schmutz und Staub befreien.
Wie man das machen kann, folgt weiter unten.

14. Alles, was den Herzschlag und die Atmung übermäßig

beschleunigt

In bestimmten Weisheitslehren heißt es, daß man alles meiden sollte, was den Herzschlag und die Atmung übermäßig beschleunigt.

Wir haben, so heißt es dort weiter, zu Beginn unseres Lebens eine bestimmte Anzahl von Atemzügen geschenkt bekommen. Wenn diese überschritten wird, müssen wir sterben.

So ganz fremd ist diese Art des Denkens selbst der Wissenschaft nicht, denn wir wissen, daß die Zellen des menschlichen Körpers nur eine bestimmte Anzahl von Zellteilungen erfahren können, dann ist das Leben des Körpers zu Ende.

Also sollten wir übermäßigen Sport, übermäßige körperliche

und emotionale Anstrengungen jeder Art möglichst gering halten oder gar meiden, denn dieser bzw. diese beschleunigt bzw. beschleunigen unseren Herzschlag.

Durch die moderne Gentechnik wird uns allerdings schon prognostiziert, daß man durchaus in der Lage sein wird, die Lebensdauer unserer menschlichen Zellen wesentlich zu verlängern.

Man hält es für möglich, daß Menschen bis zu einem Alter von 340 Jahren hier auf der Erde leben und auch noch arbeiten können.

Und dies, so sagt man, sei durchaus das Lebensalter von alten wirklichen Alchemisten.

Dann wird es aber voraussichtlich auf dem Planeten ein wenig eng werden, wenn dies für nahezu alle Menschen zutreffen sollte.

Nun, durch viel Angst, Haß, Zorn, Neid, Eifersucht, aber auch durch vieles Verliebtsein, durch übermäßige Freude wird unser Herzschlag und die Atmung erhöht.

Unter anderem stimmt dann sogar der Spruch: „Sport ist Mord“?!

Wenn viele Menschen etwas tun, auch extremen Sport betreiben, heißt dies sicherlich noch lange nicht, daß es gut und richtig ist. Und auch wenn man viele gute Argumente für den Sport finden kann, bedeutet das noch lange nicht, daß aus jeder Perspektive heraus dies gut zu heißen ist.

Es kommt immer darauf an, was ich will, und was mein Ziel ist.

Wenn ich überwiegend körperlich orientiert bin, nun, dann sollte ich danach leben und mich ausbilden. Wenn ich aber

TRENNE
DAS WESENTLICHE
VOM
UNWESENTLICHEN

mehr geistig oder bewußtseinsmäßig orientiert bin oder wenn ich gar danach strebe, den unpersönlichen, göttlichen Anteil in mir zu finden und zu stärken, dann sollte ich andere Perspektiven wählen und andere Dinge tun, die dafür wesentlich sind.

„Lerne zu trennen das Wesentliche vom Unwesentlichen“, so lautet ein alter Richtsatz der Alchemisten.

Sicherlich gilt wie bei allem das alte griechische Sprichwort: „Mäden agan = nie zu sehr“.

Nun, was fördert noch eine Erhöhung des Pulsschlages und der Atemfrequenz?

Dazu zählt auch der Geschlechtsverkehr, bei dem ja, wie wohl jeder aus Erfahrung weiß, diese beiden Funktionen sehr erhöht werden.

Also ist das Zölibat aus dieser Sicht gar nicht so dumm, wie man erst meinen könnte.

Doch dazu gibt es auch andere, tiefere Gründe, die öffentlich noch nicht bekannt sind und wohl auch vorläufig noch nicht bekanntgegeben werden. Alles zu seiner Zeit.

Sicherlich sind aber auch alle Medikamente, die den Pulsschlag unnötig erhöhen, nicht besonders sinnvoll, wie z. B. Aufputschmittel und Drogen.

Zudem wissen wir, daß beim Drogenentzug sich der Herzschlag massiv erhöht.

15. Völlerei in jeder Hinsicht

Auch dies trägt dazu bei, daß der Pulsschlag erhöht wird und die Atmung kürzer, oberflächlicher und deswegen auch schneller wird.
Also: Nie zu sehr!

Was ist nun gut und hilft meine Schwingungen zu erhöhen und mein Bewußtsein zu verbessern?

1. Positive Gedanken, Worte und Taten

Darüber ist schon so viel gesagt und geschrieben worden, daß wir nichts mehr ergänzen müssen. Es sei nur als eines der wichtigsten Mittel aufgeführt.
So wie Du denkst, so bist Du - die Software ist sehr wichtig. Der Computer, unser Körper, befolgt nur, was wir hineintun. Wie bereits erwähnt: „Garbage in - garbage out" (Wenn man Müll reintut, kommt Müll raus).

2. Ernährung

Hier gilt: Kein tierisches Fleisch, besonders nicht das von Warmblütern. Warum ausgerechnet das Fleisch von Warmblütern noch weniger förderlich ist als das von Kaltblütern, sei an anderer Stelle, in Seminaren, erklärt.
Es gilt also, sich möglichst vegetarisch zu ernähren. Hierbei ist es nicht so wichtig, auf Käse oder Eier zu verzichten. Es geht besonders um das Fleisch, nicht so sehr um die Produkte,

die durch den Stoffwechsel verwandelt und transformiert wurden.

Wer noch mehr für sich tun möchte, sich selbst helfen möchte, wird möglichst viele verschiedene Samen, Körner und Kerne zu sich nehmen.

Pflanzliche Öle sind sicherlich sehr hilfreich, besonders, wenn sie naturbelassen, also nicht raffiniert sind. Besonders erwähnt sei hier die altbekannte und bewährte Öl-Eiweiß-Kost, die z.B. in Schlesien früher das Essen der armen Menschen war. Sie bestand aus Quark mit Leinöl und Pellkartoffeln.

Diese Art der Ernährung fand ihre wissenschaftliche Untermauerung durch Frau Dr. Budwig, die ja darüber auch einige Bücher geschrieben hat (z.B. Öl-Eiweiß-Kost).

Das Leinöl, das als einziges einen sehr großen Anteil an den sogenannten dreifach-ungesättigten Fettsäuren hat, wird viel besser resorbiert, wenn Schwefel vorhanden ist. Dieser wiederum ist im Quark zu finden.

Frau Dr. Budwig empfahl und empfiehlt dies sogar als eine Ernährung, die bei allem chronischen Kranksein hilfreich ist, sogar bei Krebs.

3. Ätherische Öle

Die Träger des Bewußtseins in der Pflanzenwelt sind aus alchemistischer Sicht die Öle, besonders die ätherischen Öle.

Je feiner, je hochflüchtiger die Substanz, desto höher die Schwingungsfähigkeit.

Nach dem zweiten Hermetischen Prinzip findet sich auf den Schwingungsebenen eine Ähnlichkeit. Wenn ich mir also hochfeine, schwingungsfähige Stoffe einverleibe, dann werde ich sicherlich auch mit der Zeit schwingungsfähiger.

Somit sollte man alles meiden, was langsam schwingt und alles suchen, was ätherisch, fein ist und schnell schwingt. Materie ist träge und schwingt langsam.

Also sollte ich mich immer weiter von der Materie entfernen, noch besser, lernen die Materie in ihrer Schwingung zu erhöhen und zu transformieren.

Letztlich bedeutet dies, mich selbst und die ganze Welt durch Transformation zu erhöhen - die Schlange wieder am Baum hinaufkriechen zu lassen, oder, wie es andere ausdrücken, Kundalini aufsteigen zu lassen und zu erlösen.

Aus alchemistischer Sicht steckt dahinter noch ein weiterer Prozess, der in unserem Körper ablaufen sollte.

In der Symbolik gleicht er dem Prinzen, der Rapunzel bittet, ihr langes blondes Haar herunterzulassen, damit er hinaufsteigen kann, um sie aus ihrem Turm, aus ihrem Gefängnis der Unwissenheit und Unvollkommenheit zu erlösen.

Dies ist und bleibt vorläufig noch ein Geheimnis, zu dem aber in Seminaren für sehr weit Fortgeschrittene gerne ein Weg gezeigt wird.

Man sollte sich also viel mit ätherischen Ölen beschäftigen, sich damit umgeben und sie benutzen. Man kann diese wie folgt benutzen:

a. Einnehmen

Hier sollte man nur die wirklich reinen und medizinisch

zugelassenen ätherischen Öle wie das schon erwähnte St. Johanser-Wildkräuter-Öl benutzen.

Zur Anwendung genügen ein bis drei Tropfen auf ein Glas mit möglichst warmem oder heißem Wasser.

Bei jeglicher innerer Entzündung kann man dies hilfreich zu jedem therapeutischen Rat zusätzlich einsetzen.

Man sollte nicht vergessen, daß es gegen Viren kein wirklich gutes Heilmittel gibt, außer eben den ätherischen Ölen.

Also bei jeder sogenannten viralen Infektion, z.B. Grippe, ist es sicherlich sehr hilfreich.

Und es ist sinnvoller, eine gute Mischung ätherischer Öle zu benutzen, als reine Pfefferminzöle alleine, die auch angeboten werden.

Arbeiten Sie bitte Ihr ganzes Leben lang viel mit ätherischen

Ölen. Glauben Sie aber nicht mit ein paar Wochen, Monaten oder Jahren der Anwendung sei es getan und diese bringe schon die „Große Wende“.

Ebenso, wie wir täglich ein Leben lang unseren Körper waschen, sollten wir auch ein Leben lang alles dafür tun, unsere Seele, unser Bewußtsein zu waschen und zu reinigen, damit sie „schneller schwingt“. Bei der äußeren Kosmetik und Körperpflege schreit auch niemand empört auf, wenn es heißt: „Tue dies ein Leben lang“. Haben nicht die alten Römer, Griechen und Ägypter auch sehr viel mit ätherischen und anderen Ölen gearbeitet und sie benutzt?

Sind nicht auch die Parfüme ein Abkömmling, d.h. die Folge der Anwendung der ätherischen Öle?

So benutzt man ja auch die Düfte, um andere Düfte zu überdecken, die vielleicht nicht so angenehm sind.

Ist nicht auch die Symbolik der ätherischen Öle wunderbar:

das Aufsteigen, das sich Verflüchtigen, sich Auflösen und sich Öffnen?

Ebenso sollten wir lernen, das Ego so weit zu transformieren, daß es sich auflöst, ätherisch wird, ja, in den „Himmel aufsteigt“, wie es der fortgeschrittene Alchemist sogar im Labor mit der hoch gereinigten Asche erleben kann! Maria Himmelfahrt! Der Körper wird transformiert!

Es kann nicht genug betont werden:

Nutzen Sie ein Leben lang täglich die Kraft der ätherischen Öle auf möglichst vielen Ebenen. Es ist ein wunderbares Hilfsmittel für die Bewußtseinserweiterung und trägt gleichzeitig dazu bei, daß negative, dunkle, „böse“, „satanische“ Schwingungen und Energiefelder, also Dämonen und andere Wesenheiten sich nicht länger bei uns aufhalten.

Man sollte in allen psychiatrischen Kliniken all die oben genannten Hinweise beachten und auf allen Ebenen diese Öle benutzen. Der therapeutische Erfolg ist wunderbar!
Setzen Sie die Öle auch selbst ein, wenn Sie depressiv oder aggressiv sind.

b. Einatmen

Wir haben seit vielen Jahren schon Erfahrungsberichte, daß Menschen in Großraumbüros begannen, morgens erst einmal im Raum mit dem Chamber-Oil zu sprühen. Erst wehrten sich einige Mitarbeiter, aber nach konsequenter, wochenlanger Anwendung baten fast alle darum, doch wieder zu sprühen, wenn dies einmal vergessen wurde. Die gesamte Atmosphäre im Büro hatte sich wesentlich, für alle spürbar, zu einer freundlicheren Seite hin verbessert.
Glauben Sie aber nichts, machen Sie Ihre eigene Erfahrung. Nur eigene Erfahrung bringt wirkliches Wissen.
Aber bitte nicht vergessen: G e d u l d und A u s d a u e r sind die beiden wichtigsten Tugenden auf dem Weg zum Stein des Weisen!
Also versprühen, z.B. mit Zerstäuberflaschen (wie das sogenannte Chamber-Oil, das in Seminaren angeboten wird. Es handelt sich um eine spezielle Mischung mit hochprozentigem, reinem, medizinischen Alkohol, die sich besonders gut zum Versprühen eignet).

c. Verdampfen lassen

Hier werden ja sehr viel kleine Lampen der verschiedensten

Art angeboten. Der Nachteil dabei ist, daß oft empfohlen wird, man solle das Öl mit Wasser in den Verdampferschalen mischen, das dann allerdings sehr leicht verharzt.

d. Inhalieren

Richtig mit einem Gerät inhalieren, wie man es bei einer Bronchitis benutzt.

e. Einreiben

z.B. auch an den verschiedenen Akupunktur- und Reflexzonenpunkten, die z.T. auch den Regionen der sogenannten Chakren entsprechen, oder auch an Schmerzpunkte direkt.
Hier sei vor allem das St.-Johanser-Wildkräuteröl der Firma St. Johanser in Gauting bei München empfohlen. Die betreffenden Punkte sind auf dem Beipackzettel genau angegeben.

f. -Darmeinläufe

Es wird sehr empfohlen ätherische Öle dem Wasser beizugeben, wenn man Darmeinläufe macht - besonders wieder das St.-Johanser-Wildkräuteröl (der Arzt, der diese Mischung gefunden hat, muß sehr inspiriert gewesen sein).

g. Vollbad

Es ist auch sehr hilfreich, ein Vollbad zu nehmen und dem Wasser die ätherischen Öle hinzuzufügen.

Hier kann es aus Kostengründen billiger sein, die sogenannten Aquarome zu benutzen. Dies ist einfach das Wasser, das bei der Gewinnung der ätherischen Öle durch die Wasserdampf-Destillation übrigbleibt. In diesem Wasser ist natürlich noch einiges Öl enthalten.

Aber klar ist, daß reines ätherisches Öl viel besser wirkt.

Da die Öle hochkonzentriert sind, braucht man davon grundsätzlich nur wenige Tropfen.

Welche ätherischen Öle man zu welchem Zweck verwenden kann, entnehme man aus den entsprechenden Fachbüchern.

4. Reinigung

Die Reinigung sollte auf allen Ebenen stattfinden. Freilich ist die äußere körperliche Reinigung die Grundvoraussetzung, aber eben nicht genug.

Heute haben fast alle Menschen durch ihre sehr starke psychische Verkrampfung eine massive, übermäßige Gärung und Fäulnis im Darm. Die dabei entstehenden Gifte treten dann immer mehr ins Gewebe, ins Blut und auch in den Urin über.

Daher ist eine Darmreinigung unabdingbar. Und sie hat sich auch sehr bei fast allen schwer kranken Menschen bewährt.

Aber selbst, wenn man sich gar nicht krank fühlt, so ist man hinterher sehr leicht, beschwingt und auch psychisch viel belastbarer und weniger anfällig für jede Art von Infektionen.

Inzwischen wissen wir ja, daß das Immunsystem zu 85% mit dem Darm assoziiert ist.

„Der Tod sitzt im Darm!"

Eine der allerbesten Reinigungs-Methoden auf allen Ebenen ist die Anwendung der ätherischen Öle, wie schon besprochen.

In der letzten Zeit wurde auch ein uraltes Wissen wieder ausgegraben: Man solle, wenn man krank ist oder auch als Vorsorge, immer wieder morgens einen Eßlöffel Sonnenblumen-Öl gute 20 Minuten lang im Mund behalten, damit sozusagen den Mund spülen, zwischen den Zähnen hindurchziehen und schlürfen.

REINIGUNGSAUTOMAT DE LUXE

Dies bewirkt eine gewaltige Entgiftung und deutliche Hilfe bei fast allem Kranksein.
Aber bitte nichts davon hinunterschlucken, sondern nach 20 Minuten ausspucken und gut, am besten mit warmem Wasser, nachspülen und sich noch einmal die Zähne putzen.

Es wurden damit schon viele erstaunliche Erfolge bei Kranken erzielt.
Auch hier gilt: Die einzige Möglichkeit herauszufinden, ob es stimmt und funktioniert, ist, es selbst auszuprobieren.
Jedes Ablehnen, nur, weil man es nicht sofort wissenschaftlich erklären kann, ist töricht.
Wissenschaftlich arbeiten heißt, es nachprüfen und nicht nur ablehnen.
Die Anwendung von Sonnenblumen-Öl in der vorher beschriebenen Art und Weise, und besonders die Darmreinigung hilft auch deutlich, das Immunsystem zu stärken. Viele Menschen berichten, daß sie seit Anwendung dieser Reinigungsmaßnahmen viel weniger erkältet sind, viel weniger Entzündungen, z.B. der Nasennebenhöhlen, haben.
Man muß es halt nur tun!

Abgesehen von der Reinigung, die sich auf den Körper bezieht, ist die Reinigung der Wohn- und Arbeitsräume von immenser Wichtigkeit.
Dies sollte nicht nur auf der rein materiellen Ebene so vorgenommen werden, wie wir es gewohnt sind, also durch das Putzen der Böden mit Wasser oder heute das Staubsaugen der Teppichböden und Staubwischen. Auf Grund des Analogdenkens, wie oben so unten, sollten wir nicht vergessen, daß es auch feinere Staubpartikelchen, „Wesenheiten“,

Energieformen und Energiefelder gibt, die wir nicht sehen, die wir aber vielleicht spüren.

Wie weiter oben schon beschrieben, können uns diese negativen Energien sicherlich auch sehr verschmutzen.

Darum ist es sinnvoll, sich mit schönen Dingen zu umgeben. Mit schönen Bildern, schön heißt hier harmonisch, z.B. dem Gesetz des Goldenen Schnitts folgend. Auch mit harmonischer Musik, die nicht den Menschen zerstört, wie es die Rhythmen der Pop, Rock und Heavy-Metal Musik tun.

DIE HAUSSTAUBMILBE

Auch durch die Auswahl der Farben kann ich viel zur Harmonie in meinem Lebensraum beitragen. Heute wird dies endlich auch in Kliniken, Fabriken und Büroräumen teilweise berücksichtigt. Warum also nicht in jeder Wohnung?

Dann sollte man immer wieder die Räume mit dem Duft von Blumen reinigen oder einfach direkt ätherische Öle versprühen oder verdampfen.

Sicherlich sind hier auch Räucherstäbchen sehr hilfreich, besonders, wenn sie natürlich, also nicht aus synthetischem Stoff sind. All das können wir auch täglich für uns nutzen, um die Räume zu reinigen.

Denn selbst das Läuten der Glocken bedeutet eine gewisse Reinigung der Umgebung der Kirchen auf der feinstofflichen Ebene, und ist nicht nur eine Erinnerung, ein Herbeirufen der Gläubigen.

In den alten Kirchen wurde Glas für die Fenster benutzt, das oftmals sogar mit alchemistisch hergestellten Oxyden hergestellt war. Dadurch sollte eine besondere Wirkung des Lichtes erzielt werden, die auch wieder eine Reinigung der Atmosphäre bewirkte.

Licht und Ton, die beiden Grundpolaritäten des Universums, sollten zur Reinigung der Atmosphäre unbedingt eingesetzt werden.

Dabei haben Kerzen eine sehr starke Wirkung, besonders wenn sie aus Bienenwachs hergestellt sind.

Die Kerzen als solche beinhalten die fünf Elemente Feuer, Luft, Wasser und Erde sowie den Äther. Dadurch wird auf dieser Symbol-Ebene eine deutliche Reinigung erzielt und ein Schutz aufgebaut.

Selbst der gröbste, der „härteste“, der intellektuellste Mensch wird wohl eine andere Atmosphäre in einem Raum fühlen, der durch viele Kerzen erleuchtet ist, als wenn dort Neonröhren brennen.

Da wir vorher die Bienenwachs-Kerzen ansprachen, nun einen kurzen „Abstecher“ zur Symbolik der Bienenwabe. Sie hat die Form des Sechsecks und dies ist auch das Grundsymbol der organischen Chemie. Ist es nicht auch das Symbol des Hexagramms, der Vereinigung der beiden Dreiecke, die nach oben, bzw. nach unten zeigen?

Eben diese beiden Dreiecke sind in der Alchemie die Symbole von Feuer und Wasser. Und diese sind beide im Hexagramm vereint. Wer dieses Geheimnis kennt, nämlich die Vereinigung der Gegensätze, ohne daß sie sich gegenseitig auslöschen, der ist wahre Alchemist!

Auf dem Ofen oder Herd gelingt es uns nur dann Feuer mit dem Wasser zusammenzubringen, indem wir eine Scheidewand (den Topf) dazwischen aufbauen, sonst würden sich die beiden gegenseitig auflösen und zerstören.

Die Reinigung der Wohnräume ist also auf allen Ebenen sehr wichtig. Denn ebenso wie Insekten, z.B. Ameisen, sofort auftauchen, wenn Abfälle herumliegen, tauchen auch auf feineren Schwingungsebenen Energiefelder und Wesenheiten sofort auf, sobald Abfälle feinerer Schwingungsart herumliegen, bzw. „im Raum stehen". Diese Wesen nähren sich von den negativen Gedanken, Worten und Energien, die durch heftige Emotionen überall in den Räumen, an den Wänden, dem Fußboden, den Gardinen und an allem kleben, das nicht fein, rein und sauber ist.

Wie schon oben beschrieben, können wir statt „Wesen" auch „Energiefelder" sagen, damit der moderne Verstand es auch akzeptieren kann.

Auch wenn es der einzelne vielleicht nicht wahrnimmt, zumindest nicht immer, gibt es dies. Es sind Tatsachen, die wir alle, wie gesagt, in den Schlachthäusern und Kirchen leicht nachvollziehen können.

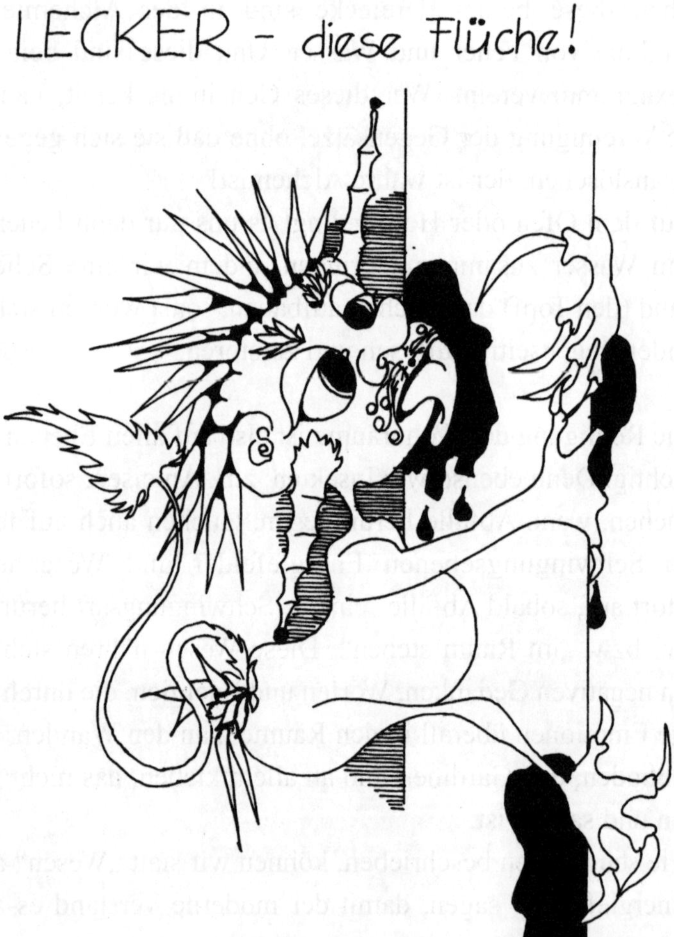
LECKER - diese Flüche!

Oder wer spürt nicht den Unterschied, wenn er gleich nacheinander in einen Schlachthof, eine Psychiatrische Anstalt und eine Kathedrale geht?

Und es wird auch die Zeit noch kommen, in der wir dies alles mit Geräten messen können, damit es auch der letzte Mensch sieht, aber auch, damit wir dann leichter und besser die Reinigung vornehmen können.

Kammerjäger für feinere Energien, für Kobolde und Dämonen! Haben nicht selbst die Kirchen, ja selbst die katholische Kirche, die ja sonst die anderen auslachen mit ihren „Geistern", mehr oder weniger gut ausgebildete „Exorzisten", die heute noch täglich praktizieren?

Was aber tun diese anderes, als Geister auszutreiben, Dämonen, also Energien zu beseitigen und Reinigungen vorzunehmen. Moderne Staubsauger für bzw. gegen den Satan!

5. Gesundheit

Körper:

Da nur in einem gesunden Körper auch eine gesunde Seele und ein hoher Geist leben kann, ist es sehr ratsam, ständig auch dafür zu sorgen, daß diese drei Ebenen in uns wirklich fähig sind, „fein und hoch zu schwingen".

Jeder weiß, was ein „feiner" Mensch ist und was ein „grober" Mensch ist. Auch der Körperbau verrät dies schon, was aber freilich nicht heißt, daß man nicht durch sehr viel Übung und harte Arbeit auch in einen relativ groben Körper eine höhere, feinere Seele und Geist einziehen lassen kann.

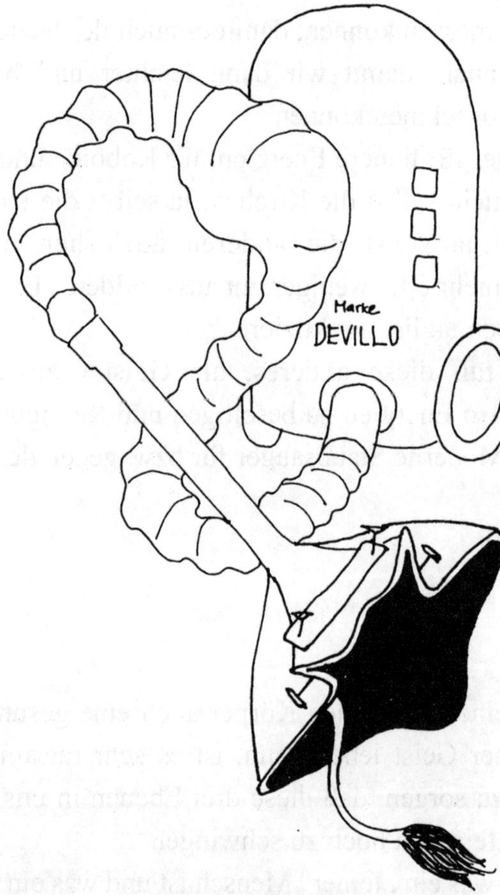

Teufelstaubsauger
für alle Größen verstellbar

Dennoch fällt es sicherlich denjenigen Menschen, deren Körper schon von Geburt an feiner strukturiert ist, leichter, sich auch für noch höhere Schwingungen bereit zu machen.

Fast alle Autobesitzer lassen jährlich mindestens eine Inspektion bei ihrem Wagen durchführen, wobei auch das alte, verbrauchte Öl durch neues, schmierfähiges ersetzt wird.

Warum tun dies nicht auch alle Menschen mit oder für ihren Körper?

Dies empfiehlt auch die sogenannte Schulmedizin.

Aber noch besser wäre es freilich, wenn man sich mit einer naturheilkundlichen Diagnostik-Methode vorsorglich untersuchen ließe.

Denn auf diese Art und Weise lassen sich bereits Anlageschwächen und der Beginn vom Kranksein viel eher erkennen als mit den üblichen Methoden der Schulmedizin.

Bei den naturheilkundlichen Methoden seien als Beispiele genannt:

- Kirlian-Fotographie
- Decoder-und Impulsdermogramm-Messungen
- Kristallisationstests
- Steigbilduntersuchungen
- die Methoden, die wir unter Elektro-Akupunktur einordnen können
- Irisdiagnostik
- moderne Aurikulomedizin mit ihrer Diagnostik
- Kinesiologie
- auch der diagnostische Teil des Rolfing, aller Massagearten
- und auch der Fußreflexzonen-Massage
- u.a.m.

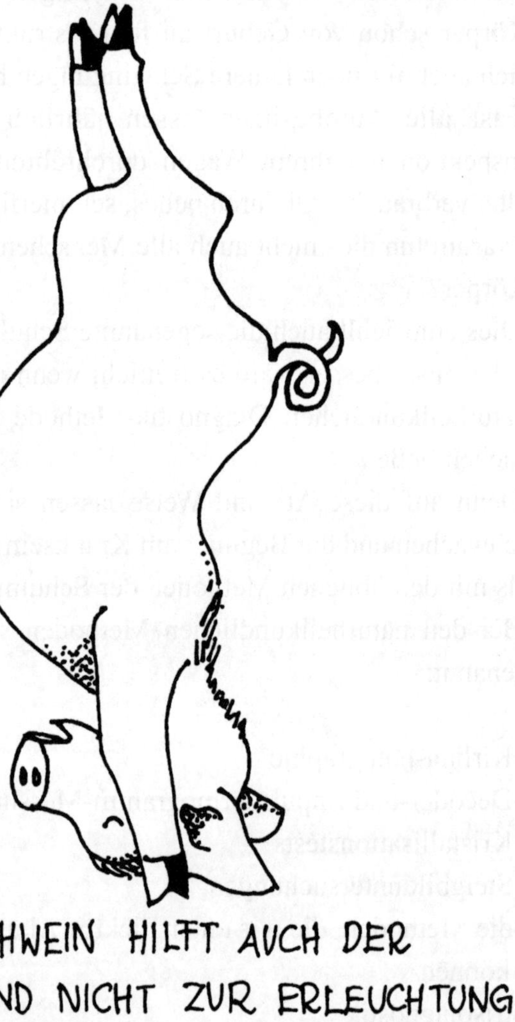

Mit diesen Methoden sollte man mindestens ein bis zwei Mal pro Jahr einen Check-up durchführen lassen. Dann aber auch die entsprechende Therapie durchführen, die sich daraus ergibt.

Zudem sollte die Darmflora entweder mituntersucht oder ein-

fach gleich vorsorglich therapiert werden.
Hierfür seien beispielhaft besonders folgende Mittel erwähnt:

-Biocult
-Mutaflor (leider sehr teuer)
-Colibiogen
-Hylak forte
-alle Symbioflor-Arten
-Acidobif.

Die Darmflora-Sanierung ist sehr wichtig, da sie heute fast bei allen Menschen nicht gesund ist. Es kommt zu übermäßiger Gärung und Fäulnis, wobei man diese Fäulnisstoffe z.B. auch zu stark im Urin findet und in den Faeces (Exkrementen) ohnehin.

Und, wie schon erwähnt, da das Immunsystem zu 85% mit dem Darm zusammenhängt, ist dies gleichzeitig eine der besten Vorsorgemöglichkeiten und Therapien für die Abwehrkräfte.

Dazu sei auch noch einmal der Darmeinlauf erwähnt, auf den wir schon ganz kurz bei den ätherischen Ölen hingewiesen haben.

Jeder Mensch sollte daher vorsorglich öfter im Jahr Darmeinläufe machen. Dabei sollte aber der Teil des Rohres, den man einführt, mindestens 20 cm lang sein, also ein sehr flexibler Schlauch, der weit eingeführt wird, damit auch wirklich nicht nur der letzte Ampullen-Anteil des Enddarms gereinigt wird.

In das warme Wasser fügt man noch 10g Meersalz pro Liter Wasser, damit eine physiologische Lösung entsteht, und nicht zu viel oder besser gar kein Wasser ins Blut aufgenommen wird.

KOTZ! SPEI!
"SCHON WIEDER EIN EINLAUF!"
St. JOHANNSER
"DER TOD SITZT IM DARM!"

Man kann auch noch z.B. Kamille oder andere Heilkräuter wie „Schwedenbitter Dr. Theiss“ dem Wasser hinzufügen. Damit erreicht man eine noch bessere Reinigung und erzielt gleichzeitig einen Heileffekt.

All dies bedarf nur einer ersten Gewöhnung und Erfahrung. Bei behutsamem Vorgehen kann man eigentlich nichts falsch machen und sich auch nicht verletzen.

Der Effekt aber ist sehr stark. Man fühlt sich sehr viel leichter, freier, ist leistungsfähiger und „offener“.

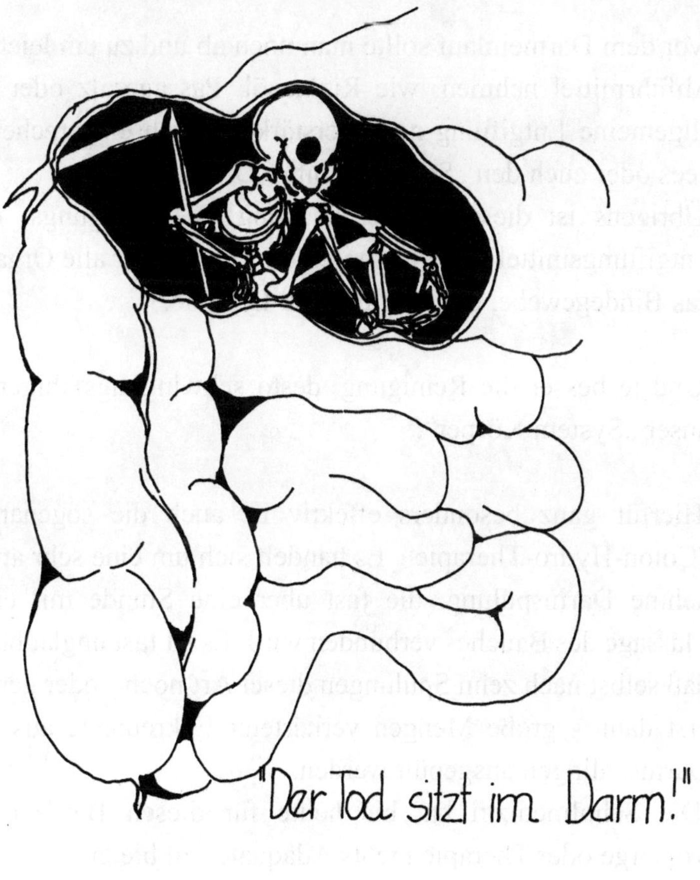

Man schläft besser und wird wie gesagt viel weniger Infektanfällig.
Haben nicht früher die Großmütter und die Mütter stets einen Einlauf gemacht, wenn ein Kind krank war? Alte Volksweisheiten sollte man immer beachten, sie haben meist einen tiefen Wahrheitsgehalt.

Bitte daran denken: Wahr ist nur das, was sich niemals ändert!

Vor dem Darmeinlauf sollte man noch ab und zu ein leichtes Abführmittel nehmen, wie Rizinusöl, Passagesalz oder die allgemeine Entgiftung noch verstärken durch entsprechende Tees oder auch den „Schwedenbitter Dr. Theiss".
Übrigens ist diese Kräutermischung als Reinigungs- und Entgiftungsmittel sehr zu empfehlen. Das gilt für alle Organe, das Bindegewebe, das Blut und die Lymphe.

Und je besser die Reinigung, desto schwingungsfähiger ist unser „System Körper".

Hierfür ganz besonders effektiv ist auch die sogenannte „Colon-Hydro-Therapie". Es handelt sich um eine sehr angenehme Darmspülung, die fast über eine Stunde mit einer Massage des Bauches verbunden wird. Es ist fast unglaublich, daß selbst nach zehn Spülungen dieser Art noch - oder gerade erst dann - große Mengen verhärteter Exkremente aus den Darmschlingen ausgepült werden.
Die Schulmedizin hat bis heute für diesen Bereich der Vorsorge oder Therapie nichts Adäquates zu bieten.

Warum geht das Volk nicht auch jeden Montag auf die Straße und fordert, daß die Naturheilkunde mit allen Methoden ebenso wie die Homöopathie endlich auch von allen Krankenkassen bezahlt wird?

Wir sind das Volk! Mit welcher Unverschämtheit, mit welcher Arroganz stellt sich die Regierung auf die Seite derjenigen, die sich Wissenschaftler nennen und auf die Seite der chemischen Großindustrie, die sich vor der Naturheilkunde fürchtet, da sie dann weniger verdienen würde?

Hat nicht das Volk ein Recht auf Unversehrtheit des Lebens? Dies steht sogar im Grundgesetz!

Aber dann muß man sich von den sogenannten Wissenschaftlern anhören, daß sie das Volk vor dem Betrug der Naturheilkunde bewahren wollen.

Wie aber wurde und wird das Volk bisher von eben diesen Professoren betrogen? Rheumamedikamente und andere wurden als das absolute, perfekte Mittel der Wahl hingestellt, dann aber nach drei Jahren verboten, da Menschen daran gestorben sind!

Uralte Methoden und Mittel, die seit Jahrhunderten oder seit Jahrtausenden mit bestem Erfolg angewandt wurden, werden aber von eben diesen sogenannten Wissenschaftlern verhöhnt, nur weil sie selbst nicht fähig sind, damit zu therapieren!

Oder möchte sich einer dieser Professoren einmal einem Test unterziehen, z.B. in der modernen Aurikulomedizin, in der Akupunktur oder der Kranio-Osteopathie? In allen diesen Diagnostik- und Therapie-Methoden kommt es nämlich auf Fühlen, auf Sensitivität und andere Fähigkeiten an, die man nicht einfach nur auswendig lernen kann wie einen Rezeptplan für moderne Chemotherapie oder eine Tropfenanweisung für Glaukom!

Die alten bewährten Methoden werden schon seit Jahrhunderten von fähigen Ärzten angewandt. Sie haben sich bis heute nicht geändert. Also sind sie der Wahrheit näher als die moderne Medizin!
Wahr ist nur das, was sich niemals ändert!

Die sogenannte moderne Wissenschaft ändert fortwährend ihre Meinung. Was heute noch als absolute, wissenschaftliche Wahrheit gilt, ist morgen schon vergessen.

Nun gibt es noch eine Methode, die sicherlich zu den besten gehört, die uns reinigen und schwingungsfähiger machen, nämlich: Das Fasten!

Eine uralte Methode, die auch seit Jahrhunderten oder Jahrtausenden bekannt ist und z.B. sehr von den „Essenern" empfohlen wurde.
Ja, immerhin lesen wir davon auch schon in der Bibel und fast in allen anderen religiösen Schriften, wie z.B. das Fasten während des Ramadan usw.

Vom Wort her besagt „Fasten" noch im Englischen „beschleunigen", aber auch „festbinden, anbinden".
Sicherlich beschleunigt das Fasten die „Schwingungen" des Körpers, d.h. er wird wieder reaktionsfähiger, ist nicht so vergiftet und verhärtet.
Wer dies alles noch nicht selbst erlebt hat, wird diese Gedanken hier eventuell nicht sogleich nachvollziehen können oder wollen.
Man muß es halt tun und nicht nur davon reden!

Es ist durchaus möglich, sechs Wochen und mehr zu fasten, wobei allerdings richtiges Fasten mehr ist als nur nichts essen. Es sollte unbedingt ein seelisches Fasten, eine metaphysische Untermauerung dazu gehören, also z.B. Meditation, Gebet, eventuell auch Schweigen.

Ideal sind sicherlich solche Seminare wie „Fasten, Schweigen, Meditation", da man in einer Gruppe eine viel stärkere Wirkung durch „Induktion" erfährt, als wenn man nur alleine ist.

Wir alle sind doch recht oft durch äußere Giftstoffe, die wir einnehmen, aber auch durch die Verkrampfungen unseres Körpers so weit verunreinigt, daß eine Entgiftung, eine Reinigung, regelmäßig wiederholt werden sollte.

Und hier zählt das Fasten sicherlich zu einer der besten, wirksamsten und gründlichsten Methoden.

Mit dem Fasten sollte man alle oben erwähnten Methoden kombinieren. Das gewährleistet sicherlich eine sehr umfassende Vorsorge und ermöglicht eine Schwingungserhöhung.

-Fasten ist leichter als jede Diät
-Fasten kann auch während der Arbeit durchgeführt werden
-Fasten gewährt dem Körper eine Ruhepause
-Fasten hilft viele Krankheitszustände zu heilen
-Fasten senkt den Blutdruck und den Cholesterinspiegel
-Fasten beruhigt, hilft Spannungen abzubauen und Schlafstörungen zu beheben
-Fasten ruft ein Gefühl des Wohlbefindens hervor, erzeugt ein natürliches Hoch

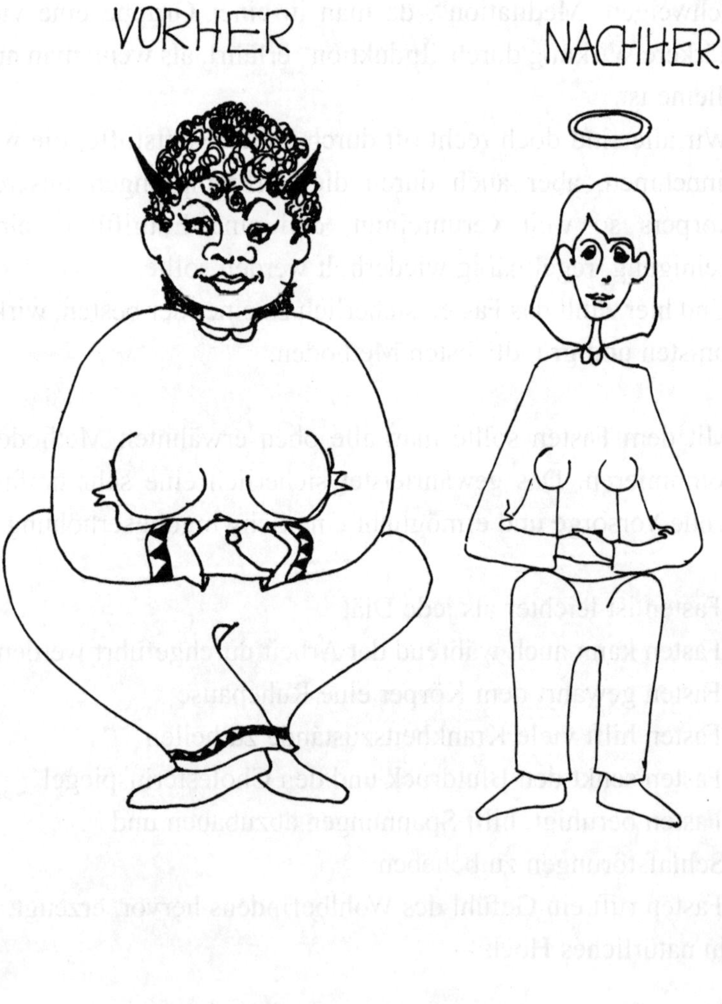
VORHER
NACHHER

-Fasten erhöht die Freude am Essen
-Fasten verjüngt und verlangsamt den Alterungsprozess
-Fasten stärkt und schwächt nicht
-Fasten fördert die Ausscheidung
-Fasten kann Nikotin-, Drogen- und Alkoholabhängigkeit verhindern
-Fasten reinigt den Körper von Giften
-Fasten ist ein Regulierungsmittel. Es erzieht den Körper dazu, nur so viel zu essen, wie erforderlich ist
-Fasten bringt mehr Freizeit, man spart schließlich die Zeit, die zum Einkaufen, Vorbereitung und zum Verzehr von Nahrungsmitteln und Getränken benötigt wird
-Fasten entzieht dem Körper keine wesentlichen Nährstoffe
-Fasten ist bei der Behandlung von Schizophrenie und anderen Geisteskrankheiten wirksam, besonders in Verbindung mit der allgemeinen Entgiftung und den Darmeinläufen
-Fasten kann man mit der entsprechenden Bewußtseinsvorbereitung und fachlichen Anleitung und Aufsicht ohne weiteres viele Wochen lang
-Fasten verstärkt den Appetit nicht, Hungergefühle verschwinden nach 3-4 Tagen
-Fasten ist im Tierreich eine Routinemaßnahme, um die Heilung vom Kranksein und von Verletzungen zu beschleunigen
-Fasten ist ein Ritus aller Religionen. Die Bibel allein bezieht sich 74 mal darauf
-Fasten ist kein Hungern, es ist die Kur der Natur!

Fasten mit Meditation zusammen dient nicht nur dem Körper, sondern gleichzeitig auch der Seele und dem Geist.
Es hilft, alle verdrängten Anteile aus dem tiefen Unbewußten

hervorzuholen, zu erkennen, aufzuarbeiten und zu überwinden.

Fasten sollte man immer bei einer guten Psychotherapie einsetzen. Allerdings sollten auch Psychotherapeuten einmal selbst durch diese Erfahrung gehen und sie auch ständig wiederholen, damit sie schwingungsfähig bleiben und dann auch dem Patienten viel besser helfen können, denn dann sind sie viel sensitiver und erkennen sofort, wo sie hilfreich zur Seite stehen können. Ein guter Therapeut wendet nicht nur das an, was er auswendig gelernt hat, was er mit seinem Verstand erfaßt, sondern er sollte in ständiger Rückbindung, in ständiger Verbindung mit den höheren Welten, mit Gott stehen!

Somit findet beim Fasten als erstes die „Separatio", die Trennung, statt. Dann auch eine sehr tiefgreifende „Purificatio", Reinigung. Dadurch können dann auch die drei wesentlichen Bestandteile des Menschen, nämlich „Körper, Seele und Geist" viel leichter zueinander finden. Sie werden wiedervereinigt, „Cohabatio".

Dies ist wahre, praktische Alchemie im menschlichen Körper!

Auch bei biologischen Therapien sieht man immer wieder, daß sie nach dem Fasten viel besser und schneller wirken als bei der Durchschnittsbevölkerung.

Fasten sichert den Menschen wie ein Sicherheitsgurt (fasten seat belt). Durch die Entgiftung und damit das Mobilisieren der alten, festsitzenden Toxine (Giftstoffe) wird der Körper wieder reaktionsfähiger. Er kann auch wieder Gifte besser verkraften, verarbeiten, da ja der „Eimer" leer ist, der sonst

„überlaufen“ würde.

Zudem hilft das Fasten schon alleine auf Grund des Polaritätsgesetzes. Nur durch ständiges Wechseln der Pole lernt man die Wirkung beider Pole kennen und kann dann leichter eines Tages auch beide Pole überwinden, um wieder zur Einheit zurückzukehren.

Man fühlt sich nach dem Fasten viel frischer, leichter, gesünder und auch fröhlicher.

Aber auch hier gilt: Jeder, der dies noch nicht erlebt hat und gewohnt ist, sollte nur unter Anleitung eines Erfahrenen fasten.

Was kann man noch tun, um die Gesundheit des Körpers zu erhalten oder zu verbessern?

Sicherlich hilft auch Gymnastik und Yoga.

Über Yoga brauchen wir hier nicht viel zu sagen, denn es gibt darüber eine große Anzahl von Büchern, so daß wohl jeder eines findet, das ihm zusagt.

Einige Menschen haben nun von Kindesbeinen an viele Übungen gelernt und beherrschen somit auch alle „Verrenkungen“. Doch niemand braucht sich davon zu sehr beeindrucken zu lassen oder gar traurig zu sein, daß er dies nicht kann.

Die Verrenkung alleine bewirkt nicht unbedingt das, was einen guten Yogi ausmacht.

Auch der westliche Mensch, dessen Gelenke nicht mehr in der Lage sind, die meisten der rein körperlichen Yoga-Übungen auszuführen, kann ohne weiteres einige der leichteren

Übungen, die oft auch mit denen der Gymnastik übereinstimmen, noch durchführen.

In letzter Zeit haben ja die „Fünf Tibeter", bestimmte körperliche Yoga- oder Gymnastikübungen, dafür gesorgt, daß das entsprechende Büchlein unerwartete Verkaufserfolge erzielte.

In diesem Buch steht, daß diese Übungen, wenn man sie täglich je 21 mal ausübt, helfen, den Körper jung zu erhalten. Sie gelten angeblich als „Jungbrunnen", so daß z.B. ein Mann, der eigentlich über siebzig Jahre alt ist, aussieht wie ein „Fünfziger".

Und die Angst, alt zu werden, oder die Aussicht, jung zu bleiben, scheint nach wie vor einer der stärksten Ängste, bzw. Wünsche des Menschen zu sein.

Dieses Buch stand viele Wochen bis Monate auf der Bestseller-Liste, obgleich auch in einer Zeitschrift zu lesen war, daß der Inhalt dieses Buches frei erfunden sei von oder für jemanden, dessen Verlag keinen guten Umsatz mehr hatte.

Wie dem auch sei, man kann auch hier sehen, daß man mit der Angst gute Geschäfte machen kann.

Und dennoch ist es natürlich sinnvoll, möglichst täglich ein wenig Gymnastik zu machen - und diese „Fünf Tibeter“ sind alles Übungen, die wir in der Schule schon im Gymnastik-Unterricht ausgeführt haben. Denn über die Sehnen und Muskelspindeln der Gelenke finden wir Menschen auch unsere Orientierung in Raum und Zeit!

Für Menschen, die körperlich ungelenkig sind, gilt dies auch im übertragenen Sinn auf der Bewußtseinsebene.

Gelenkbeschwerden sagen halt, wie alle körperlichen Beschwerden, immer auch etwas über das Bewußtsein des Menschen aus.

Alles Sichtbare ist nur ein Gleichnis und hat Symbolcharakter.

Alles, ohne Ausnahme!

Allerdings ist eine tägliche „Gymnastik-Übung“ für das Bewußtsein sicherlich noch viel wichtiger als für den Körper. Der Verjüngungsprozess läßt sich damit noch viel besser erreichen und der Alterungsprozess aufhalten.

Dazu später mehr.

Sollte nun ein Kranksein auf der körperlichen oder seelisch-geistigen Ebene vorliegen, so ist es ratsam, sich nicht nur einer körperlichen Therapie zu unterziehen, sondern auch eben einer guten, metaphysisch orientierten Bewußtseins-Therapie.

Leider gibt es aber nicht genug Therapeuten, die bereit sind, die Verbindlichkeit einer metaphysisch orientierten Ausbildung einzugehen und einen inneren Einweihungsweg zu durchlaufen. Und freilich fehlen ja auch die Ausbildungsstätten dazu. Priesterärzte gibt es nicht mehr.

Und als der Autor dieses Buches vor vielen Jahren ein solches Seminar anbot, bekam er große Probleme durch die Kirche. Man verbot eine solche Veranstaltung im Rahmen der ärztlichen naturheilkundlichen Zusatz-Ausbildung.

Außer in akuten Notfällen, in denen wir alle Errungenschaften der modernen Schulmedizin brauchen und anwenden sollten, können wir aber viel besser zu einer „restitutio ad integrum“, also einer Wiederherstellung der Gesundheit, mit Mitteln der Naturheilkunde, Homöopathie und Spagyrik bzw. Alchemie gelangen.

Hierzu sei auch gerne auf das mehrbändige Werk des Institutes der Freien Berufe an der Universität Lübeck, in Zusammenarbeit mit dem ZDN, dem Zentrum für Dokumentation der Naturheilkunde hingewiesen, mit dem Titel: „Dokumentation der besonderen Therapierichtungen und natürlichen Heilweisen in Europa“.

Darin wird recht vollständig und erstmals von einer offiziellen Stelle eine zusammenfassende Übersicht über die meisten Möglichkeiten der Diagnostik und Therapie in der Naturheilkunde gegeben.

Eine vorsorgliche Reinigung und Therapie können wir somit alle jedes Jahr gebrauchen, da wir doch alle immer wieder durch die verschiedenen Reize, auf den verschiedensten Ebenen, aus unserer Mitte geworfen werden.

Sicherlich gibt es nun auch einige Methoden, die besser als andere nicht nur auf den Körper, sondern auch auf die Seele, also das Bewußtsein, und den Geist helfend einwirken.
Dennoch hat natürlich jede Wirkung auf den Körper auch eine Wirkung auf die Seele und den Geist, wie auch vice versa (umgekehrt). Manches dringt eben besser als anderes durch die verschiedenen Schichten.
Je hochfrequenter, je feiner die Methode ist, desto eher kann sie auch über den Körper hinaus auf die höher schwingende Seele wirken.
Und wenn wir uns heute in der Medizin umschauen, so finden wir ja auch sogar in der Schulmedizin immer hochfrequentere Methoden. Immer mehr arbeitet die Diagnostik und Therapie mit Strahlen, wie beim Röntgen und anderen radioaktiven Strahlen, aber auch mit Magnetfeldern und Laserstrahlen.
Eindeutig geht der Weg weg von der Materie hin zu hochfrequenten Schwingungen.
Hier einige Beispiele:

-EKG (Elektrokardiogramm)
-EEG (Elektro-Enzephalogramm)
-Ultraschall
-Infraschall
-Infrarot
-Ultrarot

-Kurzwellenbestrahlung
-Laser (Diagnostik und Therapie)
-Röntgenstrahlen
-Kobaltbestrahlung
-Radiumbestrahlung
-Computertomogramm
-Kernspin-Tomogramm
-Positronen-Emmissions-Tomogramm
-u. a. m.

In der Naturheilkunde und Homöopathie benutzt man auch schon seit sehr vielen Jahrzehnten oder gar Jahrhunderten noch viel feinere Schwingungen oder Energien, auch wenn diese noch zum größten Teil wissenschaftlich nicht nachgewiesen werden konnten. Hier seien sie genannt:

-Laser (Midi- und Softlaser)
-Impulsdermogramm
-Kirlianfotografie
-moderne Aurikulomedizin mit ihren Filtern
- Elektroakupunktur-Testung nach Voll oder Schimmel (Vega u.a.)
-Akupunktur (Körper, Schädel, Ohr)
-Mora-Therapie mit sogenannten körpereigenen Schwingungen
-Kinesiologie-Testung
-Pendel
-Wünschelrute
-Farbtherapie
-Edelsteintherapie
-Homöopathie

-Spagyrik
-Alchemie
-Heil-Meditaion
-Geistheilung (durch Handauflegen, Gebet u.a.)

Seit vielen Jahren wenden hochsensible Therapeuten auch Schwingungen an, um z.B. Medikamente nur als Frequenzmuster schwingungsmäßig, also nur als Information, dem Patienten zu geben. Der sogenannte „Copencomputer“ war sicherlich einer der ersten Vorläufer all dieser Methoden, die noch sehr umstritten sind und auch noch verbessert werden müssen, aber dennoch symbolisch zeigen, wohin der Weg geht.
Das Ziel ist sicherlich eine reine Informationstherapie, also eine Therapie und Diagnostik auf der Bewußtseins-Ebene, der Seele.
Das Ziel ist also eine Diagnostik und Therapie auf der Ebene, auf der auch das Kranksein entsteht!

Denn die Information ist immer zuerst da, bevor eine materielle Organisation entsteht oder sich verändert!

Da, wo das Kranksein entsteht, liegt auch bereits die Lösung. Es ist wirklich kaum zu verstehen, daß Millionen von sogenannten intelligenten Menschen, also besonders die Professoren und Ärzte in der ganzen Welt, immer nur auf der letzten Ebene arbeiten und eingreifen, auf der das Kranksein sichtbar wird, eben der materiellen Ebene.

Es gibt auch keine Krankheiten, es gibt nur e i n Kranksein. Es gibt ja auch keine Gesundheiten, sondern nur eine

Gesundheit, e i n Gesundsein!

Aber es ist ja so herrlich einfach immer nur am Körper herumzuarbeiten. Denn Materie kann man leichter korrigieren, leichter manipulieren als das Bewußtsein. Zudem läßt sich auch so viel leichter Geld verdienen.

All die Ärzte, Pharmafirmen und die Firmen, die die ungeheuer teuren Maschinen der modernen Medizin erfinden, entwerfen und verkaufen, können gar kein Interesse daran haben, daß sich die Menschen verändern und in ihrem Bewußtsein verbessern, denn dann würden die Körper weniger krank und das Geld-scheffeln hätte ein Ende. Darum sollen die Menschen gar nicht an ihrem Bewußtsein arbeiten.

Dann hätte die gesamte moderne Medizin mit den Milliarden Umsätzen keine oder nur noch eine geringe Existenzberechtigung: Sie würde wirklich bankrott gehen.

Warum ist denn die moderne Medizin nicht mehr bezahlbar?

Auch, weil alle Maschinen und die Pharmaka viel zu teuer sind, weil aber auch alle Maschinen, die erfunden werden, eingesetzt werden müssen, da sie sich ja amortisieren müssen.

Allein für die künstliche Niere werden jedes Jahr nur von einer Krankenkasse wie der AOK über eine Milliarde Mark bezahlt.

Man stelle sich einmal folgendes vor: Wir brauchen keine künstliche Niere mehr, wir brauchen keinerlei Organtransplantationen, fast keine Operationen, außer bei Unfällen, keine Krebs-, Aids-, Rheuma- und Arterienverkalkungs-Therapien mehr, da es alle diese Krankheiten, dieses Kranksein nicht mehr gibt und auch keine anderen stattdessen.

Herz-Kreislauf-, Rheuma- und Krebserkrankungen machen den größten Teil allen Krankseins aus.

Daran läßt sich nun leicht das Bewußtsein der Gesamtbevölkerung dieser Welt erkennen.
In Wirklichkeit hat also die Gesamtheit der Bevölkerung und deren Repräsentanten in der Medizinwelt kein Interesse daran, sich zu ändern, den Menschen wirklich zum „Heil" zu verhelfen. Denn dann haben sie auch keine oder weniger Angst mehr und sind auch nicht mehr zu manipulieren.

Man verdient nichts mehr und ist auch nicht mehr der „Halbgott" in Weiß, der einem ja das Leben retten kann - zumindest glauben dies oft die Menschen.
Also, wenn wir wirklich wieder einmal zu einer Diagnostik und Therapie zurückkehren würden, die den tieferen Entstehungsort des Krankseins mit einbezieht, nämlich das Bewußtsein, also die Seele des Menschen, dann müssen aber auch die Ärzte und anderen Therapeuten anders, vollständiger, also auch besser ausgebildet werden.
Vorläufig lernen sie nur auswendig und kombinieren ein paar Symptome zu einem Krankheitsbild, das sie dann versuchen mit einem groben „Hammer" an der Hardware zu korrigieren.

Die Software, das Bewußtsein, das die Gedanken und die Gefühle umfaßt, wird aber völlig ausgeklammert, da sie, die Therapeuten, auf dieser Ebene ja selbst „Krüppel" sind, voller Probleme, voller Komplexe und ohne jede Ausbildung, die eben den „Weg zur Mitte" mit einschließen müßte.
Dann müßten sich die Ärzte auch um den Bereich der „Religio" kümmern. Dann müßten sie auch gleichzeitig Priester sein - und dies sollte auch so sein.

Doch diese Priesterärzte haben nichts mit den Institutionen der Kirchen zu tun, wie es sie bisher gab. Diese Kirchen und die meisten ihrer Priester sind ebenfalls ohne den „Weg zur Mitte“, ohne die echte Rückbeziehung, ohne das echte tiefe Wissen, im Sinne der tiefen, eigenen inneren Erfahrung ausgebildet worden. Sie haben Religion auswendig gelernt wie andere Mathematik. Ihre Seele, ihr Bewußtsein, unterscheidet sich kaum von dem der übrigen Menschheit, ebenso wie dies bei den Ärzten und Therapeuten der Fall ist. Auch bei denen, die sich Psychologen nennen und versuchen mit Statistik die Seele zu erfassen.

Wie sollen denn all die Kriege dieser Welt vermieden werden können, wenn nicht einmal die Priester, die Ärzte und andere Therapeuten weit über dem normalen Bewußtsein stehen und den Menschen wirklich helfen können.

Wenn nicht einmal diese Menschen den Mut und das innere Bedürfnis haben, sich wirklich zu verändern, zu verbessern, ja christlich ausgedrückt, den Weg zu Gott zu gehen und nicht nur davon reden.

Wenn die ständige Reinigung der Seele und deren Ernährung nicht permanent gepflegt wird, kann sich nichts auf dieser Welt verbessern!

Was trägt denn nun zur Ernährung der Seele bei?

Um es noch einmal zu wiederholen und zu erweitern, möge das folgende aufgeführt sein:

M e d i t a t i o n .

Alles, was wir bisher besprochen, beschrieben haben, dient dem Weg zur Mitte.

Dennoch sollte man noch zusätzlich täglich das kleine Ritual einer Meditationsübung hinzufügen.

Für den Körper setzen wir auch ständig viele kleine Rituale ein, um ihn zu säubern, zu pflegen und gesund zu erhalten. Wir waschen ihn, reiben ihn ein, benutzen Kosmetika, kaufen uns Kleidung, essen, trinken und schlafen.

Sind dies nicht alles Rituale, Übungen, die wir nur und extra zu diesem Zweck vornehmen?

Wieviel Zeit, Geld und Mühe wird dafür aufgebracht?

Nun, ebenso sollten wir täglich, ein Leben lang, Zeit, Geld und Mühe einsetzen, um Rituale ausüben zu können, die unser Bewußtsein, unsere Seele immer wieder reinigen, pflegen und verschönern.

Dies soll ein Plädoyer für die „Innere Kosmetik" sein!

Mögen bald auch überall diese Kosmetik-Salons eröffnet, und diese Kosmetika verkauft werden.

Wenn wir hören, daß in einem Jahr 156 Milliarden Mark für äußere Pflegemittel und Kosmetika ausgegeben wurden, und fast nichts für die Seele, das Bewußtsein, die Innere Kosmetik, dann ist dies traurig.

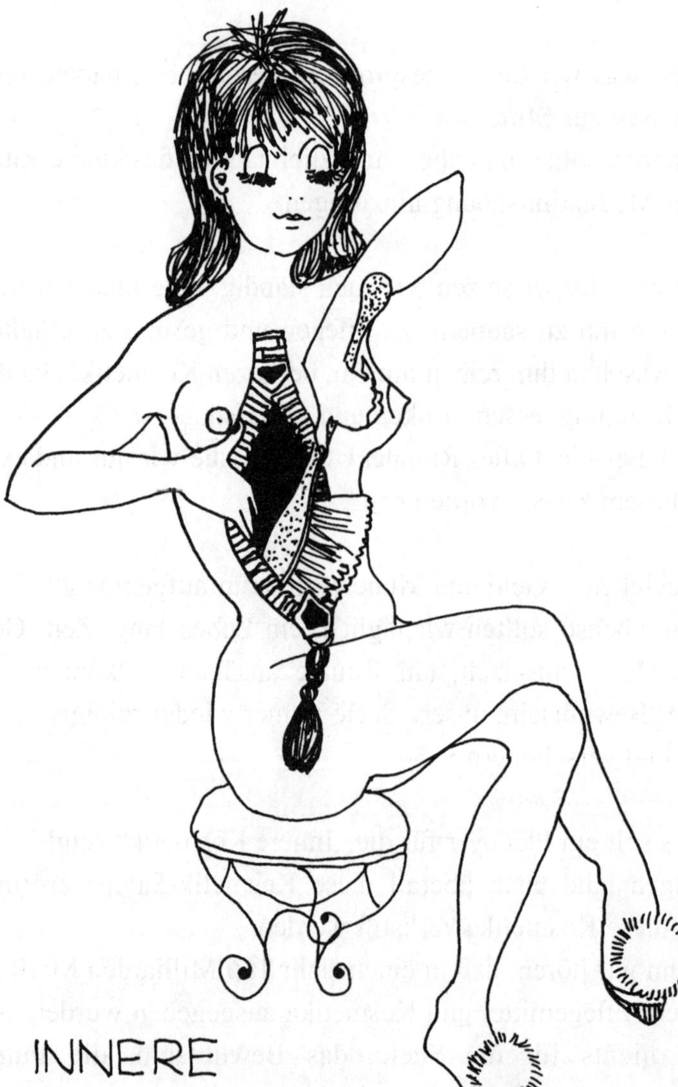

INNERE KOSMETIK

Und dennoch, noch nie gab es so viele Bücher auf dem Markt wie zur Zeit, die den ganzen Bereich der sogenannten Esoterik oder Metaphysik abdecken. Noch nie gab es so viele Vorträge, Seminare und Kurse auf diesem Gebiet weltweit.

Wenn auch vieles dabei ist, was vielleicht nicht so gut, so direkt der göttlichen Selbstfindung dient, so macht das nichts. Wie vieles von der christlichen Kirche war oder ist einfach schädlich? Dennoch ist es gut und wichtig, daß wir sie hatten und noch haben.

Also, die Zeit ist reif, die Menschen ändern sich, auch wenn es zahlenmäßig im Verhältnis zur Gesamtbevölkerung noch ein verschwindend geringer Teil ist.

Nichts ist stärker als eine Idee, deren Zeit gekommen ist!

Die tägliche, kleine Übung zur Meditation sollte also von jedem Menschen dieser Welt vorgenommen werden.

Was und wie kann man dies tun?

Anfangs ist es sehr empfehlenswert, täglich, immer zur selben Zeit, eine Übung auszuführen. Unser Körper verhält sich auf vielen Ebenen wie ein Tier. Also können wir ihn auch durch Reflexe trainieren. Immer, wenn es z.B. morgens 7 Uhr, oder abends 21 Uhr ist, bedeutet dies, sich gerade hinzusetzen, sich zu konzentrieren und zu meditieren. Nach einigen Wochen bis Monaten des Trainings, des Einübens dieses Reflexes, weiß der Körper dann Bescheid und verhält sich automatisch ruhig. Dies funktioniert wirklich, wie auch viele andere Reflexe, die man einüben kann. Zum Beispiel könnte, immer, wenn sich Daumen und Zeigefinger einer Hand an der

Spitze berühren, dies bedeuten, total ruhig zu sein, körperlich, emotional und von den Gedanken her.

Dies wird einige Wochen bis Monate trainiert und dann funktioniert es sehr gut. Aber nicht vergessen, immer wieder benutzen und einhalten. Denn sonst flacht der Reflex wieder ab; durch permanente Anwendung aber wird er noch stärker. Oder, man beginnt die Meditationsübung immer mit einem oder zwei tiefen Atemzügen, so daß der Körper weiß, ein- oder zweimal tief atmen bedeutet Meditation.

Die Haltung sollte möglichst die der alten Pharaonen sein, wie man zu sagen pflegt: Also auf einem Stuhl sitzend, die Füße berühren sich nicht, sind auch nicht übereinandergeschlagen, der Oberkörper ist aufrecht, der Kopf hängt nicht herunter, sondern die Höhe des Kinns ist etwa fünf Querfinger über der Schlüsselbeingrube, also geradeaus. Anfangs tut man sicherlich gut daran, die Augen zu schließen, da dies durchaus eine Erleichterung für die Konzentration ist, wenn nicht in jeder Sekunde viele tausend Nervenimpulse durch die Augen in den Körper gelangen, nur dadurch, daß wir etwas sehen.

Dann kann man verschiedene Techniken anwenden, wie z.B.:

1. Konzentration auf den Atem

Man konzentriert sich nur auf den Atem, indem man einfach spürt, wie es uns atmet. Dies wird in der sogenannten Zen-Meditation geübt und empfohlen.

2. Konzentration auf die Nase

Man konzentriert sich vorne auf die Nase und spürt dort den Atem.

3. Das „Gehenlassen" der Gedanken

Man konzentriert sich gar nicht, sondern läßt einfach alle Gedanken kommen und gehen, aber man beobachtet sich dabei, als ob man neben sich stehen würde. Dies ist nicht einfach, da das „Gehenlassen" der Gedanken sehr leicht dazu führt, daß man einfach abschweift, ohne sich zu beobachten oder man schläft sogar dabei ein.

4. Konzentration auf ein Thema

Man konzentriert sich auf ein Thema, über das man mehr Information wünscht, und formuliert dann dazu eine exakte Frage und bittet sein Unterbewußtsein, seinen geistigen Führer, Gott, oder wie immer der einzelne es nennen möchte darum, eine Antwort zu erhalten. Dann wartet man ganz einfach ab, aber beobachtet sich genau, welche Gedanken oder inneren Bilder kommen. Über die Symbolik der Bilder kommt irgendwie eine Antwort oder bestimmte Gedanken fallen einem dann direkt ein.

Nicht ungeduldig sein. Nicht glauben, dies funktioniert immer und sofort. Je stärker das Verlangen, der ehrliche Wunsch ist, desto eher und deutlicher fällt die Antwort aus. Hier ist es sehr wichtig, daß ich ein starkes Verlangen nach geistiger Führung habe, daß ich auf diese Weise ein Vakuum schaffe, indem ich sehr stark „am Himmel ziehe!"

Sich selbst leer machen, ein Vakuum erzeugen, um Hilfe bitten, selbst ein Werkzeug des Himmels werden wollen, dann kommt immer Hilfe!

Noch besser: Je mehr mein ganzes Leben so ausgerichtet ist, daß ich mich „reif" gemacht habe für eine Antwort, um so schneller und deutlicher wird sie kommen. Was hier „reif" bedeutet, sollte jeder für sich herausfinden.

Wie wir weiter oben schon gesagt haben, ist Meditation das gerechteste System der Welt, da jeder wirklich nur das erhält, was er verdient.

Wer wenig meditiert, wer sein übriges Leben sehr egodominant und emotional führt, braucht halt länger dazu, bis er Ergebnisse sieht. Sie sind zwar schon immer da, aber er sieht sie noch nicht.

„Wäre das Auge nicht sonnenhaft, wie könnte es je die Sonne erblicken, wäre in uns nicht *Gottes eigene Kraft*, wie könnte uns Göttliches erquicken?"

Dem Resonanzgesetz folgend muß ich mich reif machen, auf dieselbe Schwingungsebene begeben, sonst kann ich nichts Göttliches erfahren.

Wenn ich mich ständig nur mit materiellen, irdischen, negativen Dingen, Schwingungen, beschäftige, oder mich sogar auf satanische Schwingungen einlasse, wie zerstörerische Gedanken, Worte und Taten, welch Wunder, daß ich dann auch nicht in einigen Wochen der Meditation göttliche Frequenzen erreiche. Die Technik alleine genügt eben nicht. Mein ganzes Leben, meine Gedanken und vor allem meine Taten müssen entsprechend ausgerichtet sein!

So sagte schon Goethe: Dem Christentum des Wortes wird folgen ein Christentum der Tat!

5. Innere Bilder

Hier gibt es viele Möglichkeiten, die ganz alleine von der Phantasie und dem Einfallsreichtum des Einzelnen abhängen und die nur durch ihn begrenzt sind.
Hier ist einfach alles möglich. Es gibt keine Grenzen der Erlebniswelt und der Erfahrungen. Und nur derjenige, der

innerlich loslassen kann von allen eigenen Meinungen, Urteilen und Vorurteilen, von allem Gelernten und Gelesenem, wird in absolut neue Welten der Erfahrung und damit des Wissens eintauchen, von denen sich die meisten Menschen nicht einmal eine Vorstellung machen können.

Es hat hier nur derjenige eine Chance, der gelernt hat, die Polarität der Ratio und der Irratio zu überwinden.

Und eben davor haben die meisten Studierten, die Gelehrten nämlich Angst. Sie haben Angst alles loszulassen, sich ganz hinzugeben in eine Erlebnis- und Wissenswelt, die jenseits der Rationalität liegt. Die eben in der Überwindung der Polarität von Ratio und Irratio zu finden ist und damit völlig neue Dimensionen ermöglicht.

Dies ist nicht einfach nur eine Schein- oder Märchenwelt oder sogar Mystizismus, sondern hier lassen sich wirklich nahezu alle Informationen abrufen, die man wünscht.

Die limitierende Größe, also der begrenzende Faktor, ist einzig und alleine der Mut, das Ego mit allem Gelernten und Erfahrenen absolut loszulassen, sich hinzugeben, ohne Angst, sondern vielmehr voller Vertrauen in die kosmische Gesetzmäßigkeit.

Oder, wie es die Christen nennen, in Gott!

Es ist einzig und allein die Fähigkeit wichtig, sich entwickeln zu wollen, zum Licht zu wollen und dabei nur noch Werkzeug des Universums zu sein.

Sich maximal bereit zu machen, bereit zu stellen, damit „es" geschehen kann. Und dorthin zu gelangen ist für die meisten Menschen ein schier unmöglicher Weg, denn sie wollen ja gar nicht ihre Emotionen beherrschen lernen. Sie wollen ja gar nicht nur noch Diener sein. Diener an der Menschheit und zur Ehre Gottes.

Doch es ist der einzige Weg, diese Welten innerlich erleben zu können. Hier nützt es gar nichts, tausende und abertausende Bücher zu lesen oder viele und aberviele Seminare zu besuchen, denn hier bin ich ganz alleine auf mich gestellt. Hier zählt nur mein guter Wille und meine daraus resultierenden Taten.

Alles, was bisher aufgezählt wurde, um die eigenen Schwingungen zu erhöhen, muß man nutzen, wenn man an dieses Ziel gelangen möchte.
Ein sehr gutes weiteres Hilfsmittel zu diesen Ebenen der höheren Realitäten zu gelangen, ist das christliche Mantra: „Nicht mein, sondern Dein Wille geschehe", und dann zählt nur noch Ausdauer und Geduld.
Dies sind die wirklich wichtigsten Tugenden auf dem Weg zum Stein der Weisen!

6. Mantren

Was ist der Sinn eines Mantras und was ist ein Mantra überhaupt?
Ein Mantra kann z. B. ein einzelner Buchstabe, eine Kombination von Buchstaben, ein Wort, eine Kombination von Wörtern, ein Satz oder auch eine Kombination von Sätzen sein.

Wichtig ist dann, daß ich das Mantra ständig wiederhole. Entweder in Gedanken, ausgesprochen oder auch im Gesang. Warum? Nun, wenn ich ein Mantra ständig wiederhole, baue ich ein bestimmtes Energiefeld, ein bestimmtes Energie-Muster, in und um mich herum auf. Alle meine Zellen werden dann bei ständiger Wiederholung nur noch in Resonanz mit diesem Muster schwingen. Sie werden alle mitsingen. Dann geschieht es ähnlich, wie bei uns Menschen, wenn wir uns von einer Idee, einem Satz oder einem Lied „ergreifen, fangen oder mitreißen" lassen.

Am besten kennen wir es aus der zum Teil recht negativen Erfahrung mit Mantren, zu Zeiten eines sogenannten deutschen Führers. Aber auch ein chinesischer, ein koreanischer und viele andere Führer, die der Idee des Sozialismus oder Kommunismus folgten, nutzten die enorme Wirkung von Mantren. Aber auch auf dem Gebiet der Kirchen, des Kapitalismus, der Mode usw. bis hin zu den Medien, nutzt man dieses Wissen um die Effektivität von Mantren.

Alle Menschen schwingen plötzlich mit, lassen sich von einer Idee mitreißen, die, wenn sie nicht nur tausende Male, sondern millionen- oder gar milliardenfach ständig wiederholt wird, sehr wirksam, sehr real und auch sehr materialisiert werden kann - oft auch mit furchtbaren Folgen.

Aus der negativen Erlebniswelt kennen wir es aus Paniksituationen in großen Fußballstadien, bei denen vor einiger Zeit hunderte von Menschen totgetrampelt wurden.

Wie ein „Mantra" wird der Name einer Mannschaft oder eines Spielers ständig im Stakkato skandiert.

Es werden Emotionen in Gang gesetzt, die dann nicht mehr zu bremsen sind.

Warum dann aber nicht auch ein Mantra benutzen, um ein positives Energiefeld aufzubauen, um sich selbst und den anderen Menschen oder gar Kreaturen dieser Welt, dieses Universums, zu helfen?

Warum nicht ständig, immer und überall von morgens früh bis abends spät nur solche positiven Mantren denken, sprechen, singen, erklingen lassen, um diese Welt auf eine höhere Schwingungsebene zu heben, um sich selbst und die Welt zu erlösen und zu transformieren.

Haben wir nicht ständig im Alltag Zeit, um solche Mantren zu denken? Müssen wir nicht oft genug an der Bushaltestelle, an der Kinokasse, in der U-Bahn, im Wartezimmer beim Arzt, an der Kasse im Supermarkt warten? Warum nutzen wir diese Zeit nicht besser, indem wir ein positives Energiefeld in unseren Zellen und um uns herum aufbauen, verstärken und stabilisieren?

Müssen wir immer nur über unsere Sorgen nachdenken ? Dabei merken wir nicht, daß diese auch zum Mantra werden, also durch permanentes Wiederholen nur negative Energie fördern und uns so schaden?

Müssen wir immer nur über unsere Nachbarn, Arbeitskollegen, unsere Chefs und Politiker nachdenken und nicht gerade positiv sprechen, wobei wir wissen, daß wir diesen und uns selbst damit nicht gerade nützlich sind?

Ständig und überall wird nur negativ über andere, meist nicht anwesende Personen gesprochen, und damit also negative Energie gefördert. Davon aber nähren sich die Wesenheiten, die man früher Dämonen oder Kobolde nannte.

„Wir leben nur von und durch die Kreaturen, die wir selbst schaffen", so sagte schon Goethe!

Und wir werden diese Wesenheiten nicht mehr so schnell los. Sie bleiben stets in unserer Nähe, da sie ja dort negative Energie erwarten und erhoffen, wovon sie sich weiterhin nähren können, wovon sie rund und fett werden!

Dann aber wundern sich die Menschen, wenn sie von Gedanken und Emotionen nicht mehr loskommen, wenn sie beherrscht werden, wenn sie „wie besessen“ sind. Hinterher sagen sie dann: „Das wollte ich doch gar nicht“.

Ja, dies ist eine Besessenheit, die wir uns aber selbst geschaffen haben. „Die Geister, die Du riefst, wirst Du nicht mehr los“.

Heute meinen die Menschen, sie seien doch aufgeschlossen und müßten nicht mehr an Geistwesen glauben. Sie meinen, sie könnten alles erklären und seien doch so fortschrittlich.

Doch sie merken nicht, daß sie immer mehr in die Abhängigkeit eben jener Energien geraten, die sie ablehnen.

Gerade die moderne Welt mit den modernen Kommunikationsmitteln, wie Funk, Fernsehen und Presse tragen massiv zu den negativen Energien, Wesenheiten bei.

Dadurch, daß man heute an jedem Ort der Welt eine „Fernseh-Schüssel“ aufstellen kann, trägt dieses Medium sehr stark dazu bei, daß negative Gedanken sich immer schneller verbreiten und dadurch in der ganzen Welt verstärken.

So also können sich die negativen Energien, die Wesenheiten, laben an der Unwissenheit, der Dummheit der Menschen, die nicht merken, wie sie immer mehr manipuliert und beherrscht werden!

Immer öfter hört man Sätze wie: „Ach, alles ist so hektisch, so negativ, so aggressiv, so zerstörerisch. Die Welt ist so schlecht heute“.

Und indem immer mehr Menschen diese Sätze wiederholen, verstärken sie schon wieder diese Energien.

Ebenso sprechen die meisten alten Menschen ständig nur über ihr Kranksein. Sie haben nichts anderes im Kopf als ihr Kranksein, wofür sie natürlich auch, wie die meisten Men-

schen heute, immer nur die Umwelt verantwortlich machen.
Immer ist nur der andere Mensch oder die sogenannte Umwelt schuld. Niemals aber sind sie selbst offensichtlich verantwortlich.
Wenn es aber immer die Anderen sind, wo sind denn diese „Anderen“ dann?
Selbst die Energiefelder, die wir aufbauen, wenn wir sehr oft über das Kranksein sprechen, verstärken sich und somit geraten wir immer mehr unter den Einfluß dieser Informationen.
Jeder kennt dies aus eigener Erfahrung, daß man schließlich selbst beginnt an etwas zu glauben, wenn man es nur oft genug gehört hat. Ja, man glaubt es nicht nur, man handelt schließlich sogar danach. Und es dauert oft lange, bis man merkt, daß man eigentlich fremd-bestimmt wurde.

Und noch einmal, heute ist hauptsächlich die Macht der Presse verantwortlich, womit Funk, Fernsehen und die Print-Medien gemeint sind.
Die ungeheure Verantwortung, die da in den Händen der Eigentümer der Medien und der Journalisten liegt, ist offensichtlich den meisten Menschen nicht bewußt.
Eigentlich dürften die Medien nur in den Händen von wirklich weisen Menschen liegen, doch heute bestimmt nicht Weisheit das Weltgeschehen, sondern nur das Machtstreben, das Geld.
Heute nur? Oh nein, so war es schon fast immer. Wer besitzt und besaß denn die Produktionsmittel? Wer beherrscht denn schon immer die Welt? Es sind und bleiben einige wenige Menschen, denen die Banken und Versicherungen gehören.

Und diese haben auch jeden Einfluß auf die Medien. Leider

ist dieser Einfluß geprägt von negativen „Mantren", Energiefeldern.

Es gäbe ungeahnte Möglichkeiten gerade mit den modernen Medien positive Mantren in die Welt zu senden, positive Energiefelder aufzubauen.

Wir brauchen dringend für die Erlösung dieser Welt, für die Loslösung von den negativen Energien, Menschen, die ethisch und moralisch, die metaphysisch geschult sind und selbst Erfahrung mit dem Göttlichen haben. Menschen, die einen Einweihungsweg gegangen sind und ihr eigenes, inneres, wahres göttliches Selbst gefunden haben.

Denn diese Menschen können wirklich der Menschheit dienen. Denn nur diese sind von allem irdischen Machtstreben fern und haben den Mut zur Demut.

Nur wer diese inneren Erfahrungen hat, ist eigentlich berechtigt, andere Menschen zu führen und den gesamten Macht-Apparat der Welt, also die Banken, Versicherungen, Energie-Versorgungssysteme und vor allem die Medien zu leiten.

Wie leicht und wie schnell könnte man dann durch positive Mantren in den Medien das Bewußtsein der Menschheit verbessern. Hinleiten zum Schönen, Wahren, Guten!

Noch nie gab es diese wunderbaren Möglichkeiten wie mit den heutigen, modernen Medien.

Warum werden nicht täglich auf allen Kanälen des Rundfunks und des Fernsehens dieser Welt Ethik-, Moral- und Metaphysik-Lehrstunden gehalten?

Warum wird den Menschen nicht nahegebracht, daß wir alle zusammen in demselben Energiefeld leben und uns immer nur helfen sollten? Wie Brahms es sagte, daß wir immer nur denken, sprechen und tun sollten, was die Menschheit aufrichtet und fördert.

Unmöglich, höre ich schon wieder viele sagen. Unmöglich, die Menschen ändern sich nie.

Und eben diese Menschen sind es, die auch den Fortschritt verhindern. Und alle stimmen zu: „Unmöglich!“

Wieso werden die Menschen nicht endlich gelehrt, daß „Alles möglich ist“?!! Negativ formuliert hört man es immerhin schon in der Fernsehwerbung mit dem „Nichts ist unmöglich“.

ALLES FÜR MÖGLICH HALTEN.

Besser aber ist: „A l l e s i s t m ö g l i c h“
Es ist wirklich alles möglich, wenn wir nur alle gemeinsam beginnen würden, uns immer gegenseitig zu helfen, statt zu schaden.
Es wäre nicht schlimm, wenn wir mal negativ denken oder fühlen, wenn nur die Mitmenschen uns immer sofort darauf aufmerksam machen würden und uns helfen würden, uns selbst zu korrigieren.
Gerade mit den modernen Möglichkeiten der weltumspannenden Medien- und Kommunikationsmitteln haben wir die Chance, den ganzen Tag, das ganze Jahr hindurch positive Mantren um die Welt und in das Universum zu senden.
Damit können wir unvorstellbare positive Energiefelder aufbauen, die in relativ kurzer Zeit neue Informationen ermöglichen würden, um die meisten Probleme der Menschheit in Frieden zu lösen.

Es fehlt nur das Prinzip der „göttlichen Liebe“!
Dies mag für die meisten Menschen fremd und zu hochgestochen klingen, aber es ist sehr einfach, dies zu beweisen.
Aber beweisen kann ich stets und immer nur etwas, indem ich es selbst tue.
Wenn mir jemand etwas zeigt, was er kann, was er erfahren und gedacht hat, muß ich es glauben.
Also bleibt nur der Weg der eigenen Erfahrung, so wie wir in der Alchemie sagen: „Nur, was ich selbst erfahren habe, weiß ich“!!!

Nun, wenn wir alle gemeinsam in dieser Welt erfahren wollen, ob wir alle mit dem Aufbau positiver Energiefelder, also nur noch positiver Gedanken, Worte und Taten, mit positiven

Mantren die Welt relativ leicht und schnell verbessern können, dann gibt es nur einen einzigen Weg: Wir müssen es tun!

Darum bitte ab sofort nur noch entsprechende Fernsehsendungen mit positiven Mantren, also Gedanken, Worten und Taten. Nur noch Sendungen über Ethik und Moral, über Metaphysik und göttliche Liebe.

Sicher wird es eine kleine Weile dauern, bis auch die letzten negativen Energiefelder der Welt in positive umgewandelt worden sind und dies im weitesten Sinne des Wortes.

Sicherlich wird es dann auch noch eine kleine Weile dauern, bis dann die Polarität ganz überwunden sein wird, wir also wieder in der göttlichen Einheit leben, aber wenn wir niemals beginnen mit dem Prozeß der Bewußtseinserweiterung, dann kann diese auch niemals stattfinden.

Wenn es jeder einzelne Mensch in sich selbst erfahren kann, dann ist es auch für die gesamte Menschheit möglich.

Immer nur jammern und sagen, dies sei ein unmögliches Unternehmen, bringt uns nicht weiter.

Über die Dunkelheit zu jammern nützt nichts, ja es schadet, denn es sind ja gerade die negativen Mantren, die auch das Negative ständig aufbauen. Es ist viel sinnvoller, endlich eine Kerze anzuzünden.

Also, jeder einzelne Mensch möge bei sich selbst anfangen und sich ständig nur selbst an die Nase fassen und immer, bevor er auch nur ein Wort denkt, spricht oder gar handelt, erst einmal denken: „Friede sei mit Dir“!!!

Und vor allem dieses Mantra auch ständig zu sich selbst sagen!!!

Und dieser Weg bedeutet nicht, etwas zu verdrängen, denn es kommt durchaus darauf an, alle negativen Energien in uns selbst zu sehen, zu akzeptieren, daß ich sie noch habe, um sie dann aber zu transformieren, also umzuwandeln in positive Energien.

Und dazu hilft uns das ständige Wiederholen der Mantren. Ebenso wie die ständig wiederholten negativen Gedanken, Worte und Taten diese Welt zum großen Teil so aggressiv gemacht haben.

Gedanken sind Kräfte, und es liegt nur an uns selbst, diese Kräfte endlich weise zum Nutzen von uns allen einzusetzen.

7. Rhythmischer Atem

Eine weitere, alte, sehr wirksame Methode, um zur Meditation zu gelangen, ist das rhythmische Atmen.

Hierbei gibt es viele verschiedene Möglichkeiten und wieder muß jeder für sich zu jeder Zeit selbst herausfinden, welcher Rhythmus für ihn gerade jetzt richtig ist.

Wie man das herausfindet? Nun, indem man es versucht. Und wenn sich alles in mir sträubt, wenn es mir schwerfällt, dann sollte ich zu einem anderen Rhythmus übergehen.

Aber, wie gesagt, es kann sein, daß ich nach einigen Tagen, Wochen oder Monaten merke und spüre, daß nun ein anderer Rhythmus für mich besser ist.

Nicht fixieren, immer wieder weitergehen und überprüfen.

Da ist der noch recht einfache Rhythmus, bei dem ich während des Einatmens durch die Nase bis vier zähle, dann die Luft anhalte und dabei bis acht zähle. Dann durch die Nase wieder ausatme und dabei wiederum bis vier zähle.

Dann wird es schwerer, indem ich jede Phase in der Zeit verdopple. Also: Acht, sechzehn, acht.

Und die nächste Übung bedeutet, wieder zu verdoppeln, also 16 - 32 - 16.

Und man kann dann noch einmal die Phase des Anhaltens verdoppeln, wenn man es kann. Aber bitte nicht mit Gewalt erzwingen. Es ist besser, man bleibt erst einmal für längere Zeit bei der Übung, die man gerade noch einigermaßen leicht durchführen kann.

8. Atem - Energie - Licht - Übung

Hierbei ist nun wieder die Vorstellungskraft gefordert. Wir sollen uns dabei vorstellen, daß wir während des Einatmens, durch die Füße von unten negativ gepolte Energie (nicht wertend gemeint, sondern nur von der Polarisation her negativ), und durch die Nase oder sogar durch die Ohren oder den ganzen übrigen Körper positiv gepolte Energie des Himmels einatmen und gleichzeitig denken, daß dies Licht ist.

Wenn wir dies ca. 20 Minuten geübt haben und zum Ende kommen, sollten wir dann unseren Inneren Meister, unser göttliches Selbst, unseren Schutzengel oder geistigen Führer bitten, daß die Energie richtig in unserem Körper verteilt werde und nicht irgendwo zu viel Energie gestaut wird. Also auch hier nicht so sehr selbst entscheiden wollen, wo wir En-

ergie brauchen, sondern dies ruhig „dem Himmel“ überlassen.
Dies ist eine sehr gute, wirksame Methode und Übung.

9. Atem - Energie - Licht - Friede - Übung

Jetzt erweitern wir die vorige Übung einfach dadurch, daß wir noch bei jedem Einatmen zusätzlich zur Energie und zum Licht denken, daß wir Frieden mit einatmen und aufnehmen.

10. Atem - Energie - Licht - Friede - Organ - Übung

Hierbei werden die Übungen 8 und 9 noch dadurch verbessert, indem wir nicht nur die Energie, das Licht und den Frieden in unseren Körper aufnehmen, sondern wir senden gleichzeitig eben die Energie, das Licht und den Frieden nacheinander in alle Organe.
Also langsam und stetig alle Organe in Gedanken durchgehen.
Auch hier ist es um so hilfreicher, je deutlicher, je plastischer wir innerlich „sehen“, denken und uns vorstellen können, daß in die einzelnen Organe die Energie, das Licht und der Frieden einziehen.
Man kann sich vorstellen, daß alle Zellen des einzelnen Organs wie Kerzen am Weihnachtsbaum leuchten.
Ja, man sollte sogar „sehen“ und „hören“, wie die Zellen voll Freude rufen: „Friede sei mit Dir“.
Es ist wichtig, denVerstand etwas zur Seite zu stellen und das „Kind in uns“ arbeiten zu lassen, denn um so besser hilft es.

Am besten schreibt man sich anfangs einmal alle Organe in der Reihenfolge auf, in der man durch den Körper hindurch gehen möchte. Man vergißt allzu leicht ein Organ, ein System.

Denken Sie so auch an das Blut, die Lymphe, das Knochenmark, das Bindegewebe, das Rückenmark, die Flüssigkeit im Rückenmarks-Kanal und in den vier Gehirn-Ventrikeln, den vier Kammern im Gehirn, aber auch an das Groß- und Kleinhirn, das Mittel- und Zwischenhirn, sowie das verlängerte Rückenmark und die zwölf Hirnnerven.

Bitte vor allem auch alle Drüsen mit einbeziehen und das vegetative Nervensystem mit dem Sonnengeflecht.

Die inneren und äußeren Geschlechtsorgane bitte nicht vergessen.

Nun dann, auf gehts, frisch an die Arbeit. Es gibt fast nichts besseres, als jeden Tag diese Licht-Energie-Friedens-Übung mit allen Organen und Zellen des Körpers durchzuführen.

Sie werden sehen, nach Tagen, Wochen, Monaten oder Jahren, wie gut es Ihnen bald geht.

Und freilich hängt der Erfolg davon ab, wie verschmutzt Sie sind und wieviel Widerstand Sie in sich und in allen Ihren Zellen seit Beginn Ihrer Existenz haben. Wieviel Sie sich auch vom kollektiven Unbewußten haben beeinflussen und beeindrucken lassen.

Denn in uns allen und in unseren Zellen, sind seit Jahrzehnten, Jahrhunderten, alle möglichen Energien, positive und negative, abgespeichert. Und meist ist der Schmutz so verkrustet und verhärtet abgelagert, daß wir eben nicht frei beweglich und sauber denken, fühlen, sprechen und handeln können.

Es gilt nun die alte, schwarze, verkrustete, verdreckte, negative Energie im Licht aufzulösen.

Dunkelheit weicht immer dem Licht, da sie keine Eigenexistenz hat.

Wenn die ganze Welt dunkel ist und ich zünde eine kleine Kerze an, weicht die Dunkelheit.

Umgekehrt gilt ebenso, wenn ich ein Licht angezündet habe, kann mich niemals die Dunkelheit ganz einhüllen.

Wir sollten dabei nicht nur an die Dunkelheit in der Außenwelt denken, d.h. an das Böse, das außen lauert, sondern vor allem auch an die negative, dunkle Energie, die in uns selbst schlummert und nur darauf wartet, daß sie nach außen wirksam werden kann.

Symbolisch heißt dies natürlich, daß all die Teufelchen, die Dämonen und Kobolde in uns genauso dem Licht weichen müssen. Darum ist diese Übung zur Meditation so gut wirksam. Ich kann nur meditieren, wenn ich rein und hell bin!

11. Atmen - Licht - Energie - Positive Eigenschaften

Diese Übung setzt ein deutliches Maß an Selbsterkenntnis voraus. Denn ich sollte erst einmal wissen, welches meine Untugenden und negativen Eigenschaften sind.

Also sollte ich mich erst einmal hinsetzen und alle die Eigenschaften schriftlich festhalten, die ich an mir selbst als nicht so wertvoll empfinde.

Dann aber wäre es gut, Freunde, Bekannte und Verwandte zu fragen, sie mögen doch einmal all die Eigenschaften aufzählen, die sie an mir nicht so vorteilhaft sehen.

Dann sollten wir uns auf der schriftlichen Liste eine zweite Rubrik daneben schaffen, in die wir die jeweils zu der Untugend dazugehörende Tugend schreiben, also die jeweilige positive Eigenschaft.

Denn wir wollen gar nicht so oft und intensiv an die

Untugend denken oder sie aufzählen. Sich einmal richtig darüber im Klaren zu sein, reicht. Dann aber wollen wir nur noch ständig an die positive Seite, an die Tugend denken, die wir in uns verstärken möchten.

Dazu bitte die alte Regel beachten, daß wir nicht mit Verneinungen arbeiten sollten, denn das Unbewußte in uns wandelt diese automatisch in eine Verstärkung um.

Also z.B. nicht denken: „Ich will nicht mehr rauchen“, denn daraus wird in unserem Unbewußten einfach „Rauchen“, ich verstärke damit das Rauchen. Dieses Wort sollte also gar nicht mehr vorkommen.

Aber, wie kann das dann aussehen, wie soll das gehen?

Nun, die einfachste Formel lautet dafür, wie für jede Abhängigkeit, also auch für Alkohol, Drogen, auch Süßigkeiten oder allgemein das vermehrte Essen:

„Ich bin frei, beherrsche mich selbst und habe absolute Selbst-Disziplin“.

Noch einmal: Bitte nicht die Worte „Zigarette, Alkohol, Süßigkeiten, Essen“ oder was auch immer benutzen, denn ich verstärke sie mit jeder Wiederholung!

Gut, wenn ich nun also alle meine Untugenden kenne und auch die entsprechenden Tugenden aufgeschrieben habe, dann beginnt die Übung: Ich atme wieder Energie und Licht ein, wie bisher, und gleichzeitig stelle ich mir vor, daß ich die jeweilige Tugend mit in mich aufnehme und in alle meine Zellen schicke.

Ich kann auch mit jedem Atemzug immer wieder eine andere wichtige Tugend „einatmen“.

Oder ich nehme bei jeder Übung von einigen Minuten oder gar zwanzig Minuten immer wieder eine andere Tugend.

Möglichkeiten gibt es viele, ich kann frei wählen. Nur, ich sollte es tun und nicht gleich mutlos aufhören, selbst wenn ich nach einigen Wochen bis Monaten immer noch nicht ganz frei von allen meinen Lastern bin, aber, es funktioniert ganz wunderbar.

Wie ist das mit meinem Körper? Ich beschmutze ihn täglich und wasche ihn auch immer wieder jeden Tag aufs Neue.

Und niemand hat Probleme damit, sich jeden Tag, ein Leben lang, zu waschen. Ja, für den Körper tun wir sogar noch vieles mehr, täglich, ein Leben lang.

Aber, wenn man eine lebenslange Meditation empfiehlt, stößt man leicht auf Ablehnung: Wenn das so lange dauert, dann laß es lieber gleich.

Merkwürdig. Nun, es liegt sicherlich auch daran, daß wir es nicht von Kindheit an anerzogen bekommen, daß uns niemand das Schauen nach Innen, die Meditation, das Waschen der Seele, die tägliche Reinigung des Bewußtseins lehrt.

Also nur Mut, selbst wenn die Erfolge nicht sogleich sichtbar sind. Selbst wenn wir morgen noch nicht der perfekte Mensch sind, das ist nicht schlimm, aber: Niemals aufhören, niemals beenden.

Natürlich, wenn man irgendwo am oder im Körper ein besonderes Problem hat, Funktionsstörungen oder gar krank ist, dann sollte man dort vermehrt Energie, Licht und Frieden hinschicken.

Dies ist die billigste und sicherlich beste Medizin. Nur, auch hier gilt: Geduld und Ausdauer!

Und vor allem ist es ganz wichtig, jeden Tag sich immer wieder selbst zu beobachten, als ob man neben sich steht und merken, was mich ärgert, wo und wann ich schon wieder negativ gedacht habe. Dies dann akzeptieren, aber sogleich Energie, Licht und vor allem auch Friede in mich, in meinen Körper und alle meine Organe und Zellen senden.

Das ist Alchemie im Alltag. Das bewirkt absolut eine Transformation. Ich werde ganz sicherlich besser, ich ärgere

mich immer weniger und schlucke es auch nicht hinunter, aber ich brauche es auch nicht mehr herauszulassen, denn mir gelingt es wirklich, die negative Energie umzuwandeln in positive.

Es ist eine wunderbare Übung und ein wunderbarer Erfolg, denn es hilft mir auch Energie zu sparen.

Wir sollten dies nicht nur auf der „materiellen“ Ebene üben, mit dem Strom, mit Wasser usw., sondern viel wichtiger ist es, weise mit unserer Lebensenergie umzugehen.

Nur leider wird es nirgendwo gelehrt und unterrichtet. Hier meint jeder Mensch, er dürfe sich so lange und so viel ärgern, schimpfen, schreien, schlagen und morden wie er wolle.

„Ich kann tun, was ich will!!!“ Das typische Schlagwort der Machos, der Macher. Aber es zeigt nur, daß dies grundsätzlich Uneingeweihte sind, die nichts, aber auch gar nichts vom Universum und seinen Gesetzen verstehen.

Natürlich kann jeder tun, was er will, aber: Er trägt voll und ganz die Verantwortung für ALLES!

Nikolaus folgt absolut sicher und immer. Und dann kommt das große Gejammer und Gezeter und das Zähneklappern. Jeder von uns muß für alles, was er denkt, fühlt, spricht und tut, bezahlen. Dies hat nichts mit Moral zu tun, denn es ist ganz einfach ein Gesetz des Universums.

Und wer sich daran hält, wer sich freiwillig unter das Gesetz stellt, der wird nicht so viel leiden.

Genau wie hier auf der Erde, in der materiellen Welt: Wenn es kalt ist, ziehe ich mir freiwillig warme Kleidung an, sonst leide ich.

Wenn ich die Geschwindigkeitsbeschränkung überschreite und erwischt werde, leide ich.

Wenn ich stehle und erwischt werde, leide ich.

Letztlich geht es immer um den Gebrauch von Energie und um die Bezahlung dafür.

Denn auch, wenn ich einen anderen Menschen gebrauche, mißbrauche, muß ich dafür bezahlen.

So geht es in jeder Partnerschaft, privat und beruflich: Wenn ich jemanden übervorteile, muß ich eines Tages dafür bezahlen.

Es geht hierbei einfach um den Ausgleich der Energie im Universum.

Alles besteht nur aus Energie, wie wir aus der Hermetischen Philosophie und der modernen Physik wissen, und wir alle

leben im kosmischen Meer der Energie, das wir auch Gott nennen können.

Und wir können dieses Meer nicht ohne Konsequenzen aus dem Gleichgewicht bringen. Immer wieder muß ich für den Ausgleich, das Steady-State, sorgen. Am besten freiwillig, sonst werde ich dazu erst sanft, dann immer härter vom Universum, vom Schicksal aufgefordert, ermahnt, gewarnt und schließlich zur kosmischen Überarbeitung zurückbeordert.

Und das Universum kümmert sich gar nicht darum, ob ich daran glaube oder nicht. Ich kann tun und lassen, was ich will, ich kann glauben, was ich will, aber ich muß bezahlen.

Warum dann nicht freiwillig täglich die „Hausaufgaben" machen? Das Leben ist wie die Schule: Der Schulplan steht fest. Das, was ich hier auf der Erde zu lernen habe, ist absolut festgelegt, nur den Weg dorthin kann ich wählen (zumindest glauben wir das).

Dies mag eine deutliche Aufforderung sein, selbst täglich an sich zu arbeiten, sich freiwillig täglich zu kontrollieren, zu korrigieren und zu transformieren.

Und die leichtesten, erfolgreichsten Übungen dafür sind die oben beschriebenen.

Ist es nicht Energieverschwendung, sich permanent über Dinge aufzuregen, die bereits geschehen sind? Ich ändere doch gar nichts mehr daran. Ob ich mich ärgere, aufrege oder nicht, die Vergangenheit bleibt so, wie sie war. Zumindest für uns in der Welt von Raum und Zeit.

Wenn Sie merken, daß Sie sich aufregen, denken Sie sofort: „Ich kann mich aufregen, ich kann es aber auch lassen".

Also, warum sich ärgern und aufregen? Warum nur???

Wir sollten immer an Epiktet denken: „Nicht die Ereignisse stören den Geist, sondern „meine" Beurteilung der Ereignisse".

Also üben Sie, die negative Energie zu transformieren und zu verwandeln. Darum die Übungen zur Meditation. Ich helfe mir und dem ganzen Universum damit. Dies ist wirklich so.

Nicht nur andere Menschen zu ärgern ist schädlich für alle Beteiligten, sondern auch, sich selbst zu ärgern, und ist damit ein asoziales Verhalten.

Ich schädige nicht nur mich, sondern die Gemeinschaft. Ebenso der Satz von Wilhelm vom Humboldt, der schon vor über einhundert Jahren sagte:

„Es wird die Zeit kommen, wo es als Schande gilt, krank zu sein, wo man Krankheit als Wirkung verkehrter Gedanken erkennen wird!“

Und was macht krank? Immer sind die Gedanken und Gefühle zuerst da, bevor es zu einer materiellen Manifestation kommt, immer! Täglich unsere Seele, unser Bewußtsein zu waschen, hilft weit mehr, als unser Gesundheitswesen zu sanieren - auf der rein materiellen Ebene.

Nur: Alle sollten mitmachen. Solange nur wenige zur Selbsterkenntnis bereit sind, müssen diese unter der Masse der Menschen leiden, die noch primitiv auf der rein materiellen, energetischen Ebene leben.

So ist es in unserem Staat. Die, die sich bemühen, werden noch bestraft, die Masse wird für die Faulheit belohnt.

Doch das ist der beste Weg zur Demut: Ich gebe mir maximal Mühe, mich freiweillig unter die kosmische Gesetzmäßigkeit zu stellen, ich arbeite täglich hart, um zur Selbsterkenntnis zu kommen, ich begleiche alle meine energetischen Schulden und werde noch verlacht, verhöhnt und bestraft von der noch unbewußten Masse.

Dies auszuhalten, nicht zu resignieren, nicht aggressiv zu werden, das bedeuet wirkliche Größe, Stärke und Weisheit.

Denn Weisheit ist die vernunftsmäßige Anwendung von Wissen. Wissen bedeutet aber erfahren haben.

Meditation, also auch alle Übungen, die mich dorthin führen, ist wirklich eine wunderbare Hilfe auf dem Weg zur Weisheit. Meditation hilft mir, Energie zu sparen. Damit aber helfe ich wie gesagt nicht nur mir, sondern auch dem Universum und wenn ich gestorben bin, werde ich immer wieder gefragt werden: Was hast Du gemacht? Und dann gilt nicht das, wofür ich Geld, also einen energetischen Ausgleich erhalten habe, sondern nur noch das, was mich leicht macht, was mich auf der Waage des Ausgleichs nach oben hebt, was ich für das ganze Universum geleistet habe, ohne bereits einen Ausgleich erhalten zu haben.

Das macht mich leichter, hebt mich hoch, erhöht mich und erleichtert mich. Dadurch werde ich leicht und flüchtig, so daß ich aufsteigen kann.

Alles andere zieht mich hinunter, immer wieder und wieder in die Welt der Materie.

Die Erhöhung der Schlange, die Verfeinerung der Energie in uns, die Erlösung von Rapunzel, das Beenden der permanenten Zerstörung der göttlichen Substanz in uns, das sollte unser Ziel sein.

Wir alle verfolgen noch permanent das „Jesus-Kind“ in uns. Wir alle sind noch immer der Herodes, der die Erstgeborenen töten will, denn auch wir tun dies immer noch! Und auch wir, fast alle Menschen, wissen gar nicht, was wir da machen, worum es dabei in Wirklichkeit geht.

Doch Nichtwissen und Unwissenheit schützt nicht vor den Konsequenzen, die wir dann halt tragen müssen.

Auch wenn hier noch nicht die Zeit und der Raum ist, mehr darüber zu sagen, kann ich nur immer wieder rufen, mahnen und bitten und fast mehr als predigen: Laßt uns alle an uns selbst arbeiten, unser wahres Inneres, Göttliches Selbst zu finden, die „Blaue Blume“ finden, dem Inneren Meister lauschen!

Es lohnt sich wirklich. Der Erfolg, der Lohn übersteigt wirklich alles, was uns irgendjemand hier auf der Erde an Materiellem geben könnte. Keine Frau, kein Mann könnte so schön sein, kein Genuß, auch nicht ein permanenter Orgasmus kann das aufwiegen, was wir erfahren - und darauf liegt die Betonung - wenn wir in die Einheit eingehen.

Nun, wie und was auch immer der Einzelne tut, wofür er sich entscheidet, die Evolution läßt sich nicht aufhalten. Alle Menschen müssen sich entwickeln, alle Wicklungen und Verwicklungen ablegen. Eines Tages müssen alle die Himmelsleiter hinaufsteigen, alle!

Warum nicht jetzt schon sich ein wenig mehr Mühe geben, eine extra Anstrengung leisten, um dieses hohe Glück der heiligen Wandlung schon eher zu erfahren. Also, laßt uns meditieren!

12. Atmen - Energie - Licht - Frieden - Organe und Verbindung mit dem Geistigen Führer - dem Schutzengel

In früheren Jahren war die Methode des reinen Atem-Beobachtens sehr beliebt und man nannte es Zen-Meditation. Und sicherlich ist dies eine gute Methode, um ruhiger zu werden und um eine der Grundpolaritäten des Lebens, den Atem, kennenzulernen. Zeigt uns nicht der Atem, daß wir eigentlich keine Möglichkeit haben, als ja zu sagen zur Polarität, ja zu sagen zum Leben, so wie wir es vorfinden?

Zeigt uns nicht der Atem auch, daß wirklich der eine Pol den anderen Pol erzwingt und daß jeder Pol genauso wichtig ist wie der andere, daß wir beide ebenbürtig akzeptieren müssen, um überleben zu können?

Wie merkwürdig, daß wir aber auf den meisten anderen Ebenen im Alltag dieses Gesetz der Polarität nicht so gerne freiwillig akzeptieren.

Beim Atmen, wie bereits erwähnt, nehmen wir das „t" weg und kommen so zum „Amen", was so viel bedeutet wie „So soll es sein".

Eben, so soll es sein, daß beide Pole wichtig sind.

Wie aber halten wir es z.B. mit dem anderen Pol der materiellen Welt, der a- oder immateriellen Welt?

Nur weil wir sie noch nicht wissenschaftlich erfassen, messen können, akzeptieren die meisten Menschen sie noch immer nicht.

Aber, was heißt schon messen? Es bedeutet nur so viel wie vergleichen, weiter nichts. Messen hat keinen Wahrheitsanspruch, keinen Wahrheitsgehalt. Denn vergleichen ist ja immer nur relativ. Ich orientiere mich ja nur an etwas anderem und vergleiche damit. Und eben dies ist genau das Problem der modernen Welt der Wissenschaft.

Wir haben nur gelernt, uns immer mit etwas oder jemand anderem zu vergleichen. Daran krankt unser ganzes modernes Bewußtsein. Immer nur schauen wir auf die anderen, was die wohl sagen, was die wohl denken, ob deren Haus oder Garten schöner oder größer ist als mein eigener, ob die wohl öfter und weiter weg in den Urlaub fahren als wir, ob deren Auto wohl größer, schneller und teurer ist als unseres.

Schon die Kinder lernen nichts anderes als den ständigen Vergleich. Und selbst wenn man sich als Elternteil Mühe gibt, nicht so viel Wert auf die anderen zu legen, hören und sehen die Kinder im Kindergarten, auf der Straße und in der Schule fast nichts anderes. Ja, selbst wenn sie nicht ständig die neueste Mode tragen, werden sie von den anderen Kindern verhöhnt.

Und dies alles basiert auf den sogenannten modernen Wissenschaftlern, die vor vielen Jahrzehnten bis Jahrhunderten sagten und forderten: „Alles messen, was meßbar ist, und alles, was nicht meßbar ist, meßbar machen". Und damit war die Grundlage zum Vergleich gelegt. Damit war auch der Verfall der wahren Religio, der wahren Rückbindung oder der wahren Anbindung an die Wahrheit, also an das, was sich niemals ändert, an die Zeitlosigkeit, und damit Raumlosigkeit, an Gott, besiegelt!

Also das, was wir nicht messen, vergleichen können, wollen wir nicht wahrhaben, als nicht für wahr halten. Es existiert einfach nicht für uns und wir verdrängen es.

Ebenso deswegen verdrängen die meisten Menschen auch den Tod. Sie wollen gar nicht darüber nachdenken.

Fast täglich kann man als Arzt hören, wenn man Patienten fragt, was sie denn glauben, was nach dem irdischen Tod geschieht: „Ach, wissen Sie, darüber habe ich noch nicht nachgedacht. Ich will auch gar nicht daran denken!"

Man verdrängt es, weil man es ja nicht messen, vergleichen kann.

Man tut so, als ob man ewig leben würde. Ja nicht über die „letzten" Dinge nachdenken. Das gehört ja in die Kirche und damit brauchen wir modernen Menschen uns doch nicht zu beschäftigen.

Wir werden auch noch den Tod in den Griff bekommen. Wir transplantieren einfach alle Organe. Es gibt ja genug ganz arme Menschen, die froh sind, wenn sie ein paar tausend Mark für eine Niere erhalten, Menschen, die man „ausschlachten" kann.

Und jetzt haben die Gentechniker ja auch schon vorausgesagt, daß sie bald in der Lage sein werden, den Menschen 340 Jahre leben zu lassen. Sehen Sie, wir bekommen das schon noch alles in den Griff.

Nun, die Polarität des Materiellen ist das A- oder Immaterielle. Wenn es materielle Wesen, wie Tiere und den Menschen gibt, muß es also auch a- oder immaterielle Tiere und andere Wesen geben, ähnlich dem Menschen.

Und seit alten Zeiten lehrt man uns schon als Kind, zu den Schutzengeln zu beten, sie um Hilfe zu bitten, ebenso, wie wir ja die Eltern, die Größeren, die Stärkeren auch hier in unserer Welt um Hilfe bitten, wenn wir selbst irgendetwas nicht verstehen oder etwas nicht schaffen.

Seltsam ist nur, daß wir als Erwachsene dies dann einfach vergessen.

Aber die moderne Wissenschaft sagt uns ja auch, daß sie alles erklären kann. Wenn nicht jetzt, dann später. Und die großen „Führer" in der Wissenschaft, der Politik, Kunst und Wirtschaft wollen uns ja lehren, weismachen, daß wir ihnen ruhig vertrauen sollen. Sie würden schon alles für uns erledigen.

Somit verdrängen wir getrost all das, was im Grunde kein Mensch unter Kontrolle bringen oder beeinflussen kann.

Aber, und dies muß man halt erst einmal selbst erfahren, wir vergeben uns damit eines der schönsten und größten Geschenke, nämlich der Hilfe aus dem „Jenseits", der Hilfe durch die Geistführer, die Schutzengel usw.!

Die meisten Menschen erinnern - er-inn-ern - sich erst dann, wenn es ihnen ganz schlecht geht, wenn die Situation fast aussichtslos ist, daß es da doch noch die Möglichkeit gibt, zu beten und zu bitten.

Warum tun sie es nicht immer? Täglich, stündlich oder noch öfter?

Nun, ich bin gar nicht würdig, Gott ständig zu bitten, so habe ich schon oft Menschen sprechen gehört, die besonders durch die Kirchen niedergeknüppelt wurden. Sie seien ganz schlimme Sünder und darum nicht würdig, Gott um Hilfe zu bitten.

Welche Schande, den Menschen solch ein Gottesbild einzuimpfen. Im Grunde haben die Kirchen nur Angst, daß sich die Menschen besinnen könnten, daß sie alle ohne Ausnahme Gottes Kinder sind.

Gerade in der heutigen Zeit haben die Kirchen auch die Angst, daß die Menschen erkennen könnten, daß sie doch nicht mehr so klein und so dumm sind, um nicht die wirklichen Machtstrukturen der Kirchen zu durchschauen.

Die Menschen könnten schließlich selbständig werden und erkennen, daß sie ihr wahres, inneres göttliches Selbst tatsächlich in sich finden können, und nicht in den Kirchen und Kathedralen.

Bloße Angst der Herrschenden. Halte das Volk dumm - gib ihm Brot und Spiele, mehr nicht!

Also, beten wir, bitten wir immer bei allem was wir denken, fühlen, sprechen und vor allem tun, Gott, bzw. seine Helfer, unsere Schutz- und Führungswesen, um Rat und Hilfe, daß wir eines Tages mehr von uns selbst, von unserem wahren, göttlichen Selbst und dann auch vom gesamten Universum wissen. Wissen im Sinne von Erfahrung haben und verstehen.

Dies dann sogar noch verständisvoll anwenden können, also weise werden.

In der Alchemie sagen wir, daß wir während oder, noch besser, bevor wir etwas denken, fühlen, sprechen oder tun, erst einmal eine Anrufung durchführen sollten.
Wenn dies alle Menschen tun, gibt es in kürzester Zeit keine Kriege mehr, niemand wird irgend jemandem mehr schaden können.
Denken wir immer an Brahms: „Ich bitte meinen Schöpfer, daß ich inspiriert werde, etwas zu schaffen, was die Menschheit aufrichtet und fördert!"

Darum also bitte in der Meditationsübung bei jedem Atemzug gleichzeitig, wenn wir die Energie, das Licht, den Frieden in uns aufnehmen, eine Anrufung ausführen und darum bitten, daß wir zur Weisheit gelangen mögen. Daß auch wir stets und immer etwas schaffen, erschaffen, was den anderen Menschen fördert und aufrichtet.

Diese Art der Übung, also nicht nur den Atem anschauen, beobachten, sondern gleichzeitig all das andere tun, was wir besprochen haben, ist außerordentlich hilfreich und bringt uns einen spürbaren Fortschritt in der Meditation und in unserem täglichen Leben.
Und warum nicht effizienter, optimal leben und arbeiten, wenn es möglich ist?
Sind wir nicht geradezu verpflichtet, wenn wir es können, besser zu sein, optimal zu leben und zu arbeiten, um am „Großen Werk" der Erlösung mitzuhelfen?
Im Wassermannzeitalter, in dem wir schon leben, ist es ganz wichtig, alle alten Lehren, wirklich alle, zu optimieren. Das heißt, sie zu akzeptieren als etwas Gutes aus der Vergangenheit, aber nicht daran festzuhalten, sondern weiterzugehen,

um neue Wege zu suchen, die unserer Zeitqualität angemessen sind.

Alle Lehren, auf allen Ebenen, also auch auf der Ebene der Metaphysik und der Religion werden fallen. Nicht weil sie schlecht sind, sondern weil sie überholt sind. Sie werden dann durch neue ergänzt.

Nichts fällt dem Menschen so schwer, wie die Behausung zu wechseln, sagte ein weiser Mensch, vor allem aber die Behausung der Gedanken.

Doch wenn wir dies nicht freiwillig tun, werden wir durch die Evolution gezwungen werden.

Die Zeit der Hybris ist vorbei, wo wir denken können, daß wir die Götter der Welt seien, daß wir alles „in den Griff bekommen können". Nun ist die Zeit da, wo wir erkennen können, daß wir alle, alle Menschen Brüder sind, frei und gleichberechtigt, daß wir uns alle gegenseitig helfen müssen, daß niemand in diesem Universum nur für sich in seinem kleinen beschränkten „Ego" noch leben kann.

Aber auch, daß wir uns eben um die nicht-materielle Ebene und deren Wesen kümmern müssen, d.h. den andern Pol der Wirklichkeit.

Beide Pole sind gleich wichtig, wie uns schon die beiden parallel laufenden Wellenlinien des Wassermann-Symbols zeigen.

Wir können in Zukunft nicht mehr nur einen Pol leben und akzeptieren, ohne den anderen zu berücksichtigen. Alles wird parallel, also gleichwertig nebeneinander existieren, wirklich alles!

Also z.B. die moderne Wissenschaft, die Para-Wissenschaften, die moderne Schul-Medizin, aber auch die Para-Medizin wie die Naturheilkunde, Homöopathie, Spagyrik und sogar die Alchemie!

KEINE UNTERSCHIEDE MACHEN -

Alle Polaritäten, d.h. Menschen schwarz und weiß, Nord und Süd, reich und arm, gebildet und nicht-gebildet, jung und alt, alle werden wir lernen müssen, zusammenzuarbeiten, uns gegenseitig zu helfen und uns gegenseitig anzuerkennen.

Und was wir zur Zeit erleben, die vielen Separations-Kriege, sind nichts anderes als Pubertätserscheinungen derer, die im tiefen kollektiven Unbewußten spüren und ahnen, daß wir sehr bald eine Weltregierung haben werden, also alle zusammenleben müssen.
Aber auch sie möchten, wie wir alle, gerne erst einmal selbständig sein, ebenso wie der heranwachsende Pubertierende. Es handelt sich hier um eine Art „Agonie", ein letztes, verzweifeltes Aufbegehren, das Ego doch noch durchzusetzen.

Also, bitte stets und immer daran denken, die Zeitqualität hat sich bereits geändert. Es ist höchste Zeit, daß wir verstehen lernen, daß wir nicht alleine auf der Welt sind, daß wir nicht den anderen ausbeuten können, ohne dafür den Energieausgleich zu schaffen, d.h. zu bezahlen. Darum lieber gleich bezahlen, sich gleich bemühen, mit allen zusammenzuarbeiten, auch mit den jenseitigen, den a-materiellen Welten.

Das heißt immer wieder: Bitten - Beten - Meditieren!

Ist es nicht viel einfacher, sich auf die Unterstützung derer zu verlassen, die mehr können, die höher frequent schwingen, die mehr verstehen und weiser sind?
Warum dann nicht auch diese Wesen anrufen, Gott anrufen?
Wer klopfet, dem wird aufgetan!
Die „Höheren" helfen uns immer, denn ohne ihre Hilfe könnten wir hier gar nicht existieren. Genauso wie unsere Eltern, die Erwachsenen, immer den Kindern helfen, denn ohne deren Hilfe können diese gar nicht existieren.
Aber ebenso, je mehr ich meine Eltern frage und bitte, um so mehr helfen sie mir, ja, sie sind froh, wenn sie merken, daß sie

ein aufgewecktes Kind haben. Ein Kind, das mehr verstehen möchte, ein Kind, das sich Mühe gibt, weiterzukommen.

Und ebenso sind die über uns existierenden Wesen froh, wenn wir uns melden, wenn wir uns recken und strecken nach ihrer Hilfe, wie die Blumen am Wegesrand, die sich maximal bemühen, schön zu blühen und damit unsere Aufmerksamkeit erwecken, damit wir sie pflücken und somit in unsere Welt mit aufnehmen - also erlösen.

„Bitte, hier bin ich, nimm mich mit, hilf mir, damit auch ich erwach-s-en werden kann, also erwache!"

13. Atem - Energie - Licht - Friede - Organ - Verbindung mit allen hohen Wesenheiten

Ich beginne mit der Übung wie bisher, aber dann stelle ich mir vor, und dazu braucht man Phantasie, daß ich mich mit jedem Atemzug mit den hohen Wesenheiten verbinde, die die Welt regieren.

Ich stelle mir vor, daß ich mich ihrem Energiefeld mit jedem Atemzug anschließe. Daß ich mich einreihe in die Gemeinschaft all derer, die mit diesen Wesenheiten Kontakt haben möchten.

Natürlich kann dies jeder in seiner Phantasie gestalten wie er es für richtig oder möglich hält. Sie können sich auch vorstellen, daß Sie sich an die „Heiligen" wenden, zu denen Sie vielleicht innerlich ein gutes Verhältnis haben.

Es ist auch durchaus sinnvoll, wenn Sie dies möchten, sich vorzustellen, daß Sie sich nach „ganz oben" wenden. Direkt an die höchste Wesenheit, die höchste Energiestufe, an Gott!

Bitte keine Hemmungen. Legen Sie alle Hemmnisse ab und beweisen Sie Mut. Oder trauen Sie sich auch nicht, sich direkt an Ihren Vater zu wenden?

Es ist bei diesen Übungen sehr wichtig, daß Sie wirklich Mut aufbringen und eine starke Sehnsucht, ein starkes Verlangen - im Englischen „longing“, entwickeln, sich wirklich mit den Energiefeldern der allerhöchsten Wesenheiten verbinden zu dürfen.

Legen Sie einfach alle Zweifel, alle alten Vorstellungen ab und trauen Sie sich, ganz nach oben zu gehen.

Je höher, um so besser, wenn Ihr Verlangen, Ihr Wunsch ehrlich ist, sich zum Licht zu entwickeln, zu Gott zu gelangen, um dann mit der Hilfe, die wir erhalten, hier auf Erden mitzuhelfen, daß sich alles entwickelt.

Je ehrlicher wir das Mantra „Nicht mein, sondern Dein Wille geschehe“, sprechen oder denken können, um so besser.

Je ehrlicher wir uns selbst gegenüber sind und erkennen können, ob wir schon den meisten Widerstand gegen uns selbst, unser Schicksal und die gesamte Schöpfung mehr oder weniger abgelegt haben, um so besser wird diese energetische Verbindung gelingen.

Je weniger Zweifel Sie haben, um so eher werden Sie in meditative Ebenen gelangen, die Sie und die meisten Menschen, für unmöglich halten.

Aber eben dies ist der Grund, daß sie auch keine eigenen inneren Erfahrungen in diesen Ebenen bisher erlebt haben.

Gerade weil die Menschen bisher so begrenzt, so einseitig, so niedrig, so eng erzogen wurden, und dies sowohl von den

Kirchen, wie von allen anderen Seiten, eben deshalb gibt es auch so wenige Menschen, die hier aus eigenen Erlebnissen hätten berichten können, die uns dann hätten weiterhelfen können.

Es gibt bisher nur wenige Menschen, die aus eigenem Antrieb den Mut aufbrachten, alle Grenzen zu sprengen und einfach

alles für möglich hielten und halten !!!

Alles ist möglich, wenn ich es nur für möglich halte. Es liegt nur an mir, an niemandem sonst. Gott und all seine helfenden Wesen möchten uns gerne alle Geheimnisse der Welt offenbaren, zeigen und uns einweihen. Aber wir sind nicht reif, schon alleine, weil wir zweifeln.

Alles Wissen, alle Macht der Welt ist vorhanden, nur wir kommen noch nicht heran, weil wir uns noch nicht genügend vorbereitet haben.

Aber wie kann ich reif werden, wenn ich grundsätzlich schon so viele Einschränkungen in meinem Denken akzeptiere?

Wie kann ich z.B. laborantische, chemische oder physikalische Experimente aufbauen, wenn ich von vornherein bestimmte Dinge einfach für unmöglich halte.

Wieso haben denn all die tausende und abertausende von Akademikern, Forschern, Professoren, die sich doch zur Wahrheit bekennen müßten (professio: ich bekenne - also zu dem, was sich niemals ändert, und nicht zu dem, was nur Profit oder Macht bringt), wieso haben diese denn nicht z.B. all die Versuche nachgemacht, die die alten Alchemisten beschrieben haben? Wieso nicht?

Wenn jemand sinngemäß schreibt: „Wenn Du diese Tinktur hast, hast Du ein Panacée, ein Mittel, das nahezu jedes

Kranksein heilt". Warum wird nicht an allen Universitäten und in allen großen Konzernen der Welt nicht wenigstens versucht, dies nachzumachen?

Ja, man wird verlacht, wenn man anbietet, auf diesem Gebiet Hilfestellung zu geben oder zu forschen. Selbst wenn man ein Mittel gefunden hat, das hilft und keine Nebenwirkungen hat, und es dann anbietet, wird man nur ausgelacht.

Denn es gilt der Satz: „Was wirkt, hat auch Nebenwirkungen".

Nur weil ein Professor dies gesagt hat, behauptet hat, und dieser auch noch von vielen als Autorität angesehen wird, glaubt man es heute immer noch.

Doch nun im Wassermann-Zeitalter ist es vorbei mit diesen Autoritäten. Es gelten absolut keinerlei Dogmen mehr. Niemand in dieser Welt ist groß und weise genug, mir mein Denken zu verbieten.

Denn ich habe von Gott die Möglichkeit erhalten, alles zu denken (natürlich nur, um diese Gedanken dankbar anzunehmen, zur Ehre Gottes und den Menschen zu dienen). Ich habe die Möglichkeit, alle Gedanken der Alten, auch der Alchemisten, nachzudenken, diese nachzuvollziehen und ihnen nachzueifern. Also tue ich es und niemand kann mich mehr daran hindern, dieses Wissen dann auch offen darzulegen und daraus etwas zu entwickeln, das uns Menschen weiterhilft.

Und wieso erhalten Groß-Konzerne Milliarden Mark an Forschungsgeldern, nur um Computer-Chips zu entwickeln, die nicht unbedingt dazu beitragen, den Menschen zu helfen? Und wieso erhält jemand, der die alten Lehren der Alchemisten nachmachen möchte, kein Geld, wenigstens ein paar Millionen, um ein Forschungslabor für diese Art der

Forschung aufbauen zu können?
Nur weil bestimmte sogenannte Professoren, die sich in Wirklichkeit gar nicht zur Wahrheit bekennen, die Macht im Staate und das Sagen haben.
Nun, dies wird nicht mehr lange anhalten. Bald werden alle, wirklich alle Dogmen gestürzt, und alles, was der Menschheit dient, wird zugelassen werden.
Dies ist nun einmal die Zeitqualität, gegen die niemand ankommt, egal was er glaubt.

Es gilt mehr als je zuvor, alles für möglich zu halten und sich täglich nur noch mit den allerhöchsten Wesen in Gedanken und im Gefühl zu verbinden.

Sind wir denn nicht auch hier auf der Erde bestrebt, in unserem Wissen und unsererErfahrung weiterzukommen und Kontakt mit weisen Menschen zu bekommen, von denen wir lernen können?
Oder suchen wir vielleicht Kontakt mit Verbrechern, Lügnern, Dieben und Menschen, die nur zerstörerisch, selbstsüchtig und egodominant denken, reden und handeln?
Und noch etwas: Wenn wir schon dabei sind, alles für möglich zu halten, dann möchte ich Ihnen noch einen Rat für die Zukunft geben, die allerdings jetzt sofort beginnen sollte:
Lassen Sie absolut keine Grenzen mehr in Ihrem Denken zu!
Dies bedeutet: Lösen Sie Ihr Ego total auf. Dadurch, daß wir Menschen alle unser Ego täglich fett und rund machen, mit Rostschutzfarbe anstreichen, damit es ja nicht dünner werde, ecken wir natürlich ständig mit jemandem an. Denn wenn alle Egos immer dicker werden, ist ja kein Platz mehr vorhanden.
Die Lösung besteht darin, daß wir transparent werden, daß

wir uns öffnen, denn dann können wir nicht mehr „anecken". Ist dies nicht eine wunderbare Symbolik, die genau dem entspricht, was weiter oben schon gesagt wurde, daß höherfrequente Schwingungen immer alle niedriger schwingenden Dinge durchdringen können?

Das Zweite, noch revolutionärere aber ist: Glauben Sie fest daran, denken Sie täglich daran, daß Sie absolut keine Grenzen haben, d.h. sich auch bewußt werden, daß man nicht mehr dieser kleine Sünder ist, den die Kirchen in den letzten Jahrhunderten aus einem gemacht haben.

Halten Sie es für absolut möglich, ein „Super-Man" zu werden (das heißt, ein „Super-Mensch").

Ja, Sie lesen richtig. Wir haben die Chance der Evolution, der Entwicklung zu einem viel höheren Wesen, das wirklich Zeit und Raum überwinden kann und das wieder zur Einheit, zu Gott, zurückkehren kann. Und dies nicht erst in Jahrmillionen, irgendwann nach unserem irdischen Tod, sondern schon hier auf Erden. Wir haben alle Möglichkeiten dazu. Unser aller Problem ist allerdings nur, daß wir dieses kollektive Unbewußte, die alten Theorien, die uns Jahrhunderte lang eingebläut wurden, nicht ablegen können. Wir zweifeln und zögern und dazu kommt, daß uns die anderen Menschen auch heute noch für verrückt erklären, wenn wir auch nur darüber nachdenken oder sogar darüber sprechen.

Somit werden wir von innen und außen stets daran gehindert, einfach loszulassen, neu zu denken und damit zu beginnen.

Der „Super-Mensch" lebt in absoluter Resonanz-Synchronisation, d.h. in Harmonie, im steady-state. Nichts und niemand kann ihn aus diesem Bewußtseinszustand herausbringen. Das ist der Erleuchtete, das ist ein Buddha, ein Jesus-Christus!

Wenn ein oder mehrere Menschen diesen Bewußtseinszustand erreicht haben, dann ist es für uns alle möglich. Es liegt immer nur an uns selbst und wir müssen einfach nur das Entsprechende dafür tun.

„Ihr könnt dasselbe erreichen wie ich und noch mehr", hat dieser Jesus-Christus gesagt. Also, warum tun wir es nicht?

Offensichtlich sind all die irdischen Dinge zu wichtig für uns. Das „Häusle baue", das „Kinder zeugen", Erfolg im Beruf haben, Tennis oder Fußball spielen usw.

Ist das alles wichtiger als ein Christus-Bewußtsein?

Nun, wenn es für Dich so sein sollte, dann bleib eben hier unten einer dieser Madenwürmer, der nur sein ganzes Leben mit seinem Bauch über den Boden kriecht und nicht einmal den Kopf hebt, damit er ja nicht sehen muß, daß dort oben sich die Lerche in die Höhen des Himmels erhebt.

Aber wenn Du auch nur die Idee hast, daß es etwas Höheres, etwas Besseres geben könnte, als hier auf der Erde so ein armer Stümper zu bleiben, dann beginne jetzt sofort mit Deiner Entwicklung und höre niemals auf.

Selbst wenn Du hunderttausendmal fällst, steh immer wieder auf und gehe weiter. Denk an den Lehrsatz der Alchemisten: Geduld und Ausdauer!

Und dann entwickle Dich zum Super-Menschen, zum idealen Menschen, zum perfekten Menschen, zur Freiheit, so daß Du tun und vor allem lassen kannst, was Du willst. Und dann ist Dein Wille nicht mehr unterschiedlich zum Willen Gottes.

Schiller sagte: „Stell Dich freiwillig unter das Gesetz (das Gesetz des Universums) dann bist Du frei!"

Setze Gott keine Grenzen und keine Dogmen. Hebe die Polarität auf und führe die beiden Pole in die Einheit. Das bedeutet Freiheit.

Laß alles nebeneinander bestehen und gehe noch darüber hinaus, bringe alles zur Verschmelzung, zur Cohabatio und damit zur Einheit.

Ist es nicht das, was wir auch in der körperlichen Vereinigung immer wieder suchen, die Einheit?

Einheit, Freiheit und Brüderlichkeit.

Befreie Dich von den Grenzen des Jochs, bleibe nicht länger ein Fron-Tier.

Im Englischen und im Französischen bedeutet „Frontier" bzw. „Frontière" - wie bereits erwähnt - Grenze.

Erhebe Dich Seele, denn Du hast Flügel!

Aber vergiss auch nicht, Dich zu bedanken. Und vergiss auch nicht, für die anderen Menschen zu bitten, die noch nicht den Mut haben, alle Grenzen zu sprengen.

Aber dann gehe ein in die Erfahrung und das Wissen. Genieße auch diese hohen Schwingungen, denn sie werden Dir immer mehr Mut machen, nicht zu resignieren und nicht so ängstlich zu sein, vielmehr immer entschlossener ein „Streiter für den Himmel und Lichtträger" zu werden. Eine lodernde Flamme zu sein, an der sich dann noch tausende andere Menschen entzünden können.

Dank sei Dir, daß Du diesen Weg auch gehst. Sei versichert, Du bist in bester Gesellschaft. Hab nur Mut, Geduld und Ausdauer!

14. Atem - Energie - Licht - Friede - Freunde, Verwandte, Menschen, mit denen ich „Probleme“ habe, Verstorbene, Kranke, Hungernde, Notleidende, Führungspersönlichkeiten, Tiere, alle Kreaturen, alle Wesenheiten

Dies ist eine Form der Meditation, die wir alle unbedingt täglich ein Leben lang durchführen sollten. Es reichen wenige Minuten dazu - z.B. kann man es immer dann tun, wenn man irgendwo warten muß.

Wir nehmen erst wieder mit jedem Atemzug Energie, Licht und Frieden in uns auf. Dann senden wir mit jedem Atemzug diese Energie, das Licht und den Frieden zu all unseren Verwandten, Freunden und Bekannten.

Aber wir sollten dabei immer unseren Inneren Meister, den Himmel, bitten, nur so viel von der Energie, dem Licht und dem Frieden bei denen zu lassen, zu denen wir es senden, wie es „das Gesetz“ für sie vorsieht.

Mit anderen Worten: Wir sollten niemals andere Menschen oder Wesen überschütten, bedrängen wollen mit unseren, wenn auch gutgemeinten, Wünschen. Denn es kann ja sein, daß diese Menschen es gar nicht wollen, daß Licht und Friede sie ein- oder umhülle.

Dann Energie, Licht und Frieden auch zu den Verstorbenen schicken, natürlich besonders zu denen, mit denen wir in enger Verbindung standen und die wir kannten.

Aber auch hier gilt das Gleiche: Nicht überfluten wollen, nicht emotional zu sehr bedrängen, denn ihre Zeit und ihre Aufgabe auf der Erde ist ja schon beendet. Sie sollen nun auf dem anderen Plan, der anderen Ebene, ihren Weg gehen. Aber natürlich dürfen wir für sie bitten und beten.

Dann sollten wir besonders zu den Menschen, mit denen wir noch in irgendeiner Art und Weise Probleme, Streit haben, mit denen wir noch in Unfrieden leben, denen wir noch nicht verzeihen können, aber auch denen, die wir verletzt haben, Energie, Licht und Frieden schicken.

Vor allem diese Übung ist wichtig, denn solange wir noch in uns Groll, Zorn, Wut und andere negative Gefühle hegen, so lange können wir ja selbst nicht in Frieden leben.

Niemals kann ich Frieden senden, wenn ich in mir nicht Frieden habe.

Ich kann nicht auf der ganzen Welt Frieden machen, aber ich kann mit mir Frieden schließen und von mir aus mit der ganzen Welt.

Und wieder gilt hier, jeden Zweifel auszuräumen, daß diese Übung nicht helfen würde.

Und allen Skeptikern, die den ganzen Tag nur über die schlechten Zustände in dieser Welt klagen, sei gesagt, sie mögen doch lieber eine Kerze anzünden, d.h. doch endlich einmal etwas tun.

Und sicherlich ist der Einzelne zu schwach, um mit materiellen Dingen die Welt zu verändern, aber warum setzt er sich nicht endlich mal hin, schließt seine Augen und führt die Übungen durch, die wir empfehlen?

Warum schreiben nicht alle Journalisten täglich in der Zeitung über solche positive Gedanken und Übungen. Warum wird nicht täglich im Fernsehen und im Rundfunk darüber eine Sendung gemacht?

Das würde sehr schnell die Welt verändern. Denn, wenn jeder täglich nur ein paar Minuten meditiert, verändert sich die Welt schneller als durch alle staatlichen Hilfsmaßnahmen.

Dann sollten wir auch die Energie, Licht und Frieden zu allen Tieren senden, die für uns Menschen sterben - ganz gleich aus welchen Gründen.

Das einzelne Tier hat zwar kein eigenes Selbstbewußtsein, also keine eigene Seele (denn Seele gleich Bewußtsein), es kann somit nicht über sich und die Welt nachdenken, aber es gibt eine sogenannte Gruppenseele.

Wir können uns dies so vorstellen, wie die Gruppenseele aller Frankfurter, wenn sie z.B. gegen München Fußball spielen. Dabei läßt sich ganz leicht erfahren, wie stark so eine Gruppenseele sein kann. Oder auch die Gruppenseele eines Volkes oder von Kontinenten oder gar der ganzen Menschheit, wenn sich z.B aus dem Weltenraum fremde Wesen hier auf der Erde zeigen würden.

Also Energie, Licht und Frieden zu allen Tieren, die für uns sterben und uns dienen.

Dann bitte auch Energie, Licht und Frieden zu allen Hungernden, Kranken, Verfolgten, Gemarterten und zu all denen, die zur Zeit auf der Welt in Kriegen leiden oder gar sterben. Und zu denen, die durch Verbrechen leiden oder umkommen.

Energie, Licht und Frieden auch zu denen, die im Drogengeschäft tätig sind und zu den Menschen, die dadurch leiden.

Ebenso auch Energie, Licht und Frieden zu denen, die in Führungspositionen in Politik, Wirtschaft, Kirchen und Wissenschaft tätig sind. Möge dieses Licht sie erleuchten, daß sie nur noch zum Wohle aller sich entscheiden.

Und dann noch einmal Energie, Licht und Frieden senden zu allen Wesen auf und vor allem auch in der Erde, die für uns arbeiten, für uns da sind, um uns zu dienen.

Alles in der Welt der Manifestation ist belebt. So sind z.B. für die Elemente Feuer, Erde, Wasser, Luft und Äther Wesenheiten zuständig, wie für alle Pflanzen, für die Mineralien und Metalle - einfach für ALLES!

Dies ist kein finsterer Aberglaube aus den früheren Jahrhunderten, sondern Realität.

Denken wir immer daran, wenn die meisten Menschen es noch nicht wahrnehmen können, heißt es nicht, daß es nicht existiert. Aber wenn man sich in seinen Frequenzbereichen verfeinert, wenn man die inneren Fähigkeiten verbessert, dann läßt sich noch vieles mehr erkennen und erfahren.

Also ganz gleich, was wiederum die Skeptiker sagen, halte es für möglich und tue es einfach, denn nur dann kannst Du für Dich herausfinden, ob es wahr ist oder nicht.

Und all die, die dies für Unsinn halten, haben ja nur Angst, weil sie dann nämlich erkennen müßten, daß sie doch nicht die Größten sind. Es ist nichts weiter als Angst vor der Ohnmacht, der Unfähigkeit und Schwäche.

Nun, dann sollten wir noch unseren Dank, verbunden mit unserem Licht- und Friedensgruß, hinaussenden in und um die ganze Welt herum, in das ganze Sonnensystem und darüber hinaus in den Weltenraum zu all den hohen Wesenheiten, die für uns zuständig sind, die uns beschützen und uns helfen.

Mögen sie uns vor allem auch weiterhin helfen, daß wir alle noch mehr erwachen, erwachsen werden, die Fähigkeiten und das innere Vermögen erreichen, am Aufbau und an der Erlösung dieser Welt mitzuarbeiten. Möge das Werk gelingen!

Wenn wir jeden Tag wenigstens eine der hier besprochenen Übungen durchführen, wird es uns auch immer besser gelingen, uns wirklich zu freuen und zufrieden zu sein, wirklich Frieden in uns zu haben, ohne irgendetwas zu verdrängen.

Dies ist einer der leichtesten Wege zur Selbsterkenntnis oder eine der einfachsten Möglichkeiten, um zur Vollkommenheit zu gelangen.

Freue Dich, freue Dich z.B. auch, daß Du in der Lage bist, dieses Buch zu lesen. Es ist nicht selbstverständlich, daß Du das Geld hast, um es zu kaufen oder daß Du einen Freund hast, der es Dir geschenkt oder geliehen hat.

Es ist auch nicht selbstverständlich, daß Du überhaupt willig bist, diese Zeilen zu lesen. Dazu gehört eine Menge an Selbstüberwindung, denn in der gleichen Zeit könntest Du ja auch faul in der Sonne liegen, Tennis spielen oder schlafen.

Somit sind wir priviligiert. Denn wie viele Menschen auf der Erde, von über sechs Milliarden, lesen solch ein Buch und machen sich überhaupt Gedanken über sich und die Welt?

Sei froh, dankbar und auch ein wenig stolz auf Dich. Aber bleib nicht stehen, geh weiter und arbeite an Dir, denn es gibt noch sehr viel zu tun.

Also, wann immer Du kannst, freue Dich und schenk auch den anderen Menschen Dein Lächeln. Es kostet nichts, außer Selbstfindung und Selbstdisziplin.

Dann gibt es noch eine wunderbare Methode, sich und damit der Welt zu helfen: Laß jeden Tag ein kleines „Wunder“ in Deinem Leben geschehen. Sorge dafür, daß es geschieht! Schaffe, erschaffe selbst täglich ein kleines Wunder.

Dies muß nicht immer irgendetwas furchtbar Aufregendes sein, etwas, was Dir oder Deinen Mitmenschen wie ein kleines Wunder vorkommt.

Dies kann auch nur ein Lächeln sein. Ein Lächeln auf der Straße zu einem fremden Menschen, der traurig oder aggressiv schaut. Es kann eine einzige Blume sein, die Du einem Deiner Mitmenschen schenkst. Es kann vielleicht auch eine anonyme gute Tat sein.

Wenn niemand weiß, wer denn da etwas Gutes getan hat, ist dies nicht wie ein Wunder für ihn?

Vielleicht ist es auch ein guter Gedanke an einen Menschen, an den Du bisher noch kaum je einen positiven Gedanken oder gar ein gutes Wort verloren hast.

Vielleicht beweist Du auch mal mehr Zivilcourage, indem Du nicht mehr über andere Menschen schlecht redest oder mitredest, wenn in Deiner Firma, in der Kneipe oder beim Sport wieder einmal über die anderen, Nicht-Anwesenden, hergezogen wird.

Ja, vielleicht hast Du sogar den Mut, einmal die anderen zu bremsen, ihnen zu sagen, ob es denn unbedingt sein muß, immer nur negativ zu sprechen und damit anderen zu schaden.

Könnte dies nicht wie ein kleines Wunder sein? Und Du wirst immer öfter erfahren, daß auch immer mehr Menschen Dir beipflichten werden, sich nicht mehr den Miesmachern anzuschließen, sondern auch mutiger werden und ebenfalls kleine Wunder geschehen zu lassen. Dann bist Du ein Lichtträger. Eine Kerze, an der sich immer mehr entzünden, bis die ganze Welt voller Licht und Freude glüht.

Laß dieses Wunder täglich geschehen!

Dies alles ernährt unsere Seele und unser Bewußtsein. Und all dies sorgt aber auch für eine tägliche Reinigung und einen „seelischen Stuhlgang“.

Denn ebenso wie eine Verstopfung auf der körperlichen Ebene uns sehr schaden, uns vergiften kann, geht dies ebenso durch eine schlecht verdauliche seelische Nahrung, die wir täglich zu uns nehmen.

Wenn ich immer nur Negatives wie Mord, Totschlag, Massensterben, Betrug und perverse Sexualität (die Grünen haben ja sogar gefordert, man solle das Alter für Kindersex herabsetzen) höre, sehe und erlebe, dann muß ich eine seelische Verstopfung erleiden. Denn dies ist alles auf Dauer unverdaulich. Es bleibt als Gift in meinen seelischen Zellen fest kleben. Ich beginne immer mehr zu stinken, die Gärung der Seele nimmt überhand und schlägt in Fäulnis mit Jauche um.

Und ebenso wie sich auf den Müllbergen der Materie das Ungeziefer, Ratten und Mäuse sowie Insekten jeder Art herumtreiben, weil sie diesen Abfall als Nahrung benötigen, ebenso werden alle Menschen immer mehr und stärker vom Ungeziefer der Astralwelt befallen.

Diese Wesenheiten, diese Maden, können sich so wunderbar vermehren. Sie suchen förmlich diese Menschen immer mehr auf und diese Menschen ziehen auch immer mehr solches Ungeziefer an. Es spricht sich auf bestimmten Astralebenen herum, daß man sich dort bei diesen Menschen wunderbar verpflegen und damit vermehren kann.

Und somit bilden sich bei solch negativen Menschen die Brutstätten des astralen Ungeziefers. Diese wachsen langsam heran und werden zu Bestien, die umherstreunen und alles verschlingen, was sich ihnen auf der entsprechenden Frequenz anbietet.

Es kommt zu einem „Festmahl“ aus Verbrechen, Folter, Erpressung, Mord, Neid, Hass, Angst und Zorn, sowie aus übermäßigem Sex und Perversionen.

Und all dies wird natürlich noch verstärkt und gefördert durch starke negative Emotionen.

Auch Zigaretten, Alkohol, starke Gewürze, Knoblauch,

Kaffee und schwarzer Tee sind zusätzliche Wegbereiter.
Um bereits auch Kinder und Jugendliche in die Schwingungswelt der Bestialität zu treiben, bringt die Industrie stark coffeinhaltige Getränke auf den Markt und versieht diese, sehr werbewirksam, mit Namen aus dem sogenannten „Wilden Westen“, was dann noch zusätzlich die große Freiheit suggerieren soll.
Und damit die Drogenbarone auch nicht leer ausgehen, versucht man bereits in den Grundschulen spätere „Kunden“ zu rekrutieren, indem man Abziehbilder verteilt, die auf einer Seite mit Rauschgift behandelt wurden und über den Hautkontakt in den Kreislauf gelangen.
Warum ist es wohl so schwer, die Drogenprobleme zu beseitigen, ebenso die Alkoholprobleme?
Haben Sie schon einmal total Abhängige erlebt? Sind diese sehr freundlich, nett und hilfsbereit, voller Zärtlichkeit und Liebe?
Oder zeigt sich in ihnen nicht gerade jene oben erwähnte Brutalität und Bestialität? Sind nicht Alkoholiker und besonders die von den anderen starken Drogen Abhängigen die bestialischsten Menschen, grobschlächtig und aggressiv?
Haben Sie schon einmal erlebt, was ein Drogenabhängiger so alles tut?
Mit dem Engelsgesicht eines Teufels verspricht er Ihnen alles, aber wirklich alles ins Gesicht, aber wehe, wenn Sie sich umdrehen, dann erschlägt er auch seine eigene Mutter, um an Geld für Drogen zu kommen.
Und woher glauben Sie wohl, kommt dieses? Eben von den Bestien der Astralebene, die diese Menschen total besetzt haben!

Freilich, jeder Mensch, der sich nicht beherrschen kann, ist mehr oder weniger besessen.

Aber die Drogenabhängigen sind nur noch willfährige Waschlappen, die ausgewrungen werden.

Daher nützt auch alle herkömmliche Therapie nichts. Alle herkömmlichen Therapien von Psychologen, die da sogenannte Gesprächstherapien veranstalten, sind völlig unsinnig, ja, ohne Sinn. Dies zeigt nur, daß diese Therapeuten aber auch gar nichts von den anderen Ebenen des Seins dieser Welt verstehen.

Diese Seelen der Drogenabhängigen sind völlig willfährige Beute der Astralbestien, die nur über alle Gespräche der Therapien lachen! Mit starken Psychopharmaka kann man, Gott sei Dank, diese Bestien bremsen und ruhigstellen. Aber niemals wirklich therapieren. Läßt man sie weg, sind die Raubtiere der Astralwelt sogleich wieder da.

Und so ist es auch unverständlich, daß man die Drogen noch erlauben will. Freilich, der Alkohol ist ja auch erlaubt, leider, aber welches Leid richtet er an. Bezahlen müssen auch die Menschen, die dieses Zeug verkaufen und dadurch auch noch reich werden. Und nimmt nicht der Staat dadurch über neunzig Milliarden Mark an Steuern ein? Geld beherrscht die Welt!

Schnell reich wird man in der Regel nur in Zusammenarbeit mit der negativen Seite, mit dem Satan. Mit Gott kann man kein Geld verdienen.

Dies scheint wohl nicht ganz zu stimmen, denn man schaue sich einmal die Kirchen an. Diese zählen zu den Reichsten und Mächtigsten der Welt.

Der Gründer einer Kirche hat sogar einmal geschrieben: „Willst Du schnell reich werden, gründe eine Kirche“.

Eben, genau das bestätigt nur, daß sie nicht wirklich mit Gott und durch Gott, sondern von der negativen Seite leben.

Töte Menschen und Du bekommst alle Macht der Welt, denn das höchste Opfer für die Bestien der Astralwelt kann man durch Töten bringen.

Führe Menschen in die Unterdrückung, in die Abhängigkeit, in Angst und Furcht, denn dadurch ernährst Du diese Wesen, sorgst Du für deren Stärkung und Vermehrung.

Sobald Du aber Liebe lebst, hungern diese Wesen aus. Sie haben keine Chance mehr und gehen an Unterernährung ein. Es lohnt sich noch einmal nachzulesen, was Liebe aus metaphysischer Sicht bedeutet. Dies ist wirklich das einzig wirklich hilfreiche Mittel.

Aber die meisten Menschen, die die Definition der Liebe lesen, winken gleich ab und sagen, das erreiche ich ja nie. Und genau da spricht nämlich sogleich die negative Seite in uns, die auf keinen Fall möchte, daß wir auch nur versuchen, dorthin zu gelangen.

Jeden Versuch blockiert die negative Seite in uns sofort. Es ist ganz wichtig das zu wissen.

Denn dann versteht man sich selbst und die Welt besser. Jeder Skeptiker, der all die hier besprochenen Dinge bezweifelt, der nur das gelten läßt, was er messen und anfassen kann, wird im Grunde schon von der negativen Seite gesteuert. Dies mag nun schon wieder unglaubwürdig klingen oder gar verrückt, aber warum versuchen denn dann nicht alle Menschen das Prinzip der Liebe zu verwirklichen und zwar nur jeder für sich selbst, ohne auf die anderen zu schauen, was die tun?

Und alles, was wir hier besprochen haben, all die Methoden der Reinigung dienen nur dazu, letztendlich das Prinzip der göttlichen Liebe, Weisheit und Kraft in uns selbst zu verwirklichen. Nur das ist das Ziel!

Und dies sei hiermit auch noch als ein wunderbares Mantra, ja als eines der besten, empfohlen:

Atme, nimm Energie, Licht und Frieden auf, dann aber entwickle gleichzeitig den Wunsch, in alle Zellen Deines Körpers „göttliche Liebe, Weisheit und Kraft" aufzunehmen und damit total auszufüllen.

Dies gelingt umso besser, je mehr Du in der Lage bist, eine Art „riesige Saugmaschine" in Dir entstehen zu lassen, um ein starkes Vacuum zu bilden.

Dies ist eine absolut gute und sichere Methode, um Dir selbst zu helfen. Aber freilich hängt es wieder von Deinem bisherigen Reinheitsgrad ab, wie schnell Du einen Erfolg verspürst.

Und jeder negative Gedanke, jedes negative Gefühl und vor allem jede negative Tat verunreinigt Dich wieder und zieht Dich wieder näher hin zu den Astralbestien.

Nun gehen wir noch eine Stufe weiter: Wir wissen vom ersten Hermetischen Gesetz: „Das All ist Geist, das Universum ist geistig", daß alles Materielle erst in einem sehr hohen Schwingungszustand, in einem Bild, in einer Idee existiert, bevor es dann herabfällt in der Schwingung, bis es die materielle Ebene erreicht hat.

Dann aber gilt dies auch für alles hier in der materiellen Welt, ohne Ausnahme. Also auch für meinen Körper und alles, was sich ständig an und in diesem Körper ändert und verändert.

Nun, dann aber ist es sinnvoll, sich nicht nur mit dem materiellen Körper täglich zu beschäftigen, d.h. ihn zu reinigen, ihn aufzubauen, sondern vor allem auch mit den Vorstufen des materiellen Körpers.

Dann sollten wir bereits in die ganz feinen Vorstufen unseres materiellen Körpers Energie, Licht und Frieden, und ganz besonders auch göttliche Liebe, Weisheit und Kraft senden.

Stellen wir uns einfach vor, in uns und um uns herum haben wir noch ganz hoch schwingende Vorstufen unseres materiellen Körpers. Diese sind nicht irgendwo anders, nein, sie sind ja nur so hoch, so schnell schwingend, daß wir sie nicht wahrnehmen können. Aber sie sind genau da, wo wir sind.

Möge also göttliche Liebe, Weisheit und Kraft all diese schnell schwingenden Schichten meines Seins erfüllen!

Sehen Sie bei dieser Übung förmlich, wie diese sehr schnell schwingenden Schichten Ihres Seins mit ganz hellem, eben göttlichem Licht erfüllt werden. Sehen Sie dieses Licht, diese Energie um sich herum und durch sich hindurch.

Auf der folgenden Seite finden Sie eine Zeichnung, die diese Schwingungsverdichtung ein wenig symbolisch darstellen soll.

Hoch und schnell schwingende Energiefelder nehmen wir als Helligkeit wahr. Schwingungsverlangsamung bedeutet Schwingungsverdichtung und diese erscheint uns als Dunkelheit.

Dies zeigt uns gleichzeitig, daß die Dunkelheit, das Böse, keine Eigenexistenz hat. Es gibt nichts, was außerhalb von Gott sein könnte. Denn Gott ist allgegenwärtig und allmächtig, also kann das Böse nicht jenseits von Gott existieren.

Noch einmal: Warum sollen wir nur auf der materiellen Ebene arbeiten, wenn wir die Chance haben, früher und rechtzeitiger einzugreifen, damit wir gesund bleiben und vor allem wirklich mit göttlicher Liebe, Weisheit und Kraft erfüllt werden können?

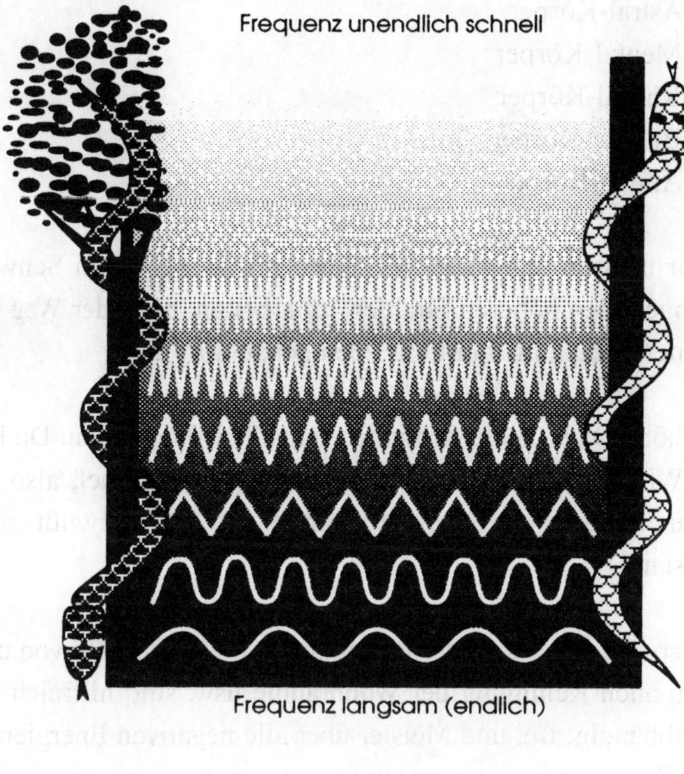

Die höher schwingenden Körper von uns werden oft wie folgt benannt:

1. Physischer Körper
2. Ätherischer Körper
3. Astral-Körper
4. Mental-Körper
5. Kausal-Körper
6. Buddhi-Körper
7. Atman-Körper

Wir müssen uns daran gewöhnen mit den höheren Schwingungen, den höheren Strahlen, zu arbeiten, denn der Weg der weiteren Zukunft führt uns eben genau dort hin!

Erhöhe Dich, Seele, schwinge schneller, fliege, denn Du bist in Wirklichkeit frei. Dein Zuhause ist der Himmel, also ein sehr hoher, schnell schwingender, lichter Bewußtseins-Zustand.

Also alle Methoden der Reinigung in und außerhalb von uns, also auch Reinigung der Wohnräume usw. sind hilfreich um unabhängig, frei und Meister über alle negativen Energien zu werden.
Licht ist Liebe und Reinheit; und Licht verdrängt, besser gesagt, verwandelt die Dunkelheit, die ja keine eigene Existenz hat, sondern nur die am weitesten entfernte Abwesenheit von Licht ist.

Damit haben wir auch einen Lösungsvorschlag für die Drogen-Therapie. Erstens harte körperliche Arbeit, so daß alle Energie aus dem Körper für die Arbeit benutzt werden muß und damit nicht mehr den Astral-Wesen zur Verfügung steht. Dann aber gleichzeitig eine massive körperliche Reinigung durch spezielle Kräutermischungen, die getrunken werden sollten. Ebenfalls Darmeinläufe und Erbrechen, das wiederum durch besondere Kräutermischungen herbeigeführt wird.

Drittens aber sollte dann vor allem auch die geführte Meditation eingesetzt werden, denn nur dadurch kann eine Säuberung der Seele, also des Bewußtseins erreicht werden.

Zusätzlich sollten natürlich alle weiter oben aufgeführten Möglichkeiten eingesetzt werden. Vor allem die ätherischen Öle, Kerzen, Weihrauch usw.

Aber all dies dauert nicht nur vier oder fünf Wochen, denn die Wesen der Astralebene haben mehr Geduld und Ausdauer als die meisten Menschen. Sie müssen über viele Wochen bis Monate ausgehungert werden, so daß sie merken, daß es keinen Sinn mehr hat, in die Nähe dieser Menschen zu kommen, da sie dort nur noch Licht vorfinden.

Dies funktioniert absolut. Und es funktioniert genauso auch für uns alle im täglichen Leben. Darum müssen wir auch wach bleiben, denn alles, was uns unbewußt macht, öffnet wieder die Frequenzkanäle für eben jene speziellen negativen Energien.

Und erst wenn ich ganz rein bin an Körper, Seele und Geist, beginnt in mir die wirkliche Liebe, Weisheit und Kraft!

Und wenn sie erst einmal begonnen hat, zu wirken, kann sie niemals mehr aufhören. Und das ist das Schöne dabei. Sie ist so stark, so mächtig, daß eben Dunkelheit keine Chance mehr hat. Somit ist der Heilige, der Weise, nicht etwa schwach, wenngleich er die Demut lebt, sondern er ist sehr stark, denn er hat sich mit dem Licht verbündet.

Darum ist es z.B. auch nicht nur symbolisch sinnvoll, den Sonnenaufgang zu nutzen, d.h. die Kraft des Lichtes morgens zu benutzen, um Energie und Licht zu tanken. Vielmehr hat es auch noch eine weitere spezielle Wirkung, über die hier noch nicht mehr gesagt wird.

Arbeite mit dem Licht, lebe mit dem Licht. Meide die Dunkelheit, das Böse, das Negative, bis Du eines Tages so stark bist, daß Dir keine negative Kraft mehr schaden kann.

Dem Schönen, Wahren, Guten!

LEBEN = GEIST = ENERGIE = GOTT

Nun noch zum Schluß einige Gedanken zur Energie und vor allem zum Widerstand.

In der Alchemie haben wir Geist, Energie, Leben und Gott definitionsgemäß gleichgesetzt, um besser all die Dinge dieser Welt verstehen zu lernen.

Wie schon früher besprochen, ist in der Pflanzenwelt der Alkohol der Träger des Geistes.

Und wie wir alle aus Erfahrung wissen, macht uns reiner Alkohol total unbewußt, da wir nicht genügend Widerstand besitzen, um ihm energetisch Paroli bieten zu können. All unser Widerstand wird gebrochen. Wir denken, sprechen und tun Dinge, die wir ohne Alkohol nicht tun würden. Wir sind willenlos, wie im Fluß dahintreibende Holzstücke - nur noch vom rasenden Strom der Gewalten beherrscht.

Und hinterher kommt dann der Katzenjammer, das Klagen. Aber erst war man „in“, man tönte großspurig herum, man glaubte, wer zu sein, stark zu sein. Woher kommt denn diese Stärke? Nun, es ist der Alkohol, in dem die Energie beinhaltet ist. Aber sie ist eben so stark, daß wir daran zugrunde gehen und hinterher dann keinen eigenen Widerstand mehr haben, sondern nur noch willenlos hin und hergetrieben werden.

Und dadurch, daß unser Geist, unsere Energie, durch den Alkohol, die Drogen oder die anderen oben besprochenen Dinge total geschwächt wird, verliert auch unsere Seele, unser Bewußtsein den Zusammenhalt mit unserem Körper.

Denn es ist der Geist, die Energie, die Lebenskraft, die unsere Seele am und im Körper hält.

Ist dieses Band zu schwach, haben wir keine Energie mehr. Dann entfernt sich die Seele allzuleicht von unserem Körper und wir werden „bewußtlos“.

Alles, was uns bewußtlos macht, sollten wir deshalb meiden.

Das Wichtigste, weil es am häufigsten geschieht, sind die allzu starken Emotionen, dann wie gesagt Alkohol, Drogen Sex, aber auch Narkosen usw.

Bei uns Menschen ist nun die Energie besonders an das Blut und den Samen gebunden.

So wird auch leicht verständlich, daß immer schon in den ritual-magischen Kreisen es bekannt und hilfreich ist, warmes Blut und warmen Samen zu nutzen, um Macht aus dem Astral-Bereich zu bekommen. Bring viele Menschen um und kurzfristig wirst Du erst einmal stark werden. Dann aber mußt Du für all diese Energie bezahlen. Nikolaus entkommt man nicht.

Warum hat wohl der liebe Gott dem Menschen so viele Samenfäden mitgegeben? Damit er sie sinnlos verspritzt bei jedem Geschlechtsverkehr oder bei jeder Selbstbefriedigung? Frag doch einmal all die großen Professoren der Wissenschaft, warum wir denn die vielen Millionen Samenfäden haben!

Die Antwort wird wohl sein, damit es statistisch gewährleistet ist, daß einige Samenfäden, die stark genug sind, den Weg zum Ovar, zum Eierstock finden, da immer eine sehr große Anzahl von Samenfäden zerstört, verkrüppelt oder zu schwach sind.

Doch dies kann wohl kaum die Beantwortung der Frage sein. Das wäre doch wohl mehr als naiv. Beim besten Willen nicht. Gib Dich mit solchen Erklärungen nicht zufrieden. Denn pro Milliliter hat der durchschnittliche Mann ungefähr 45 im April und im Juli ca. 65 Millionen Samenfäden im Ejakulat.

Aber pro Ejakulation finden wir durchschnittlich fünf bis sieben Milliliter dieser Flüssigkeit mit insgesamt 250 bis 350 Millionen Samenfäden.

Was soll das? Nur, damit ein einziger gesunder Samenfaden in die Eizelle eindringen kann?

Warum glauben alle Menschen dies? Es macht absolut keinen Sinn. Warum hinterfragen die Menschen nicht? Warum akzeptieren sie einfach alles, was sogenannte Professoren sagen oder nicht sagen?

Nun, die Zeit der Dogmen ist bald vorbei, obgleich die Dogmen der Wissenschaft als letzte fallen werden. Aber, nur

Geduld!!!

Je reiner der Träger der Energie ist, desto mehr, desto höhere Energie kann in ihm Platz finden, ohne ihn zu verbrennen oder zu zerstören.

Deshalb ist es unglaublich wichtig, unsere Schwingungszahl zu erhöhen: Separatio und Purificatio.

Nun, sexuelle Enthaltsamkeit alleine hilft beim besten Willen nicht, denn dann müßten ja alle Priester, Mönche und Nonnen schon erleuchtet sein.

Also, wo sind denn nun die Weisen der Kirchen?

Da niemand in den Kirchen wirklich tiefes Wissen besitzt, ist es natürlich auch nicht möglich, dies den Priestern zu vermitteln und zu lehren, damit sie einen echten Einweihungsweg gehen könnten. Es ist daher nicht verwunderlich, daß, laut Zeitungsberichten, 10% aller Priester und Ordensleute alkoholabhängig sind, und in den USA z.B. jährlich alleine 200 Millionen Dollar Schweigegelder an Eltern gezahlt werden, deren Kinder Sexualopfer von Priestern und Ordensleuten wurden.

In jüngster Vergangenheit wurde der Fall des höchsten Ordensträgers der Kirche in Wien bekannt, der über Jahre hin Schüler sexuell belästigte. Obwohl dies über Jahre hin in Kirchenkreisen bekannt war, wurde dieser Mann protegiert und machte Karriere.

Natürlich versuchte man den Ankläger mundtot zu machen, indem man ihn als krank und geistig verwirrt hinstellen wollte, aber anscheinend wirkt das Wassermannzeitalter auch auf dieser Ebene und so kam es, daß zum ersten Mal ein mutiger Priester an die Öffentlichkeit ging und diese Vorwürfe bestätigte.

Über die Zahl der Alkoholabhängigen unter den Kirchenleuten braucht man sich nicht zu wundern, denn Sexualität zu unterdrücken macht krank, macht abhängig und macht einen willfährig als Opfer der Kirchen-Oberen und leider auch der Astralwesen.
Bitte, wenn sie die Vertreter Gottes auf Erden sind, wo ist denn all das tiefe Wissen, das Gott jedem automatisch zukommen läßt, der wirklich den Weg der inneren Einweihung geht. Nämlich den Weg der Liebe, Weisheit und Kraft.

Also nicht krampfhaftes Unterdrücken der sogenannten Gelüste ist der Weg, sondern erst einmal totale Selbsterkenntnis, d.h. alle meine positiven und besonders auch die negativen Seiten, Energien in mir zu sehen, diese zu akzeptieren, sie dann aber transformieren.

Und das geht nur, wenn ich den Weg beschreite, wie es z.B. auch die Alchemie lehrt: Separatio, Purificatio und dann erfolgt automatisch die Cohabatio.
Aber dies ist keine Frage des Auswendiglernens an Universitäten, dies kann man nicht ersitzen, für Geld erwerben, dies kann man nicht erben, sondern nur durch harte Arbeit an sich selbst und durch unendliche Geduld und Ausdauer erreichen.

Um höhere Energien aushalten zu können, muß man sich schwingungsfähiger machen. Das sagten wir schon, d.h. auch, anders beschrieben, anders ausgedrückt: zu lernen, keinen Widerstand mehr zu haben.

Keinen? Ja, keinen! Ich soll mir alles gefallen lassen? Ja? Alles? Ja! Aber dann bin ich doch erst recht ein Spielball von allen Kräften. Ja, anfangs schon, und das ist auch die schwierige Phase der Demut. Ich kann nur Demut lernen, wenn ich gedemütigt werde!

Wenn ich niemals erlebt habe, gedemütigt zu werden, öffentlich, vor vielen anderen Menschen, kann ich mich ja auch niemals selbst kennenlernen. Ich weiß ja dann gar nicht durch Erfahrung, ob ich z.B. nicht aggressiv zurückschlage oder sogar töte.

Selbsterkenntnis, Meister zu werden über mich, über mein Ego, bedeutet sicherlich, erst einmal durch die Hölle zu gehen.

„Wer nie sein Brot mit Tränen aß, der kennt Euch nicht, Ihr himmlischen Mächte" (Goethe).

Aber, dies bedeutet nicht, daß ich schwach bleibe oder immer schwächer werde, im Gegenteil, wenn ich durch die Erfahrung der Demut, der Liebe, des Verzeihens, lerne, mich mit dem Licht, mit Gott zu verbinden, ein Diener des Höchsten zu werden, dann bin ich automatisch auf der starken Seite.

Nur wenn ich all dies gelernt habe, dann werde ich den Gesetzen des Universums zufolge auch gar nicht mehr mit den Kräften der negativen Seite, der negativen, bösen Kräfte konfrontiert, bzw. ich spüre sie kaum noch. Ich bin selbst so licht, so stark, daß sie gar keine oder kaum noch eine Existenzmöglichkeit mehr neben mir haben.

Dies ist genau symbolisch der Weg des Jesus. Dessen, der sich reif, bereit gemacht hat, der ein Gesalbter, ein Christus, wurde. Also einen Titel, eine Fähigkeit durch harte Arbeit an sich selbst erworben hat und der damit in den Himmel auffahren konnte und erleuchtet wurde.

Wenn ich mein Ego aufgebe und mich ganz in den Dienst des Universums, Gottes, stelle, wenn ich ein sauberes, durchlässiges Rohr werde, wenn ich Gott auf mir spielen lasse, d.h. aber, eine „perfekte Geige" zu sein, einen Super-Klang-Körper zu erwerben - wie oben beschrieben - dann brauche ich auch keine Angst mehr zu haben. Denn dann bin ich ein wirkliches Kind Gottes, das immer behütet und gepflegt wird, da es ja auch Arbeit für den Himmel zu verrichten hat.

Also ein perfektes Werkzeug Gottes zu werden, das ist die Kunst.

Und dazu gehört nun einmal, keinen Widerstand mehr zu haben, d.h. kein Ego zu besitzen, das noch selbst etwas tun oder nicht tun möchte.

So können wir auch bei der Überlandleitung, mit der wir den Strom transportieren, sehr gut lernen, daß Widerstand Energie kostet. Denn nur, weil der Draht noch Widerstand gegen die Energie, den Strom hat, müssen wir eine solch immens hohe Spannung von siebenhunderttausend Volt anlegen.

In dem Moment, wo wir einen Draht besitzen, der keinerlei Widerstand mehr gegen Strom aufweist, können wir den Strom, die Energie, billig um die ganze Welt schicken.

Ebenso erfahren wir dieses Problem in unserem Körper. Die meisten Menschen sind besonders im Schulter-Nackenbereich und an der Lendenwirbelsäule massiv verspannt. Warum? Nun, z.B. weil uns die Angst im Nacken sitzt, oder weil wir unbedingt etwas haben wollen oder auch nicht akzeptieren wollen. Wenn ich alles, also auch mich selbst, mein Schicksal und meine Umwelt sowie die ganze Welt in

GANZ ENTSPANNT IM HIER UND JETZT

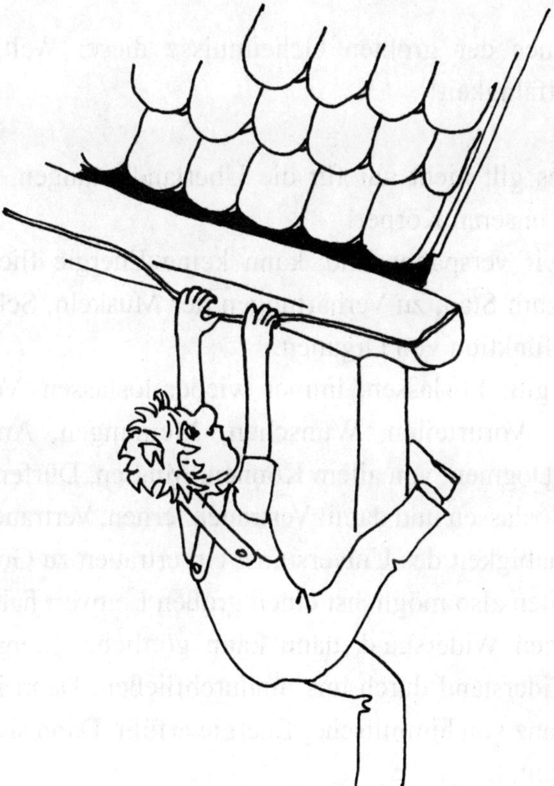

ihrem Sosein akzeptieren kann, bin ich entspannt. Ganz entspannt im Hier und Jetzt!

Jeder Widerstand aber, der in mir entsteht, bedingt sofort eine erhöhte Spannung. Wenn ich z.B. zuviel will, zuviel erwarte, und dann enttäuscht bin, zuviel Ehrgeiz habe, was auch immer, läßt das Anspannung bzw. Spannung entstehen.

Es lohnt sich rein energetisch nicht, Widerstand aufzubauen, denn das kostet mich nur unnütz Energie. Wie in der Welt der Technik. Wie oben, so unten.

Also eines der größten Geheimnisse dieser Welt ist die Supraleitfähigkeit!

Und dies gilt nicht nur für die Überlandleitungen, sondern auch für unseren Körper!

Wenn wir verspannt sind, kann keine Energie fließen. Es kommt zum Stau, zu Verhärtungen der Muskeln, Schmerzen und Dysfunktion von Organen.

Darum gilt: Loslassen, immer wieder loslassen. Von allen Urteilen, Vorurteilen, Wünschen, Meinungen, Ansichten, Lehren, Dogmen, von allem Können, Müssen, Dürfen, Sollen einfach loslassen und damit Vertrauen lernen, Vertrauen in die Gesetzmäßigkeit des Universums, Urvertrauen zu Gott.

Wir sollten also möglichst einen großen Leitwert haben, also fast keinen Widerstand, dann kann göttliche Energie ohne jeden Widerstand durch uns hindurchfließen. Dann ist unser Leben ganz von himmlischer Energie erfüllt. Dann sind wir in der Einheit.

Das Geheimnis ist also die Supraleitfähigkeit.

Und wenn wir dies nahezu erreichen, werden alle Zellen von allen unseren Körpern im gleichen Takt schwingen, nämlich nach dem Takt des Himmels.

Und den Taktstock schwingt dann nicht mehr das kleine, begrenzte Ego, sondern alle unsere Zellen stimmen ein in den Rhythmus himmlischer Klänge.

Dann sind wir in der Mitte, alles ist in Ruhe, denn es gibt keine Zeit und damit auch keinen Raum mehr. Wir sind jenseits der Polarität, wir sind in der Einheit.

Es lohnt sich, halleluja, auf gehts, üben wir, meditieren wir und lernen ALLES zu transformieren.

Das ist Alchemie, das führt uns zum OPUS MAJOR, zum

GROSSEN WERK !!!

7. AUSBLICK

Alles ist möglich! Was kann das für unsere Zukunft bedeuten? Sollen wir sorgenvoll, ängstlich in die Zukunft schauen? Wird sich ein Szenario der Hölle hier ereignen? Sollen wir einstimmen in den Chor der Untergangsprediger, die nur eine total verschmutzte Umwelt mit abgestorbenen Bäumen und atomverseuchten Landschaften verkünden?

Oder ist nicht deren Szenario, deren Schreckensbild nichts weiter als deren Projektion von innen nach außen? Weil sie selbst innerlich kaputt sind, weil sie keine Ethik und Moral, keine methapsychischen Aspekte der Welt finden und fühlen, weil sie Gott innerlich nicht spüren und erleben, können sie außen auch nur das Kaputte, das Zerstörerische finden.

Natürlich müssen wir alle die Konsequenzen unserer Gedanken, Worte und Taten in der Zukunft tragen. Und wenn wir heute in die Welt schauen, dann könnte man sich ängstigen, da doch fast nur Zerstörung, Haß, Neid, Aggression, Sex und Geldgier zu sehen ist, oder? Zumindest wird dies überwiegend in den Medien so dargestellt. Aber finden wir dies nicht auch täglich in vielen Familien, Partnerschaften, auf der Straße und in den Firmen?

Leider berichten die Medien fast nur Negatives und erzeugen somit Angst, Destruktion und Verzweiflung. Sollte dies Absicht sein, sollten die Mächtigen der Welt, die großen Banker - und diese sind ja fast alle miteinander verwandt- absichtlich solch` eine Situation herbeiführen wollen?

Wer besitzt denn die Medien? Sicherlich ist deren Einfluß zu stark und zu mächtig. Vorläufig ist noch jede Manipulation mit den Medien möglich. Wer einmal von den Medien „fertiggemacht" werden soll, der hat keine, absolut keine Chance, in der Öffentlichkeit wieder voll rehabilitiert zu werden. Die Journalisten und Medienmacher sollten erst einmal metaphysisch, ethisch und moralisch geschult werden. Nur Menschen, die bereit sind, sich voll und ganz für das Wohl der Menschheit einzusetzen, sollten Zutritt zu den Medien haben. Sicherlich müßten alle in den Medien Verantwortlichen erst einmal von metaphysisch orientierten, religiösen Psychotherapeuten therapiert werden. Doch wo gibt es diese?

Mit der Angstmacherei, mit dem Negativen, erzeugt man abhängige Menschen, die sich dann leichter manipulieren lassen.

Es geht nur um Geld und damit um Macht, anstatt darum, die Menschen aufzurichten und zu fördern.

Warum haben wir nicht Medien, die das Volk positiv dazu motivieren, sich gegenseitig von morgens früh bis abends spät nur zu helfen, zu unterstützen? Warum finden wir nicht an den wichtigsten Stellen und zu besten Sendezeiten täglich einige Minuten einer metaphysisch, ethisch, moralisch und religiösen Aufmunterung für alle Menschen?

Der Autor dieser Zeilen würde mitmachen, sich bereit erklären, dies zu übernehmen. Mit solch einer täglichen oder wöchentlichen kurzen Sendung kann man die Welt schneller und positiver verändern als mit Gesetzen und Verordnungen. Damit könnten wir leicht und relativ schnell eine deutliche Verbesserung der Weltsituation erreichen, so daß immer mehr Menschen den Weg zur Vollkommenheit, zu Gott gehen.

In jedem Menschen steckt dieser Wunsch, diese Sehnsucht. Warum bekommen wir nicht diese Chance in den Medien? Es geht nicht,wie schon öfter in diesem Buch erwähnt wurde, um Kirchen oder Vereinigungen, es geht keinesfalls um

Missionierung, sondern es geht darum, den Menschen, die guten Willens sind, einen Wegweiser an die Hand zu geben, ihnen eine Chance zu geben, wieder Zuversicht und Hoffnung zu erlangen, und zwar einzig und allein durch Selbsterkenntnis, durch Arbeit an sich selbst, durch Selbstverantwortung.

In den letzten Jahrhunderten haben die wenigen reichen Menschen in den Kirchen, im Staat und in der Wirtschaft sowie der Wissenschaft die Menge des Volkes total manipuliert. Heute wird dem Volk immer noch Wachstum und Wohlstand, das Paradies auf Erden versprochen, aber in Wirklichkeit belügt und betrügt man die Menschen, man beutet sie mehr aus als je zuvor! Nun, die Lüge des sog. Sozialismus wurde aufgelöst, die Lüge von ewigem Wachstum und Kapitalismus wird auch bald beendet sein.

Ewiges Wachstum führt zu Krebs, zur Zerstörung. Gott wächst nicht, er braucht nicht zu wachsen, da er alles hat, besser, alles ist!

Und so sollten wir werden, dahin sollten wir kommen, zu reinem Sein, und nicht zum „Tun und Haben".

Wir können alles erreichen, was wir wollen.

Und wenn die „Oben" es nicht haben möchten, daß das Volk denkt, selbständig wird und sich nicht mehr manipulieren läßt, dann sollen wir alle aufbegehren und zeigen: Wir sind das Volk!

Warum nicht jeden Montag eine Demonstration aller Menschen für das Gute, das Wahre und Schöne, um zu zeigen und uns gegenseitig zu ermahnen, daß wir uns helfen und unterstützen sollten?

In kurzer Zeit könnten wir die Welt zu einem friedlichen Miteinander verwandeln, wenn wir alle negative Energien sehen,

erkennen, akzeptieren und transformieren lernen.
Wandlung ist das Prinzip der Natur, und das lehrt die Alchemie, nämlich Transformation. Das bringt den Fortschritt zum Sein, zu Gott!

Nun, was wird die nahe und weite Zukunft uns bringen?

Wir müssen „Freiheit, Gleichheit, Brüderlichkeit" und Liebe lernen. Wir werden dies lernen, wenn nicht freiwillig, dann mit ein wenig Hilfe des Himmels.
Und alles, was wir zur Zeit erleben trägt letztlich dazu bei, dies zu verwirklichen.
Wenn wir die modernen Erfindungen der Wissenschaft vorerst nicht weise nutzen, wenn nicht alle Gedanken, Worte und Taten nur darauf gerichtet sind, uns gegenseitig zu unterstützen, zu helfen, dann müssen wir irgendwann einmal vom Universum, vom Himmel, von Gott dort hingeführt werden.
Das Ziel, die Vollkommenheit und Harmonie, können wir durch unsere Unvollkommenheit nicht aufhalten, es wird kommen.

Weltregierung

Die Weltregierung steht vor der Tür, es wird nicht mehr lange dauern und wir werden das haben, wovon Potentaten dieser Welt schon lange träumten (denken Sie noch einmal an die Ein-Dollar-Note der USA): eine Regierung für die ganze Welt.
Freilich sind die Übergangsphasen, die ersten Schritte für uns immer schwierig, und vieles gilt es noch zu lernen und zu

erleiden bis wir einmal einen Rat von weisen Männern und Frauen haben, die die Welt regieren.

Noch fehlen diese Weisen, die Ausbildungsstätten, Schulen und Universitäten, wo die Weisen heranwachsen können, noch fehlen auch die Lehrer dazu, die selbst durch innere Erfahrung und inneren Kontakt mit der göttlichen Welt dies alles ermöglichen.

Fehlen sie wirklich? Oh nein, sie sind da, die Erleuchteten, die Weisen, die ständig hilfreich eingreifen, um uns normale Menschen, die ein noch so kleines Bewußtsein haben, zu führen und zu leiten. Es gibt sie, die wir Engel, Meister und Erleuchtete nennen. Es liegt an uns, sie anzurufen, sie um Hilfe zu bitten, Hilfe für uns selbst und für die gesamte Welt.

In der weiteren Zukunft werden durch eben diese Wesen immer mehr Menschen herangebildet, so daß dann die Weltregierung eines Tages wirklich von selbstlosen, liebevollen Menschen geführt wird, die nicht nach Geld und Macht streben, die ihre ganze Kraft und ihr ganzes Streben nur zum Wohle der Menschen einsetzen.

Dann werden auch die Medien weltweit uns nicht mehr nur Sex, Westernfilme, Kämpfe, Kriminalität und Horror anbieten, sondern täglich wird den Menschen vor Augen geführt, was sie tun können und sollten, um sich zur Vollkommenheit zu entwickeln. Liebe im metaphysischen Sinn (siehe weiter vorne im Buch) wird im Fernsehen sowie im Internet und Compuserve, zwei weltweiten Computer-Netzwerken, gelehrt werden!

Wir werden uns dann wieder gegenseitig begrüßen mit „Shalom, Friede sei mit Dir, Grüß Gott und Servus“, d.h. wir werden wieder lernen, uns gegenseitig zu dienen.

In den Waffen, die nur die Weltregierung noch für Notfälle haben muß, da so manche Menschen und Staaten sich nicht freiwillig dem neuen Prinzip der Liebe unterordnen wollen, werden Computerchips sein, die einen Mißbrauch verhindern und Töten unmöglich machen. Keine Waffe - die übrigens alle roboterhaft intelligent sein werden - kann mehr töten, sondern nur noch betäuben.

Durch die modernen GPS-Systeme (Global Position Systems, Systeme, die schon heute eine nahzu perfekte Orientierung und Ortung weltweit ermöglichen) ist dann auch jeder an jedem Ort überwachbar, überprüf- und auffindbar.

Damit haben wir die totale Transparenz erreicht, alles ist durchsichtig geworden, keiner kann sich mehr verstecken, aber keiner kann auch mehr verlorengehen.

Und wer nichts zu verbergen hat, da er ja sein ganzes Streben nur dem Wohle der Menschen widmet, braucht auch nicht diese Transparenz zu fürchten. Alle verstehen sich gut untereinander, alle helfen sich und wünschen sich gegenseitig nur das Beste.

Also, wer liebt, hat keine Angst!

Es wird auch kein Bargeld mehr geben. Erste Versuche dazu werden zur Zeit ja sogar schon durchgeführt. Es war auch immer schon ein Wunsch der Banken-Groß-Familien, dies zu erreichen, denn dies bedeutet die absolute Macht. Alle verschulden sich bei den Banken, kein unkontrollierbar flotierendes Bargeld ist mehr auf dem Markt.

„Debitel“ heißt heute schon eine Telefonkarte. Das Wort beinhaltet von der Bedeutung her das lateinische Wort für „Schulden, Verschulden“. Geheimorganisationen wie die

Bilderberger, Trilaterale Kommission, CFR u.a. streben diese totale Verschuldung und Machtkontrolle schon lange an.

Nun, dann gibt es auch kein sog. Schwarzgeld mehr, wenngleich die Möglichkeiten zum Betrug per Computer fast noch größer sind. Aber das sind alles nur Übergangsprobleme. Und wahrscheinlich wird sich ein anderer Tauschhandel wieder herauskristallisieren wie früher in den alten Zeiten.

Irgendwann einmal - und es wird schneller kommen als so mancher glaubt - sind wir in der Mehrzahl so weit, daß wir uns nicht mehr gegenseitig betrügen, sondern nur noch gegenseitig helfen.

Medien

Durch die modernen Computertechnologien sind wir dann bald so weit, daß jedes Bild so täuschend echt manipuliert werden kann, daß niemand den Betrug merkt. Dann glaubt den Medien keiner mehr. Und damit hat sich dann auch die Macht der Medien selbst ad absurdum geführt.

Mit den Heimcomputern und der Videobild-Übertragung kann auch jeder irgendeinen anderen Computerbenutzer in der Welt anrufen und ihn bitten, doch die Nachrichten, die eben im Fernsehen waren, mit der Kamera zu überprüfen und zu übertragen. Jeder kann alles in der Welt selbst prüfen und überprüfen. Das ist auch ein Vorteil der totalen Transparenz!

Endlich keine Macht mehr für die Medien!

Somit können wir dann nur noch glauben, was wir selbst sehen, damit aber wird man immer weniger zum Betrug neigen, denn es glaubt ja sowieso niemand mehr irgendeinem Bild.

DIE VERSUCHUNG
JA
NEIN

Die totale Kommunikation wird uns zu einem besseren Verständnis füreinander helfen, zu einer echten „Kommunio", so daß wir alle für ein Ziel arbeiten, nämlich „vollkommen zu werden wie der Vater im Himmel".

Tourismus und Verkehr

Schon heute reisen die Geschäftsleute viel weniger und so werden sie in Zukunft kaum noch reisen müssen, denn nahezu alle Dinge lassen sich per Video-Computer in einer Konferenzschaltung besprechen und zeigen.
Doch für die freie Zeit wird sich der Tourismus immer mehr mit immer schnelleren Flugzeugen entwickeln, bis wir uns irgendwann einmal dematerialisieren und wieder materialisieren können.

Die Autos und alle Fahrzeuge werden immer sicherer, so daß menschliches Versagen nahzu ausgeschlossen werden kann. So wie wir Menschen lernen, uns durch die verschiedenen Kontroll-Organe im Lot zu halten, aufrecht zu gehen, so werden die Fahrzeuge auch immer besser durch Sensoren kontrolliert werden, so daß sich Zusammenstöße nicht mehr ereignen können.
Daß alle Fahrzeuge permanent auf die Geschwindigkeit und andere Gesichtspunkte hin total kontrolliert werden können, wissen wir schon heute. Daß die Autos immer diebstahlsicherer werden, so daß sie weltweit durch GPS kontrolliert und gefunden werden können, wissen wir auch schon. In Zukunft werden auch alle Autos einfach per Elektronik von der Polizei gestoppt werden können, da in den Straßen solche Sperren eingebaut sind. Zudem läßt GPS auch diese Maßnahme zu,

ein quasi Ein-und Ausschalten der Autos.
Ebenso wird sich die Geschwindigkeit per Staatskontrolle elektronisch auf allen Straßen regeln lassen, so daß die Autos gar nicht mehr schneller als erlaubt fahren können.

Waffengeschäft und Transport von illegalen Gütern sind auch deswegen nicht mehr möglich, da alle Schiffe, Flugzeuge und Fahrzeuge, die zum Transport genutzt werden sollen, automatisch blockiert werden.
Mit Biochips wird es möglich werden, die Menschen, die sich immer noch gegen die Mitmenschlichkeit wehren, indem sie ihr Ego zu stark leben, zu kontrollieren. Jedes böse, negative, destruktive und aggressive Wort wird erkannt werden, und wenn sich der Mensch nicht freiwillig ändert, wird er per Biochip in seiner Haut ermahnt.

Durch die moderne Gentechnik, die Chemie und Physik wird es leicht gemacht werden, alle Lustgedanken zu erkennen und zu transformieren.
Jede Lust macht abhängig, und mit dieser Technik wird es leichter fallen, ein freierer Mensch zu werden, frei von Trieben und Lüsten. Nur durch Transformation niederer Energie in höhere Formen kann ich mich zur Vollkommenheit entwickeln.
Und so ist der Mensch angelegt. Wir haben alle Möglichkeiten und Chancen.

So lange wir von Trieben beherrscht sind, sind wir Sklaven unserer Lüste, Sklaven des Negativen und Bösen.

Auch die Sexgelüste sollten und werden so noch besser überwunden werden. Enthaltsamkeit alleine aber bringt uns nicht weiter, im Gegenteil, es macht aggressiv und unlustig.

Wozu aber sollte uns Gott pro Milliliter Samenflüssigkeit ca. 40 bis 60 Millionen Samenfäden gegeben haben?

Aber Enthaltsamkeit alleine nützt nichts, es sollte dringend eine Bewußtseinsentwicklung im Sinne der Selbsterkenntnis und sehr intensive Bemühungen mit Meditation und bestimmten energetischen Übungen hinzukommen, denn nur so läßt sich diese Energie transformieren.

GEN-TECHNIK: SUPER
PUTZMITTEL
DIE PUTZFRAU VON MORGEN

Nur derjenige, der sich überwindet, der Meister über sich selbst wird, kann eingehen ins Himmelreich! „Dann könnt Ihr dasselbe erreichen wie ich und noch mehr“.

Nur durch Transformation all’ dieser in uns von Gott angelegten Energien kann man einen Bewußtseinsaufstieg erreichen.

Durch die moderne Gentechnik werden wir vollkommene Körper erhalten können, ohne Mängel. Und nur in einem vollkommenen Körper kann ein vollkommenes Bewußtsein seine Wohnstätte finden.

Welch ungeahnte Möglichkeiten für uns auch in der Gentechnik stecken, wenn wir sie zum Wohle der Menschen anwenden!

Ärzte

Die Ärzte werden gleichzeitig Priester sein, also Priester-Ärzte; doch dieses Priestertum kann man nicht mit dem alten, herkömmlichen vergleichen. Diese Priesterärzte sind zusätzlich zu der rein ärztlichen Ausbildung einen jahrelangen Weg der Einweihung gegangen, einen Weg der inneren Trennung, Reinigung und Wiedervereinigung, einen alchemischen Weg, der dann zur Hoch-Zeit, zur Überwindung der Polarität, zum Golde führt. Sie haben dann göttliche Liebe, Weisheit und Kraft in sich erlebt.

Und wo dies einmal bewußt geworden ist, kann es nie wieder verloren gehen.

Diese Priesterärzte werden ein echtes Vermögen durch ihren inneren Einweihungsweg erhalten, Fähigkeiten z.B. des Hellsehens, Hellfühlens und Heilungskräfte, die die Vorstellungskraft der heutigen Menschen weit übersteigt.

Nicht nur Auswendig-Gelerntes wird sie auszeichnen, sondern sie werden mit göttlichen Fähigkeiten denjenigen energetisch helfen können, die sich für diese Hilfe vorbereitet haben, diejenigen, die guten Willens sind.

Nur wer wirklich fähig ist, wer die Prüfungen der Einweihung bestanden hat, kann und darf dann therapieren, kann und darf Ar(z)t, art, Artist, also Künstler der Lebenskraft sein, diese Energie beherrschen.

Vermögen im Sinne von Geld zählt dann nicht mehr, sondern nur Vermögen im Sinne von Fähigkeit, den anderen Menschen zu helfen. Allein dies zählt dann, nichts anderes mehr.

Nahrung

Wir werden durch die moderne Alchemie und Wissenschaft die Nahrung, wenn gewünscht, ganz konzentriert aus der Luft herstellen, konzentrieren können. Denn in der Luft ist die reine göttliche Energie enthalten. Dies ist sehr altes alchemisches Wissen, ebenso wie die Technik, diese Energie dann aus der Luft zu gewinnen, so daß sie hoch gereinigt und konzentriert eingenommen werden kann.

Aber dennoch wird für denjenigen, der es wünscht, die Freude an der herkömmlichen Art des Essens bestehen bleiben. Aber eines Tages werden wir dann auch diese Lust wie alle anderen ablegen können, es fehlt uns dann nichts mehr, wir trauern nicht mehr diesen Trieben und Lüsten nach, da wir Besseres, Schöneres von höchster Qualität erreicht haben.

Dies kann sich ein heutiger normaler Mensch kaum vorstellen, denn sonst würden sicherlich viel mehr Menschen schon jetzt danach streben, fragen, wo und wie man dies alles bekommen kann.

Warum soll ich mich mit Vergänglichem, mit Lust beschäftigen, wenn ich Unvergängliches erreichen kann. Unendliche Freude, Harmonie und Wohlbefinden kennzeichnen diesen Zustand!

Meditation

Natürlich werden in allen Orten Meditations-Zentren entstehen, wo alle Menschen erleben können, was es bedeutet, in innerer Harmonie zu sein.

Nur durch eigene innere Erfahrung kann man das Wesen erleben. Niemand kann dies für mich tun, niemand kann es mich lehren, ich muß es durch tägliche praktische Übungen selbst finden.

Die tägliche Trennung vom rein Materiellen, die tägliche Reinigung des Bewußtseins durch Rituale wird dann ebenso selbstverständlich sein, wie Essen, Waschen, Schlafen usw. für den Körper.

So wie der Köper auch täglich gepflegt und wieder „schön" hergerichtet wird, ebenso werden die Menschen ihr Bewußtsein, ihre Seele immer wieder verschönern. Bewußtseins-Kosmetik, Verschönerung im Wissen um die kosmische Gesetzmäßigkeit. Die Gesetzmäßigkeit bedingt Sinnhaftigkeit, Schönheit und Harmonie.

Schwarz nimmt alles
Licht auf.

Ausbildungsstätten - Schulen

In allen Ausbildungsstätten wird neben der rein logisch, rationalen Wissenschaft, auch Ethik, Moral, Demut, Ehrfurcht, Ehre und wahre Religio - die nichts mit den Kirchen zu tun hat - durch Übungen und Meditation gelehrt. Es werden Methoden und Übungen gelehrt, wie man durch den inneren Weg eine innere Ausbildung erreicht, um dann ein wertvolles Mitglied des Universums zu sein. Dessen Aufgabe ist es nämlich nur, alle Fähigkeiten und Fertigkeiten zum Wohl und Dienst an der Menschheit und zur Ehre Gottes einzusetzen.

Dies kann nicht durch Gleichmacherei und Disziplinlosigkeit sowie Faulheit erreicht werden, sondern nur die Fleißigsten und Fähigsten werden so zum Kreis der Eingeweihten gehören.

Doch sie werden immer mehr Menschen trainieren, anleiten, motivieren und ihnen helfen, damit wir endlich zu einer wahren Kommunio, einer weltweiten, ja kosmischen Universalität, einer echten Wiedervereinigung aller Menschen und Wesen im Universum, zu der Cohabatio und Hochzeit gelangen.

Wissenschaft, Kunst und Religio werden durch die echte, göttliche Liebe in den Menschen wiedervereint sein.

Es erscheint den Menschen fast unmöglich, dies zu erreichen.
Oh nein, nicht und niemals mehr vergessen:

Alles ist möglich !

8. ZUSAMMENFASSUNG

Alles ist möglich - wenn ich diesen Gedanken nicht für möglich halte, kann ich natürlich niemals zu einer Realisierung von hohen Idealen in unserer materiellen Welt gelangen.

Die sieben Hermetischen Prinzipien sollten in uns als Grundlage für das Verständnis unserer Welt gelten, und wir sollten sie immer wieder studieren und lernen, sie zu akzeptieren.

Wenn wir diese Lehre der Hermetischen Philosophie nicht nur glauben könnten, sondern sie auch verstehen lernen, warum etwas so ist, wie es ist - und nicht nur wie etwas funktioniert - dann werden wir auch noch zur nächsten Stufe gelangen können, nämlich zur Weisheit.

Weisheit ist die verständnisvolle Anwendung von Wissen, das wir selbst in uns erfahren haben. Damit aber gelangen wir zur Wahrheit. Wahr ist das, was sich niemals ändert. Wir sollten uns also nur damit beschäftigen, was wahr ist. Was sich niemals ändert, unterliegt nicht mehr der Begrenzung irgendeiner Dimension, also auch nicht mehr Zeit und Raum. Es hat dann weder Anfang noch einen Höhepunkt, noch vergeht es jemals.

Wahr ist also das, was z.B. die Christen „Gott" nennen.

Wir sollten uns also nur noch bei allem, was wir denken, fühlen, sprechen und tun, mit diesem beschäftigen; alle Gedanken, Worte und Taten sollten wir nur unter diesen Aspekt des Vollkommenen, Höchsten und Göttlichen stellen.

Da alles, ohne Ausnahme, eben von diesem Höchsten geschaffen wurde, sollten wir auch alles ohne Ausnahme ehren und achten. Jedes andere Verhalten ist Hybris.

In dieser Welt der Materie, die ja für unser Bewußtsein noch unvollkommen ist, gibt es noch viele unvollkommene Menschen, die andere unvollkommene Menschen zerstören.

Um diesen Prozeß beenden zu können, ist es viel besser, daß alle Menschen erst einmal nur an sich arbeiten, um sich selbst zur Vollkommenheit zu bringen, anstatt die anderen zu zerstören.

Der Weg zur Vollkommenheit ist bis zum Endpunkt dadurch gekennzeichnet, daß wir alles Unvollkommene umwandeln, transformieren.

Während dieser Zeit ist Leid für den Menschen ein wichtiges Mittel, ein wichtiger Motor, um mit unendlicher Geduld und Ausdauer den Weg weiter zu verfolgen.

Wandlung, Transformation, ist der wichtigste Prozeß auf dem Weg zur Vollkommenheit.

Da alles nur Energie ist und Energie nicht zerstört werden kann, sollten wir uns auch nicht bemühen, irgend etwas zu zerstören, auch nicht das Böse in uns, sondern wir sollten lernen es zu transformieren.

Wichtig und richtig ist dann der folgende Weg:

1.) Wir sollten sehen lernen, wie die Welt ist, und nicht durch Filter schauen, wie wir sie uns wünschen, also auch uns selbst anschauen lernen, wie wir sind. Dazu gehört aber eine absolute Ehrlichkeit.

2.) Dann gilt es, akzeptieren zu lernen, daß diese Welt in unserem Bewußtsein eben noch unvollkommen ist, und daß wir noch Fehler haben und machen.

3.) Danach aber gilt es dann, diese negative Energie, diese ungeheure Kraft, weise zu nutzen, um sie zu einer positiven, aufbauenden Energieform zu transformieren.

Die Heilige Wandlung, also die Wandlung all dessen, was noch unvollkommen ist, zur Einheit, zum Ganzen, Heiligen, das ist der Weg der Natur, der Weg zur Mitte, zu Gott.

All` unser Denken, Fühlen, Sprechen und Tun sollten wir unter dieses Motto stellen.

Hier können uns die Worte von dem Musiker Brahms helfen, daß wir nur das tun sollten, was die Menschheit aufrichtet und fördert, d.h. dies sollte unser Motto im Alltag sein, es sollte für alle Menschen gelten, die wir treffen.

Wenn jeder Mensch sich im Alltag, also bei Allem, in jeder Sekunde, bemüht, mit diesem Motto der Ethik und Moral, mit diesem Wissen um die universelle Hilfe zu leben, dann können wir den Rat dieses Jesus, der ein Christus-Bewußtsein erreichte, befolgen: „Werdet vollkommen wie der Vater im Himmel, dann könnt ihr Gleiches erreichen wie ich und noch mehr!“

Diesen Rat sollten wir ernst nehmen und uns bemühen, ihn zu befolgen.

„Wer ewig strebend sich bemüht, den können wir erlösen!“

Dann wird Alles möglich. Was wir im einzelnen, ganz praktisch im Alltag tun können, wurde nun auch in diesem Buch beschrieben.

Nun ist es wichtig, daß wir es auch tun!

Wohl denen, die guten Willens sind!

Dank sei Gott, der uns diese große Möglichkeit gab, uns durch Transformation aus der Unvollkommenheit zur Vollkommenheit zu befreien!

Nur der ist vollkommen, der die Unvollkommenheit überwunden hat.

EHRE SEI GOTT!